# 牛鬼蛇神錄

文革囚禁中的精靈

# 牛鬼蛇神錄

## 文革囚禁中的精靈

楊曦光
[楊小凱]

牛津大學出版社隸屬牛津大學，以環球出版為志業，
弘揚大學卓於研究、博於學術、篤於教育的優良傳統
Oxford 為牛津大學出版社於英國及特定國家的註冊商標

牛津大學出版社（中國）有限公司出版
香港九龍灣宏遠街 1 號一號九龍 39 樓



ISBN: 978-0-19-586522-6

10 9 8 7 6 5 4 3 2 1



Published & Printed in Hong Kong

書　名　　牛鬼蛇神錄——文革囚禁中的精靈
作　者　　楊曦光 [ 楊小凱 ]
版　次　　1994 年第一版（精裝）
　　　　　2016 年修訂版（精裝）
　　　　　2024 年修訂版（平裝）

# 目　錄

1949年楊小凱隨保姆李彥琴南下湖南，此是與叔叔的兒子和保姆在北京的合影。右為李彥琴抱着的楊小凱。

楊小凱全家1965年攝於長沙。此時楊小凱已是長沙一中高一學生，第二年文化大革命爆發，一家六口天各一方。後排左：楊暉；中：楊曙光；右：楊曦光；前排：左：母陳素；中：楊曉成，右：父楊第甫。

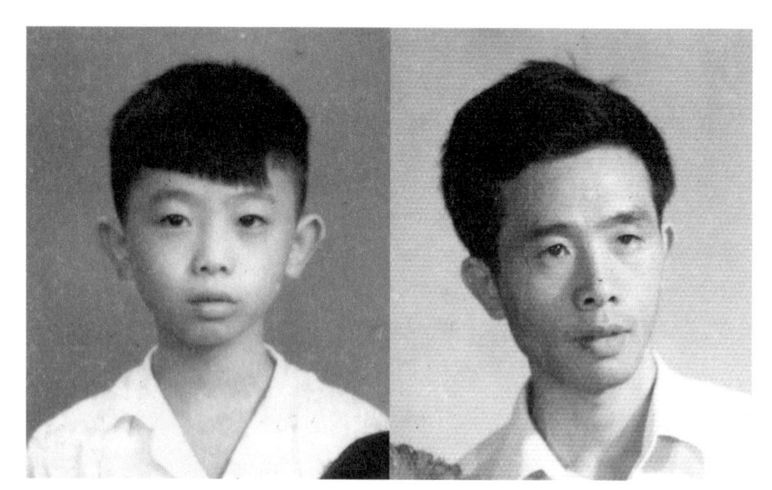

少年、青年楊小凱

1966年「大串聯」中，楊小凱三兄妹攝於武漢長江大橋。

1977年楊小凱在洞庭湖畔的勞改農場——建新農場場部留影，時小凱因刑期將滿，已到出監隊，行動較為自由因留有此照，他身後為建新農場場部郵電局。

1978年剛剛出獄後的楊小凱隨父親出遊，攝於廬山蔣氏別墅。背面有小凱親筆題寫的「凝視這神秘而奇怪的世界」。

1982年楊小凱與學生攝於武大校園櫻花盛開的時節。

1983年8月，全家歡送楊小凱出國留學，楊父作詩一首：甜甜苦苦一家嘗。後排二、三為小娟、小凱。

1983年楊小凱攝於普林斯頓校園。

1988年楊小凱獲得博士學位。

1998年全家攝於北京天安門。

2002年3月，1986年諾貝爾經濟學獎得主布坎南教授（James Buchanan）到訪蒙納石大學，他大力讚揚楊小凱的新興古典經濟學——超邊際經濟學對經濟學的積極貢獻。此為楊小凱、布坎南、黃有光攝於蒙納石楊小凱辦公室。

1993年楊小凱參加「中國市場經濟國際研討會」與鄒至莊教授相會於海南。

患病後的小凱堅持步行鍛煉，每天要走三四個小時，此為2004年1月楊小凱在墨爾本附近的牧羊人公園。

2004年，楊小凱的兩個妹妹先後到澳洲陪伴生病的哥哥，三兄妹合影於楊小凱親手種下的松柏樹前。

楊小凱部分中英文著作。

楊小凱墓碑

# 自　序

自從一九九○年本書部分篇章發表以來，收到不少來自讀者的反饋。每年來美國開會，碰到朋友，總會提起這個連載，令我掃興的是，即使遇到經濟學同行，不一定會提起我在JPE或AER發表的得意的經濟學文章，卻一定會提到這個連載。特別是碰到太太們，甚至會說她們收到刊物時最先讀的文章就是這個連載(可能是故意講給我聽的)。但是我特別要謝謝對這個連載文章的批評。因為刊物編者對這個連載組織中的問題，讀者對此連載的性質有不少疑問。我在此作一個解釋，也算是後補的「前言」。我是於一九八五年在普林斯頓大學做博上論文時開始寫這本書的。書的中文名就叫《牛鬼蛇神錄》，英文版也由我和蘇珊．秦同時寫出，英文名叫Captive Spirits，直譯應當是《囚禁中的精靈》或《囹圄中的精靈》。中文是於一九八八年完成，英文於一九九一年完成。《囹圄中的精靈》交給出版社後，他們將其當作學術著作，請匿名審稿人審稿，匿名審稿人對書稿的評價出人意外地高，因此出版社的學術委員會全體一致通過接受此稿。《牛鬼蛇神錄》分篇發表時，編者未徵我同意就將題目改成了《獄中回憶》。但是《獄中回憶》已與《牛鬼蛇神錄》有不少差別。首先《獄中回憶》把與政治犯無關的有關刑事犯的故事都刪掉了。《牛鬼蛇神錄》共有二十八章，但《獄中回憶》大概少於二十章。編輯從未告訴我刪節的原則，但看起來留下的都是政治犯的故事。有點對刑事犯不公平。其實我覺得一些小偷、扒手、性犯罪的故事蠻精彩動人的。我雖曾是政治犯，但卻對刑事犯沒有甚麼偏見。有些章次本身也被刪節一些內容。英文編輯開始也說書稿太長，是否可以砍掉一些章節，看到匿名審稿人熱情洋溢的審稿報告，她再不提刪節的事了。

讀者的實質性批評最精彩的是作者「無非是處處要美化造反派」。我曾有一條規矩，從不答覆別人的批評，除非批評者非常有理由地要我回答。我想這個批評者看完整本書後，自己會回答他的批評的。另一條精彩的實質性批評是「此書無主題」，「不能成書」(這是一位英文版讀者的批評)。我被這個批評弄得難過了一陣。忍不住打破規矩，回答一下。無主題本身當然不是壞事，凡書就強調主題，這本是過時的老套。但此書是提出了非常多並不一定有答案的問題(也是種主題吧？)。如果讀者像我一樣多愁善感，一定會發現這一類問題。例如甚麼是中國政治辭典中的「革命」與「反革命」？在中國的司法實踐和在朝、在野的政治意識形態中「革命」和「反革命」究竟意味着甚麼。書中幾個被殺害的反革命組織頭頭的政治意識形態，有很多西方政治學中的「革命」內容。而書中後半部中描寫的一九七二年的復舊，有很多西方政治學中的「反革命」內容。作為一個反革命政治犯的楊曦光其實是因為他的革命思想而坐牢，但在一九七二復舊的氣氛感染下，他又真正變得十分「反革命」了。這個「革命」與「反革命」主題混雜着「歷史誤會」，「政治誤會」，曾經是一些以行為主義哲學為背景的文學作品中最令人神往的主題。這就是為甚麼這本書的最早被考慮的書名是《革命與反革命》。當然這兩個詞的涵意在中共官方的辭典中又是另一種莫名其妙、趣味無窮的定義，而這種官方定義有着血腥味的司法意義。

另一個書中的主題是保守派和造反派，秩序和公正的衝突，反政治迫害和動蕩的衝突。在這些衝突中，保守主義的價值和造反的價值都有非常令人信服的支持。保守派精英的代表是程德明，保守派一般群眾的代表是毛火兵，造反派精英的代表當然就是楊曦光，造反派一般群眾的代表是向遠義和另一個扒手。下半部中還有代表支持保守派的農民的人物。從所有這些意識形態敵對的人物，你看不出誰是好人誰是壞人，他們有時十分可笑(例如造反派扒手為了壓倒保守派，半夜起來在保守派的花上撒尿)，但他們的思想並不是發瘋。程德明和楊曦光的思想是當時很有深度的保守派和造反派思想。在此書後部分，共產黨保守派復舊的可愛(秩序加理性)和可恨(政治迫害和歧視)更從一個個血淋淋活生生的犯人的故事中展現出來。特別是批林批孔運動中，被迫害的造反派再一次被煽動起來鬧平反更是凸現了兩種互相衝突但同時存在的價值的意義。

當然連貫全書最重要的問題是：「秘密結社組黨的反對派運動在中國能不能成功，它在文革中起了甚麼作用。」相關的問題是「多如牛毛的地下政黨在文革中曾經非常活躍，但為甚麼他們不可能利用那種大好機會取得一些進展？」這個主題一直要到此書的最後兩三章接觸到勞改隊中可能的政治犯秘密結社問題時才會被挑明，歷史學家、政治學家至少可以從這些真實的故事理解，那時秘密政治結社的社會背景、動機、意識形態和活動方式。這其中尤其是意識形態，不但學者難以瞭解，就是坐牢時天天與「民主黨」、「勞動黨」、「反共救國軍」的人在一起的人，如果沒有敏感的理解能力和極好的人際關係，也不可能得到此書中有關地下反對派意識形態的信息。書中關於劉鳳祥和勞動黨的故事可以將分散的章節連成一體。

敏感的讀者可以找出上十個這樣的主題，這些互相衝突的概念之所以能融合在一本書中，是因為楊曦光本人就是個充滿着矛盾的人物。他出身於一個高幹家庭，從小受過良好的教育，他周圍的朋友親戚在文革中全是保守派，因此他對共產黨保守派非常瞭解，特別對那些聯動精英有深切的同情和瞭解。但同時他又是個極端的造反派。對保守派敵視，與被迫害和被歧視的下層人物認同，甚至與扒手共伍。他坐牢時與國民黨精英人物，造反派，保守派精英人物，受蘇式教育的精英人物和受美式教育的精英人物，以及一般下層人物都有很好的關係。這是此書多樣化的一個條件。

我們已決定將英文的《囹圄中的精靈》和中文的《牛鬼蛇神錄》分為兩本獨立的書(它們互相有相當大差別)，這兩本書正式面世時，讀者將從連貫的閱讀中瞭解它的複雜和多樣化的主題。

一九九二年五月一日

# 1　「中國向何處去？」

歐美的漢學家大多知道中國文化革命中一篇著名的文章《中國向何處去？》。這篇文章於一九六八年被譯成英文，在美國一些名牌大學的東亞圖書館裏，我發現過三個這篇文章的英文版本。有的版本中此文的作者署名是「鋼三一九『奪軍權』一兵」，有的署名是「紅造會『奪軍權』八．一二小分隊」，有的署名是「省無聯」。[*] 但我碰見的幾位漢學家都知道此文的作者是湖南省長沙一中的一位學生楊曦光。廣州王希哲的著名的大字報《毛澤東與文化大革命》[**] 及劉國凱的文章《文化革命簡析》[***] 都自稱受到《中國向何處去？》的影響。這兩篇文章都有英文版本。比較而言，劉國凱的文章是三篇中水平最高但知名度最低的。《中國向何處去？》是三篇文章中水平最低，但卻是最早形成全國甚至世界性影響的。

* 參見 Kllaus Mehnert, Peking and the New Left at Home and Abroad, Center for Chinese Studies, Berkeley, *China Research Monograph* No. 4, pp. 82–100.

** 參見 Wang Xizhe, "Mao Zedong and the Cultural Revolution," in Anita Chan, Stanley Rosen, and Jonathan Unger, eds. *On Socialist Democracy and the Chinesenese Legal System: The Li Yizhe Debates*, p. 252.

*** 參見陳佩華 (Anita Chan) 的譯文，發表於 *Chinese Sociology and Anthropology*, No. 2, 1986–1987. p. 117.

《中國向何處去？》目前被歐美漢學家視為中國大陸內第一篇公開批判共產黨的特權高薪階級，主張徹底改變這種體制的文章。不少漢學家對《中國向何處去？》和楊曦光作了不少研究，有的人認為《中國向何處去？》是用無政府主義思想批判共產黨體制。還有些漢學家對楊曦光的「平等派」思想極有興趣，但卻對二十年後的楊曦光(他改名為楊小凱)的「自由派」政治觀點和「保守派」經濟觀點不以為然。其實，作為楊曦光本人，我覺得很多漢學家對《中國向何處去？》和長沙「省無聯」的其他文件所作的研究與一九六〇年代末的楊曦光這個活生生的人有相當的距離。

澳洲國立大學的漢學家 Jonathan Unger 和美國哥倫比亞大學的漢學家黎安友(Andrew Nathan)為了研究《中國向何處去？》成文的背景和楊曦光當時思想的形成過程，專門找我座談過幾次。這些座談的內容對於此書的讀者瞭解作者及書中故事的背景會極有幫助，所以我將這些座談的內容摘錄在本書的第一章中，作為全書的導引。這些座談中，漢學家們感興趣的一個題外問題是：極端激進的主張以革命暴力手段推翻中國大陸的特權制度的楊曦光是怎樣在二十年後變成一個思想相當保守的(特別是經濟學思想完全與 Milton Friedman 認同)楊小凱。當時楊小凱已得到了美國普林斯頓大學的經濟學博士學位，學位論文得到導師的極高評價。這份好奇心自然是與三個楊曦光(楊小凱)的巨大反差有關。一九六八年的楊曦光穿着當時時髦的紅衛兵服裝(褪色的舊軍裝)，神態天真單純，另一個形象是他寫了《中國向何處去？》後被當局投入監獄和勞改隊後穿着破舊的勞改棉襖，褲子和衣背上都印着黃色的油漆大字「勞改」，頭髮被剃得光光的。第三個形象是他在以保守著稱的美國普林斯頓大學被授予博士學位時頭戴博士帽，身着莊重的黑色博士袍，胸前佩戴着博士學位繡紋的樣子。很多知道楊曦光傳奇經歷的人都在三個形象的反差上感到迷惑，不敢相信楊曦光和楊小凱是同一個人。很多不知內情但卻知道楊曦光和楊小凱兩個人的人，絕不會接受他倆是同一個人的「假說」。

顯然，這本書正是可以回答這個問題，而解釋人們的疑慮的，是那些中國大陸的「古拉格群島」將楊曦光改造成楊小凱。儘管不少漢學家喜歡楊曦光甚於楊小凱，但這本書中講述的那些中國的古拉格群島上的「精靈」怎樣促成了這個魔術般的變換故事一定是讀者神往的。

楊曦光生於一九四八年秋。他父母當時都是共產黨從延安派到東北去接收日本人軍備的幹部。楊曦光生下來時正是國共兩黨內戰，中共產黨從劣勢轉為優勢的時候。共產黨在東北打了一個小勝仗，於是這位男孩被取名小凱。楊曦光是他上學以後的學名。他一九七八年從勞改隊刑滿釋放後找不到工作，大家都知道楊曦光是寫反動文章《中國向何處去？》的反革命分子，所以爸爸勸他改名字。中國人講究「行不改名，坐不改姓」，於是大家認為重新啟用他的乳名小凱是一個兩全其美的好辦法。從那以後，楊曦光這個人就在中國消失了，而楊小凱卻在中國內外慢慢通過他的經濟學著作和文章被人知道。

楊曦光生長在一個一九四九年革命後暴發的共產黨新貴家庭。從小生活環境優越，受過很好的教育。在意識形態方面，他受到共產黨極深影響。從小學到中學，他關於中國現代史的知識充滿了對共產黨征服國民黨的「革命英雄主義」的崇拜，他看的小說，看的「革命回憶錄」中都充滿着這種對用革命暴力改朝換代的迷信。

但共產黨這個「扭秧歌」王朝內部的不斷搖擺和動亂自一九五七年後開始給楊曦光的家庭帶來災難。首先是他哥哥和舅舅被劃為右派，接着他父親於一九五九年因為反對大躍進被劃為右傾機會主義分子，下放到農村去勞動。楊曦光屬於思想成熟較早的人，入學前，父親就請人在家裏教他《論語》，小學二年級時他就能讀大部頭小說。一九六二年正是他開始養成閱讀成人的報紙的習慣時，中共又發生了一次政策的大搖擺。楊曦光的父親被當時的黨中央宣佈徹底平反。楊曦光在「智育第一」、「分數掛帥」的復舊氣氛中考取了當時的全國重點中學長沙一中。他的家庭和他自己都是那些「右」的政策的受益者，自然在一九六二年復舊的氣氛中如魚得水。一九六四年政治風向改變，突出政治、階級路線又佔了上風，但楊曦光因為高幹的家庭背景，仍是激進路線的受益者，所以又受到左的路線影響，開始在日記中批評自己一九六二年的右的思想傾向。但他父母尤其是他母親對那股「左」風一直持一種批評態度，也總是用她的觀點盡力影響兒子。

文化革命一開始，楊曦光就捲入了長沙一中反對工作組的活動。楊曦光的父母被當時的湖南省委批判和迫害，並由省委定性為反革命修正主義分子。楊曦光受到工作組迫害並因父母的罪名受到紅衛兵歧視。他自然而然參加了反對血統論、由出身不好的同學組成的造反派，與支持當局的保守的紅衛兵對抗。一九六六年底，他積極參與了為被打成反革命的工人造反派平反的活動，同情和支持湖南第一個跨部門的準政黨造反派組織——湘江風雷。一九六七年「二月逆流」，軍方在保守派支持下把大多數造反派組織打成反革命時，楊曦光被軍方關押了一個多月。

他出獄後在北京等地串聯，接觸到一些批判共產黨社會中的特權階層的「新思潮」。這些思潮在造反派大學生和北京批判血統論的中學四三派中有不少支持者。楊曦光回想到一九六七年「一月革命」中城市市民對共產黨當局表達的強烈不滿，開始重新思考文革爆發的原因等問題。楊曦光家裏有個保姆，文革前看上去似乎對他父母非常尊敬，文革後她參加了保姆的造反派組織，宣稱高幹們剝削了他們。楊曦光夜裏與保姆深談過幾次，發現文革前市民對共產黨幹部的尊敬全是裝出來的，大多數市民對共產黨的專橫早已是懷恨在心。他發覺這種社會矛盾並不能用毛澤東關於「無產階級專政下繼續革命」或「兩條路綫鬥爭」的理論來解釋。楊曦光決心從馬克思主義的原著中找答案，通過系統的社會調查瞭解中國社會的真實狀況，弄清促成文革中城市市民與共產黨幹部發生激烈衝突的真正原因。

他讀了不少馬克思的書，也在湖南農村進行了一些社會調查，特別是調查了當時知識青年要求回城的運動和臨時工、合同工組成工會式組織提出經濟要求的運動。他最後的答案是：中國已經形成了新的特權階級，他們「壓迫剝削」(純馬克思語言)人民。中國的政體與馬克思當年設想的巴黎公社民主毫無共同之處。* 所以中國需要一次新的暴力革命推翻特權階級，重建以官員民選為基礎的民主政體。這就是《中國向何處去？》中的主要觀點。

當時類似的思潮在武漢、上海、山東、北京的學生中都出現了。當局一直認為支持市民造反的政策會贏得對

* 由於巴黎公社的政治組織與無政府主義者的政治理想很接近，因此一些美國漢學家認為楊曦光和省無聯的政治理想基本上是無政府主義。

人們的思想的控制和引導的權力。想不到長沙的一位中學生和其他學生竟想獨立於政府的意識形態，自己找尋理論。中共的上層首腦特別是康生、毛澤東對這股造反派中擺脱官方意識形態的思潮非常害怕，因此特別召開了一次會議，取締當時湖南激進造反派的聯合組織「省無聯」，並點名批判了楊曦光、張玉綱、周國輝等學生中的思想家和領袖人物。全國很多官方和當時群眾組織的報紙都將《中國向何處去？》作為反面教材全文刊登以供批判。這就是為甚麼一張最初只印了八十份，只散發了不到二十份的油印傳單造成全國性影響的原因。

《中國向何處去？》一九六八年通過香港傳到海外，美國的「新左派」十分喜歡其中的觀點，於是各種英文版本的《中國向何處去？》和其他「省無聯」的文件在美國造成了相當的影響。

楊曦光父親那一輩有一個弟弟和一個妹妹都是共產黨的高級幹部。他們的子女與楊關係十分密切。他們文革中都是保守的紅衛兵。迫害出身不好的人很積極，但卻不造父母的反，是可愛的堅定的保爹保媽派。

楊曦光周圍的幹部子弟朋友沒有一個參加造反派的。他的經歷也許相當特別，但是他在山東和廣州的朋友中卻有高幹子弟參加造反派的例子。他們的父母都是共產黨內受實權派迫害的高幹，文革一開始就被當權派批鬥。他們的父輩都是那種三代以上出身不好的知識分子幹部，而他們自己都是學習成績很好、極聰明的學生。但總的而言，高幹子女參加造反派的實在是鳳毛麟角。但正因為楊曦光與創建「老紅衛兵」的保守派(後來的「聯動」)有很多私人關係，他是屬於那種對保守派觀點極為瞭解，並與他們有很多私人關係的造反派。

楊曦光在文革中的政治傾向部分可以用他的家庭背景來解釋，因為文革中大多數右派和共產黨內的「右傾機會主義分子」都是支持造反派的。但楊曦光批判特權階級的思想與其父輩的政治傾向應沒有甚麼關係。一種可能的解釋是：出身社會上層的青年人由於本身地位未穩，形成與家庭高地位的對照，因而兩代人的利益衝突在社會上層家庭內特別激烈。這種假說可用來解釋歷史上上層家庭內的有些年青人為甚麼特別激進。

另一方面楊曦光從小受馬克思主義教育，在自己被當局迫害時，希望找一種理論來支持自己的政治利益或使其在馬列正統理論基礎上合法化，而馬克思關於民主主義的觀點及反特權反迫害的觀點，自然成為他的思想武器。但一九七〇年代初楊曦光在監牢裏徹底放棄了對馬克思列寧主義的信仰，而成為一個極力反對革命民主主義，支持現代民主政體的人。此書中並沒有很多楊曦光本人的故事，但從楊曦光的眼睛，讀者會看到中國的古拉格群島上的形形色色的精靈是如何重新鑄造了楊曦光的靈魂。此書中每章是關於中國的古拉格群島中一個或兩個犯人的故事，他們中有地下反對黨的領袖，有從事當局不容許的自由經濟活動的企業家，有扒手、強盜，有各式各樣的不同政見者，被迫害的教徒和作家，以及國民黨時代的高官貴人。楊曦光於一九六九年底被判處十年徒刑，罪名主要是寫《中國向何處去？》。判刑前他在看守所度過了一年多的時間，判刑後他去了洞庭湖中一個湖洲上的建新農場。一九七〇年「一打三反」(打擊反革命，反貪污，反浪費，反刑事犯罪)運動中他又在長沙的模範監獄呆了八個月。之後他回到建新農場直至刑滿。所以此書涵蓋了中國古拉格群島的三大系統：看守所、勞改隊、監獄。由於楊曦光獨特的政治理解能力和他的敏感，通過他的眼睛，讀者將接觸到當時中國政治犯一些獨特而深刻的方面。

# 2　左家塘看守所

一九六八年初我在湖南省湘鄉縣和寧鄉縣調查中國農村的社會情況，與很多農民交談，得到很多中國農村社會情況的印象。這次旅行的動機寫在我的一篇油印文章《關於組織毛澤東主義小組的想法》。這篇文章在當時激進的中學造反派中秘密流傳，影響了很多學生。在這篇文章中，我主張重新組織政黨萌芽式的馬列主義小組，獨立地研究馬克思主義和毛澤東思想，調查中國社會的實際情況，用新的理論來解釋文化革命中爆發的社會衝突。我認為官方的「無產階級專政下繼續革命」和「兩條路線鬥爭」的理論已不能解釋文革中市民階層與共產黨幹部的激烈衝突。

下鄉之前我寫了《中國向何處去？》。這篇文章由長沙一中「紅中會」的同學刻印了八十份，以徵求意見稿的形式秘密散發了不到二十份。那時學生們都在熱衷於衝衝闖闖，到處串聯和急於採取各種「革命行動」。而我卻主張坐下來學習，調查社會，重新思考種種社會政治問題。我當時被中學的造反派學生稱為他們的「精神支柱」，是個勤於思考，不長於行動的人。我的觀點影響了不少長沙的學生，使他們用批判的眼光看待官方意識形態，試圖自己獨立地研究馬列主義，調查中國社會，得出自己的看法。

那次下鄉調查的另一個原因是《中國向何處去？》的油印稿，已不慎外傳到與激進的造反派對立的「正統的造反派」手中去了，長沙已有風聲，當局要批判和迫害此文的作者。於是我一方面下鄉躲避迫害，一邊進行社會調查。

那次調查給了我很多新鮮和深刻的印象。我第一次發現，中國農民對當時官方的意識形態抱着相當普遍的敵視態度。湘鄉的一位老貧農向我訴説一九五九年大躍進中，農民遭受的他們記憶中最痛若的磨難。他津津樂道地回憶一九四九年前國民黨時代農民的生活。他特別喜歡國民黨政府試行的貨幣地税，「一畝一年交一元光洋的税，然後甚麼也不用交了」，他説。他告訴我在共產黨的交公糧制度下(實物地税)，統購統銷加公糧實際上拿走了農民百分之五十以上的收穫。特別是一九五九年，由於幹部放衛星(虛報產量)，名義上交公糧比率上升到收穫的百分之五十以上，實際上所有收穫交了公糧還不夠。「這都是『毛家大爹』作孽呀！」他無可奈何地表達他的憤恨，他説的毛家大爹是指當時的「紅太陽」毛澤東。

這次旅行使我發覺看似壟斷了整個社會輿論的官方意識形態，原來在佔人口百分之八十的農民中幾乎沒有市場。農民們不喜歡共產黨，他們把共產黨當成一種別無選擇和不得不接受的東西。我想起一位同學對我提倡獨立思考搞社會調查的評論，「楊曦光，我們這樣獨立思考和進行社會調查的最後結論可能是證明劉少奇和右傾機會主義分子及右派的觀點是對的。」我的回答是「怎麼樣就是怎麼樣，頭腦裏首先要沒有任何權威才能發現真理。」幾個星期的實地調查使我真的不再是個「響應毛主席號召起來造反」的學生，我的反體制傾向越來越強。

我帶着對這個社會和對官方意識形態的新印象回到長沙時是一九六八年一月二十五日上午，一進入市區我就聽到高音喇叭在用一種嚴肅的聲調廣播「中央首長一·二四指示」。我開始還以為是某個單位的特別新聞，但走了一段路，聽到所有單位的高音喇叭都在廣播同樣的內容，並且時不時有口號「徹底砸爛反革命組織『省無聯』」。「省無聯」是當時在省革命委員會籌備小組沒有代表職位的激進造反派的聯合組織，我也是這個組織的成員。我發覺事情不妙，不敢再往城裏走。我找到一所大學，借用一間辦公室的電話，與我的朋友聯繫。天黑後，他來到我們約定的地點，他給我帶來了一件皮大衣，一頂大棉帽，一個大口罩，一副平光眼鏡，幫助我化妝。他告訴我中共的領導人康生、周恩來，陳伯達、江青、姚文元等人，一月二十四日接見湖南各派政治組織代表和湖南省革命委員會籌備小組負責人時，批判了我寫的《中國向何處去？》，並且宣佈我的文章「實質是極右的」，我是「反革命」。康生還說，這種文章不是中學生能寫出來，也不是大學生能寫出來的，後面有黑手。

從這天以後，我就開始了一個月的逃亡生活。中學造反派的朋友們把我安排在可靠的人家裏，我白天在家裏看書，夜裏戴着眼鏡、大口罩、大帽子，穿着一件大衣在街上用手電照着看大字報。由於長沙市民對省無聯的同情，我在長沙近一個月，一直很安全。

根據以往的經驗，我估計半年後，文化革命可能會波動回來，那時「省無聯」也許會平反。因為一九六七年初(一年前)「湘江風雷」也曾被中共中央打成「反革命」，而半年後，毛澤東卻支持這個造反派的準政黨組織平反翻案。於是我決定離開湖南幾個月。我認為離開湖南，外省人對「省無聯」不瞭解，我也許更安全。但與我的估計正好相反，由於外省人不瞭解「省無聯」，他們只相信中央政府鎮壓「省無聯」的命令，再沒有人極力窩藏我。於是我很快在武漢被人檢舉，由當時的長沙市公安局軍管會派人把我押回湖南。

我被戴着手銬送上火車，一到長沙，一輛吉普車正等在車站，兩位全副武裝的士兵像押送要犯一樣坐在我的兩旁。上汽車後我被用毛巾蒙上了眼睛，使我無法判斷自己被押往何處。我被解開蒙眼的毛巾時已是在一間燈光昏暗的小屋內。押送我的人向另一位陌生人交代，「這就是楊曦光。」我面前是一個表情嚴肅但氣質厚道的五十歲左右的獄吏。他穿着已褪色的綠色上衣、藍色褲子的制服。他叫押送我的人給我鬆了手銬，讓我坐在一條長椅上。他自己坐在一張小桌子後，開始向我提問。他問我的姓名、籍貫、年齡、單位。最後問我：「你犯甚麼事？」我相當生硬地回答：「我沒犯甚麼事。」但他卻在一個表格的「案由」一欄寫上「省無聯壞頭頭」。

接着，他要求我把隨身的東西都交出來，我把衣褲口袋裏的東西都掏出來放在桌上。他問：「你有手錶嗎？」我又把手錶取下來。他把我的現金、手錶裝在一個牛皮紙袋裏，寫上我的名字和一個番號，然後告訴我的代號(這個代號以後從來沒用過，所以我根本不記得它)。他的語氣聽來一點也不刺耳，「這些金錢和貴重物品不允許帶進『號子』，由『幹部』代為保管，你出去時我們再退給你」。我後來才知道「號子」是看守所的監房，而「幹部」是獄吏要求人犯稱呼他們的頭銜。他一副公事公辦的態度，不像押送我的人那樣把我視為敵人。「這是公安機關的看守所，訂有監規，你要好好遵守，不要在號子裏與其他人犯互通案情，不要用外語交談，不要在號子裏打撲克、下象棋和打鬧。這是個池淺王八多，廟小妖風大的地方，像一個大染缸，說不定白的進來，黑的出去」。「人犯」一詞在我聽來很別扭，後來才知道，人犯是處於「預審」階段，還未最後定罪的人，有別於「犯人」。文革中人犯與犯人的待遇早已沒有區別，但這位老獄吏慎重其事地稱人犯大概顯示了他對司法秩序的尊重。

很多天後我才知道他姓劉，是這個看守所的所長。他把我帶出這間房子，我看到一張大鐵門，門上有個小木門。劉所長將我引進這個小木門，面前出現了一個大院子。院子中間是長有稀稀拉拉小草的沙坪，南邊和北邊各有約十二間號子，每個號子有一張剛容一人通過的小木門，門又厚又沉，上面有個拳頭大的小圓窗。窗上有個木蓋，可從外面由人開關。一位全副武裝的士兵正在號子前的走廊裏巡邏，他不時打開小圓窗的蓋子，察視號子內的情形，然後再將蓋子用一個鐵鈎關死。每個號子門的兩邊有兩個比一個人還高的窄窗，窗上是二指粗的鐵欄。我走進大院時馬上有人蹲在或站在二層床的上鋪上從鐵窗張望我這新來的「客人」。我當時的感覺就像走進動物園時，看到鐵欄後的動物都站起來了一樣。

我被帶到一個門上寫着九號的號子前，獄吏打開一把又大又重的鎖，我走進了九號監房。一股濃烈的奇怪氣味撲鼻而來，夾雜着陳年棉絮、人身上的怪味和各種人體排泄物的味道。這是一間大約六米長三米寬的房子，除了一個小角落外，全被六張雙層床塞滿了。

我站在號子中間，號子裏很擁擠，十二個鋪位上大多數每個都有兩個人。大家用陌生、探究和防備的目光看着我。一個頭髮略見稀疏、劍眉、小白臉的年輕人手摸着自己的下巴，在地上踱着來回。他問：「你叫甚麼名字？」「楊曦光。」有人從床上跳下來，「你就是寫《中國向何處去？》的楊曦光？」「當然是，還有誰用這個古怪難認的曦字做名字。」一個瘦小的二流子樣的人代我回答。號子裏的不少人的臉色漸漸消除了戒備和陌生感。最初問我的那位小白臉(後來我知道他的名字叫蕭福祥)卻仍舊是一副不無譏諷的臉色。這時坐在靠後窗的上鋪的一個年輕人邀請我：「和我睡一個鋪吧，已經沒有空鋪了。」他穿着一身洗得乾乾淨淨的舊工作服，上面已有不少補丁。他的臉色和身上給人一種清新、健康、沒有任何怪氣味的感覺。我十分情願地接受了他的邀請。這位小青年神情莊重，不像其他人那樣對我的名字故作驚訝之感。從他臉上看不出他對「楊曦光」這個代表某種偏激的政治傾向的名字的好惡。後來我才知道這位叫毛火兵的青年學徒工是與造反派對立的保守派中一個最極端的組織「紅色怒火」的成員。

那天晚上，我才知道，這就是有名的「左家塘」看守所。它因大門外的一口水塘而得名，由長沙市公安局直接管轄，是長沙市最大的關押未定罪的人犯的看守所之一。它位於長沙市東南郊區東塘廣場附近。我坐牢之前，從來未想到那個地區有這樣一個關着數百人的地方。

第二天我醒來時，不敢相信自己是關在一個動物園籠子式的地方。完全清醒後，我確認了這一點，心中馬上被一種沉重的感覺所壓迫。嚮往一般人行動自由的感覺開始變得越來越強烈，每天早上醒來時那種心上壓着石板一樣的感覺越來越令人痛苦，這種痛苦的感覺一直到四五個月後才慢慢穩定下來。但犯人被叫去審訊時，開門的鐵鎖聲卻會使人重新意識到鐵籠的存在，使心裏痛苦不已。但被關久了後，牢房的寂靜也使人感到悲涼，開門的鐵鎖聲這時又會使人興奮不已，因為這意味着我們中有人可以離開這個籠子出去走一走。

兩個星期後，飢餓漸漸代替自由成為我的最大問題。號子裏每天吃三餐，一餐三兩米飯，每月吃一頓肉，平時是數量不多、很少油水的蔬菜。每頓飯由已判刑的勞改犯人從伙房送到每個號子門口。飯是用鋁鉢子或瓷鉢子蒸好，三兩一鉢，用一輛板車拖來。菜盛在水桶式的桶內，由他們挑到號子門口。文革前，當局允許家屬給犯人送食物；文革以來，食物被禁止送入，而每餐這點飯菜遠不夠維持人所需要的起碼熱量。所以大多數人會常常感到飢餓造成的頭暈、心慌。除了增加睡眠外，犯人們常用「精神會餐」的辦法來解饞。

一些熟悉長沙的各種飯店的人會回憶「楊裕興」麵館有名的三鮮麵、牛肉麵，「奇珍閣」的烤鴨，「德園」

的包子，「和濟」的米粉，「火宮殿」的臭豆腐。我這才記起長沙有那麼多好吃的食物。有的人會仔細敍說怎樣做虎皮肘子做出焦黃的肘子皮，怎樣用豬肉皮炸出假魚翅。這種精神會餐常常會使人越聽越饞，越聽越餓，最後大家都有了一個共同的決心，那就是一出看守所，第一件大事是遍嘗所有這些好吃的東西。

九號裏各人有各人排遣時間的方法。一位姓文的中年政治犯從頭到尾默寫《唐詩三百首》。那時社會上已買不到這類書籍，它們都屬於「封(建主義)資(本主義)修(正主義)」的「毒素」。一位姓唐的年老的文質彬彬的「歷史反革命」犯(過去是國民黨的官員)在默寫諸葛亮的《出師表》和范仲淹的《岳陽樓記》。差不多每天夜裏都有人講故事、笑話，或猜謎語。一位叫文少甫的技校的學生(也是位政治犯)最喜歡與我玩智力遊戲，他記得不少數學遊戲和中學數學競賽中的難題，我倆經常成天沉浸在這些遊戲中。大家有時會為一些知識或新聞爭吵起來。有次為了搞清從中國向東飛經過日更線時日曆是要減少或是要增加一天，全九號的人差不多都捲入了爭論。有次為了四季是怎樣形成的這個問題，大家也爭論了差不多半個小時。有的人會講笑話，有的人喜歡猜謎語，還有的人喜歡對對聯。最熱鬧的遊戲是年輕人像小孩子一樣捉迷藏。他們跑得比小孩子快，上鋪下鋪上躥下跳，把個九號搞得天翻地覆。

當然女人始終是這群男人的一個話題，有人津津有味地回憶自己第一次性經驗，有人知道女人的長相、皮膚色澤、氣質和性慾特徵的關係，也有人能把女性陰道特徵歸納出幾類來。最開始，我連聽到大家討論女孩子的衣着都會產生反感，聽到人們講到性，臉會發燒。但漸漸地我開始「久聞不知其臭」，甚至會為自己沒有性經驗而害羞。

從進九號開始我就從中國社會的上層進入中國社會的最底層，湖南省委大院內的小洋房和一切上層優裕的環境不再與我有緣。我在九號住了將近兩年，直到一九六九年底我被逮捕和判刑。

# 3 羅　鋼

羅鋼是我的第一個扒手朋友，也是我在九號碰到的舉止最像電影中的西方人的「同犯」(這是個「幹部」要求人犯互相稱呼的稱號)。他皮膚白而細膩，大眉大眼，喜歡用誇張的表情和動作來表達他的感情。比如大張着嘴巴，將下巴一歪，表示吃驚，或不屑，或示意他述説的事情不凡，用聳肩或向上翻眼表示無可奈何等等。從中國人眼中看來，這種舉止給人輕浮、不安份的印象。

文化革命的高潮時真是扒手的「盛大節日」(列寧曾説革命是人民的盛大節日)。羅鋼自得地告訴我，他參加了「湘江風雷」，參加了搶槍。在二十四中附近的武裝衝突中，被保守派擊中負了傷，成了英雄。他和他的戰友們搶了軍火庫中的幾輛軍用卡車，學會了開車，但卻從來不會掛高速檔。他學會了使用五九式手槍、半自動步槍、機槍，卻從來不能拆開槍枝。文革前的中國，這些事老百姓從來不能問津，更不用説經常出入看守所的扒手了。

雖然羅鋼從未向我説明他是扒手，但是他卻毫不掩飾地向我講述各種只有扒手才知道的事。他滿嘴黑話，我開始很難聽懂他那些黑社會的專用詞。比如他從不稱士兵或戰士，而叫他們糧子，「當兵吃糧」的意思。他不說「三、四、五、六、七」而說「江、都、神、少、拐」。稱錢為大葉子，稱糧票為小葉子。

羅鋼對我非常友好，大概是因為我們都是造反派的緣故。他喜歡哼電影《流浪者》中的《拉茲之歌》，還有一支不知名的小調「取下你的口鼻罩，看看你的長模郎，你如果沒有嫁人，可一定要嫁給我」。羅鋼是惡作劇的好手，他告訴我，他小學快畢業時和他的男同學一塊對女同學逐漸隆起的乳房產生了濃厚的興趣，他們很想摸一摸那奇怪的東西，看是甚麼感覺，但又不敢冒失。他的同學與他打賭，如果羅鋼可以摸到那東西又不惹女孩子生氣，他就能贏一元錢。羅鋼馬上答應：「我們打賭，如果我做不到，我付你一塊錢！」

第二天，他與這個同學一邊交談一邊朝一對迎面走來的女孩子走去。羅鋼有意不看女孩子而專心與他的同學扯談，等他與女孩子擦身而過時，他故作無意地轉過頭來吐痰，痰正好吐在女孩子的胸口。他故作吃驚，馬上掏出手帕，不迭聲地道歉，並用手帕在女孩子的胸口擦起來。當然那女孩子沒生氣，還不斷說「沒關係，沒關係。」羅鋼體面地贏了一塊錢，也滿足了他的好奇心。

有次羅鋼問我「世界上甚麼東西最好玩」？我說不知道，他自己回答「人玩人」。顯然他指的是性，他的享樂觀實在令人為他害羞。他有時站在床上做出雙手按着女人乳房的樣子閉着眼睛扭屁股，潤着他的味，那種有經驗的樣子使蕭福祥悄悄對我說，「他的案子一定與強姦之類的事有關。」我雖然沒去探究他究竟是不是單為扒竊案進來的，但可以肯定的是，他從不敢正面澄清號子裏關於他的案子與強姦女人有關的謠傳，這本身就說明這件事已夠糟糕的啦。有天我問蕭福祥，「你怎麼想到羅鋼的案子與強姦有關呢？」「上週，他預審回來，顯得疲勞的，我問他『大河裏浮菩薩——來剎了神呀』？他像隻墊在床腳下的蛤蟆，顫是個顫，還要硬撐，告訴我，一個好厲害的預審員——還是個女的——問他『進去沒有』，『出了水沒有』，你想想看，還是個女的！」

羅鋼另一件最感興趣的事是「打狗」，即揀煙屁股。每次被提訊或者出去挨批鬥時(這在文化革命中是常有的事)，羅鋼都要打很多「狗」回來。下象棋，下圍棋，猜謎語，做數學題，我看不起羅鋼，但在沒有火柴的條件下用最原始的辦法生產火，他卻是我望塵莫及的。他首先從床上的草蓆上扯出幾根草搓成一根細細的草繩，然後用被褥上的一團小棉絮包起來，用一塊木板壓着這團包緊的棉團在床板上猛擦，他擦得滿身大汗時，棉團開始冒煙，他馬上解開棉團，輕輕將冒煙的草繩吹出明火，然後幾個抽煙的傢伙湊過去，用那根草繩上的火點燃他們用煙蒂捲成的香煙，大口大口地過煙癮。

另一件叫羅鋼頭痛的事自然是飢餓。蕭福祥比羅鋼早進號子兩三年，他已坐了四年牢。他飯量比羅鋼小得多，但四年下來已瘦得不像人樣，才不到三十歲的年紀，頭髮已由於缺乏營養而掉了一大半。再大的胖子，在這裏餓半年就會瘦得親人都認不出來。每天吃飯前，人犯都站在門旁，像在等待盛大的事情一樣。飯一進來，羅鋼這類身強力壯的人馬上搶着去挑那些看上去滿一些的缽子。菜是由值日的人犯用勺分在各人自己的菜缽裏，分菜時菜缽擺在地上，人們圍着觀看，眼睛都鼓得像牛眼睛，好像在觀看一件利害相關的決策。有些人不時為了分菜不均而發生衝突。

羅鋼對這折磨人的飢餓想盡了辦法來對付。他能做的真正有效的事大概只有兩件。一件是他趁每次放風時，在院子裏扯幾根野草。放風是不定期的，我記得我在左家塘近兩年，只放了三次風。蕭福祥說文革前每個月要放次風。每次放風時，所長和看守士兵輪流把每個號子的人犯放到院子裏，讓他們散步十來分鐘。有次放風時羅鋼居然抓到了一隻癩蛤蟆。一進號子，他就把這隻蛤蟆生剝了皮，還沒等它停止動彈，就活活吞進肚裏。為了幫助吞咽，他還自己拍拍胸和肚。另一件羅鋼能做的事就是「買飯」。號子裏一些最窮，家裏沒有人送衣物，食量又不大的人，發覺飯是號子裏價值最高的東西，於是有了飯的交易。羅鋼向一個大家稱之為「少老闆」的人和另一個鄉下進長沙做生意(那時任何非官方的生意都是非法的)的人買飯。少老闆是位三十開外的小個子。據説他的家族原來是長沙有名的有國民黨背景的資本家。他父親是很有錢的大老闆，一九四九年後被共產黨革了命，這位少老闆失了生計，於是學會了做非法的糧票生意，自然成了左家塘的常客。他在九號不失他會做生意的本性，看見飯是做生意的好對象，於是以一件舊衣服或近一元監票的價格賣一缽飯。監票是左家塘當局發的一種只能在左家塘流通的油印的紙幣。我們只准使用監票請幹部買東西，不能使用和保留現金。少老闆每星期能賣一缽飯，賣飯的那天，他睡在床上不起來，早飯就免了，快到吃中飯時，他餓得只翻白眼，睡不着，也起不來。這種交易自然是違反監規的事，談交易都是躲過眾人的耳目在屋角落裏進行，其他人很少知道討價還價的過程，但據羅鋼講一缽飯的價錢大概相當於當時工人一天的工資或外面一缽飯價錢的十倍左右。不要多久，羅鋼能換飯吃的衣服和監票都換掉了。

家裏有資助的人想盡辦法讓家屬送食物進來。他們一般是託被釋放的人帶口訊回去，請家裏人用非法的辦法送食物進來。比如把豬油裝在空牙膏皮中送進來，把豬肉鬆裝在棉衣裏或棉絮中送進來，把葡萄糖當藥送進來等等。用飢餓懲罰犯人大概是中國監獄的傳統，因為民間早有餓牢鬼的説法。文化革命中共產黨加強了這種傳統，連允許送牢飯的傳統也改了。有次羅鋼餓得實在難受，開始哼夜歌子來轉移自己對飢餓的注意：「人在世上哪般好，頂不得路邊一兜草，草是逢春又發生，人死一去不復生……」突然劉所長嘩啦一聲把門打開叫蕭福祥提訊。蕭福祥慌慌張張地從床上跳下來穿鞋。這時劉所長向羅鋼吼道：「唱甚麼呀？唱甚麼呀？」羅鋼正好逮着了機會，迎上去對劉所長說：「報告幹部，我實在餓得想吊頸，我犯了甚麼事，你要判就判，要殺就殺，把我五花大綁吊起來，打五十大板，我都願意，總比這樣活活挨餓要好。」劉所長知道羅鋼是那種冰凍的豆腐不進油鹽的傢伙，面帶一絲笑意地答道，「你還想過修正主義腐化生活呀，可沒那麼便宜的事，這就是要改造你的腐化思想。我們共產黨從不打人，也不會亂判亂殺……」羅鋼馬上接上去：「只是要把我們餓服貼！」劉所長面轉怒容：「老實點，不要胡說八道。」

劉所長的話並沒有兑現。不久他就被新來的軍人所長徐絡腮代替了。徐絡腮是當時對湖南實行軍事管制的四十七軍的一個排長。軍隊來的幹部大約於一九六八年中全部代替了老公(安局)檢(察院)法(院)的幹部。他們帶來的第一個重要變化就是打人。左家塘看守所的人犯有「打電話」的習慣，這就是鄰居號子裏的人通過相鄰的兩個窗子互相交談、傳遞信息，或者兩個對面號子的人站在前窗上用手劃字傳遞信息(被大家稱為「長途電話」)。有天徐絡腮抓到一個「打電話」的人，把他帶到看守所的辦公室去，接着就聽到一陣用木棍打人的聲音。我爬到窗前去看，可以隱約見到徐絡腮揮動木棍打人的影子。被打的人用手護着頭和眼鏡。從他的眼鏡，我發覺他很像和我同一個案子被抓進來的湖南大學的學生領袖周國輝。為了肯定我的判斷，我大聲叫道：「周國輝！」那被打的人果然回過頭來朝我看了一眼。這時徐絡腮又掄棍亂打。我忍不住喊起來：「不要打人！」這一下驚動了整個監房，很多趴在窗口觀看的人都叫起來：「不要打人，要文鬥，不要武鬥！」喊聲此起彼伏。徐絡腮掉頭朝九號走來。我知道今天少不了一頓毒打，馬上加了一件衣服。羅鋼一定要替我戴一頂帽子，被我拒絕了。他小聲道：「挨打的時候用手護着頭和肚子，別的地方都有骨頭擋着，這兩個地方千萬別讓他們打壞了」。徐絡腮打開九號的門，怒聲道：「剛才誰叫喊？」「是我。」「給我出來！」我一進辦公室，徐絡腮掄棍就打，劈頭蓋腦。這時所有的監房都叫起來：「不准打人，要文鬥，不要武鬥！」看守的士兵站在院子中間聽見哪邊叫就朝哪邊扔石頭，跳來跳去。他向北邊扔石頭時，南邊的吼聲又起，他向南邊扔石頭時，北邊又是一片吼聲。羅鋼自然是最積極的一位，我聽得出他的聲音。不久監房院子大門敞開了，幾十個荷槍實彈的士兵擁進來，散佈到每個號子門口，大門口架起了兩挺機槍。來了幾個大官模樣的軍人，把我與周國輝叫到監房外的預審室，態度出人意外地溫和。其中一個瘦小個子對我説：「你有甚麼意見可以向我們提，不要鬧事。」我的意見很簡單：「他們這幾天幾乎天天打人，毛主席説要文鬥，不要武鬥，你們不是要按毛主席指示辦事嗎？」「打人當然不對，鬧事就更不對了。」當時中國的政治形勢非常微妙，造反派與保守派之間的衝突正在朝有利於造反派的方向發展，而我和周國輝過去所在的「省無聯」的成員正在利用這個機會要求為被打成反革命的「省無聯」平反。四十七軍的人當時也搞不清政局會如何發展，他們也看見過一九六七年夏天「湘江風雷」平反的情形。所以四十七軍的官員當時對因「省無聯」問題坐牢的人，採取一種謹慎和不作結論的態度。因此那次鬧事沒有導致官方的報復，打人的事漸漸減少了。

羅鋼與我的英文老師吳德顯都是在正統的造反派組織(他們在省革委會籌備小組有席位)工聯的「治安指揮部」挨過重打的人，他們都有豐富的挨打經驗。吳老師的肝臟被治安指揮部打壞了，時常疼痛。他是國民黨時代的飛行員，四十年代曾在美國受過訓練。一九四九年他隨程潛起義，投降了共產黨。他後來被送到一所幹部學校洗腦，洗腦後被分配到一個鐘錶店當職員。一九六四年四清(清政治，清思想，清組織，清經濟)運動時，每個單位都需要一個「階級敵人」作為階級鬥爭的「活靶子」，他的美國和國民黨背景自然是最好的活靶子。他被人檢舉「姦污婦女」而成了批判對象。四清運動過後，事情也就過去了。但文化革命在一九六八年開始的清理階級隊伍運動中他又成了靶子，他被關到治安指揮部，被打個半死，然後被轉到左家塘看守所。他的英文很好，每天自編課本向我教授英文。他後來被以姦污婦女和「國民黨殘渣餘孽」罪判了十五年徒刑。

九號的人們都稱扒手為「鉗工師傅」，而羅鋼卻喜歡叫扒竊為「捉魚」。每次遊鬥後回到號子裏，他總要嘆氣：「今天魚真多呀！可惜我的鉗子被銬起來了，只能做牛袴裏的蠅子——隨卵搖。」我對他的鉗工手藝有點好奇，有次冒昧地問他：「我真難想像，怎麼可能從一個大活人身上把錢包拿走呢？有沒有甚麼特別的工具捉魚？」他說工具當然有，比如刮鬍子刀片，用食指和中指夾着輕輕一晃就能開個口子讓魚出來，不過我很少用工具。」

終於我有次機會見到他的手藝。他是屬於「二進宮」有勞改經驗的人，很會識別號子裏的KGB(犯人們將告密者稱為KGB)。有天他小聲對我說：「那個姓劉的傢伙是個『滔老倌』，他經常向幹部遞條子，我們得讓他懂點味。」姓劉的是個被當局指控犯了貪污罪的五十多歲的老頭，他在國民黨時代當過大官。在九號他是對幹部最尊敬，對監規遵守得最好的一位。他平時對我頗友好，儘管對扒手們很不恭敬。我對羅鋼的話半信半疑：「你怎麼知道他是『滔老倌』？」「他是歷史反革命，共產黨在號子裏總是利用歷史反革命監視現行反革命，利用刑事犯整反革命犯。你注意沒有，每天早晨這劉老倌總是起得最早，爭着去倒馬桶，端盛熱水的桶進來，你以為他勤快呀，他是趁幹部開門和大家還沒起來的機會，向幹部遞小報告。」

一兩天後，羅鋼用他的鉗工技術扒來這位劉老倌寫的一份小報告。這是一張預審員給他寫交代材料的紙，上面寫着：「報告幹部，九號的文少甫每天背誦和默寫封建毒草唐詩三百首，唐德一在默寫諸葛亮的出師表。羅鋼六月七日向人介紹他的扒竊經驗。趙德文六月十一日說他現在的工資在解放初可以買比現在多一倍的東西，攻擊新社會，發泄對社會主義的不滿。報告人劉××。」第二天劉老倌的墨水、筆、紙都不翼而飛。他像個熱鍋上的螞蟻，在那裏找他的報告，嘟嘟囔囔地罵：「誰把我的筆拿走了？怕是活得不耐煩了！」漸漸地，他是瞎子吃湯丸心中有數，知道是有人在報復他的小報告，也是啞巴吃黃蓮有苦說不出。他看到過扒手合伙打KGB的事，只丟了紙和筆真是算夠客氣的了。

一兩個月後，劉老倌在一個打擊犯罪的運動中被判處無期徒刑。他知道共產黨是在跟他算國民黨時代的賬，他大叫「不公正」。在判刑後到離開九號的幾天內，他完全變了個人，天天在罵共產黨社會是個人吃人的社會，羅鋼對他的敵意也隨着這個變化而消失。

夏天發生的那次我和絡腮鬍子之間的衝突使羅鋼改變了對我這個「文弱書生」的看法，我成了九號的「英雄」。因此羅鋼開始向我講述一些他自己的故事。

羅鋼因為他的家庭成份不好，沒有考上中學。他充滿了對社會不公的憤恨，下決心要把這個社會偷垮。他的第一次鉗工活是在一位老扒手指點下完成的。他六次走近對象，但又六次退了回來。最後終於得了手。他把鉗得的錢交了一半給老扒手，從此開始了他的捉魚生活。

羅鋼一講起那段流浪生活就神采飛揚。最使他得意的是他有過一個女扒手同伴。她的捉魚技藝高超，羅鋼對她崇拜得五體投地。他們在一塊打了兩個月滾，白天一塊扒，夜裏一床睡，裝成夫妻天天住好旅館，反正錢來得容易也去得容易。最後一天早晨，羅鋼醒來時，身邊已沒有了她。「他媽的，抽卵不認人的東西！」羅鋼回憶起那個早晨還有餘怒。

我對羅鋼平時對自己的身份和前途的感覺感到好奇，有次直通通拿這問題問他。他誠懇地說，他每天早晨醒來都有一種無窮盡的被人追捕的感覺，有一絲負罪和深深的不安定感。有次有個扒手同伴被人追趕正碰上了他，將一隻手錶扔給他又匆匆逃走。他還沒有完全明白是怎麼回事，就被隨後追來的人們包圍，一頓痛打，「那真是黃泥巴掉在褲襠裏，不是屎也是屎！」羅鋼感慨道，一副心有餘悸的樣子。但每當他回憶起那些暴力他總會有一絲對公安局的好感。「只要出了鬚鬚，我就盡我的一切努力早點到公安局，否則打斷手、打斷腿，打成內傷都是常有的事。」我心裏想，這大概是為甚麼扒手對挨打極有經驗的原因。他們常常帶着雲南白藥在身上，總是顯得極有辦法對付挨打。

羅鋼自那次被抓後，公安局把他送到少年管教所——一個專門關不夠判刑年齡的少年犯罪者的地方，自此他結束了流浪生活，後來又被分配到一個工廠當了學徒工，捉魚成了他的業餘愛好。他是個招人喜愛的小伙子，女孩子們都叫他斯巴達克斯(古羅馬奴隸起義領袖)，因為他壯實的身體和有點像外國人的皮膚。工廠裏男女學徒間關係相當親密，動手動腳的事經常得很，在很多次週末的郊遊中，羅鋼自然少不了與女孩子的風流韻事。但每次他講起那些郊遊中的故事，他說他最愛與女孩子們討論的竟是他的「信仰」。「甚麼？你是說信仰？」我打斷他的話，在我心目中，羅鋼沒有任何信仰，有也是「人玩人，最好玩」之類的東西。「我所有的妹子都知道我信仰『流浪者』。」「信仰那部印度電影？」我嘴裏在問，心裏漸漸明白了他的意思。這部電影五十年代在蘇聯和中國非常流行，講的是一個扒手的故事。這位扒手拉茲的父親是位法官，信奉血統論：「強盜的兒子永遠是強盜，高貴者的兒子永遠高貴。」有位強盜的兒子受過這位法官的不公平判決的害，被逼當了強盜。他為了教訓這位法官，把法官剛懷孕的妻子劫走，並把法官的兒子撫養成人，使他成了一個江洋大盜，這就是電影中的男主人公拉茲。法官自從妻子被劫走後領養了他一位過世的朋友的女兒，成為這位美麗的麗達的監護人。麗達成人後進了法學院。在一次警察追捕拉茲時，麗達與拉茲邂逅。她幫助拉茲逃過了追捕，他們一見鍾情，陷人情網。拉茲的父親並不知道麗達的男友是自己的兒子，在拉茲偷竊貴重項鏈作為麗達生日舞會的禮物一事敗露後，法官當然極力反對這對男女之間的戀情。麗達為了出庭為拉茲辯護，千方百計找到了拉茲的母親弄清了拉茲的身世。在法庭上法官審訊他的兒子拉茲時，麗達最後陳述了拉茲與他父親的故事，對拉茲作了成功的辯護，使拉茲只被判了三年徒刑。羅鋼用神往的表情告訴我：「我最喜歡電影的結尾，麗達送拉茲去勞改，麗達真是懂味碼子，她說：我等着你！」羅鋼的神態好像有位漂亮的女友正在向他重複麗達的話，當然他完全忘了印度根本沒有「勞改」。

羅鋼總是告訴他的女友，他相信這個電影中包含的哲學，他相信自己的命運與拉茲一樣，他不能升學的不幸，是這個奉行階級路線的社會強加給他的。但是他已不再嚮往上學，他已是一個扒手，喜歡扒手那放蕩不羈、玩世不恭的生活。那個印度電影的主題歌叫《麗達之歌》，歌曲優柔動人，所有的扒手都喜歡唱或聽這支歌。但羅鋼唱得更多的是《拉茲之歌》。《拉茲之歌》與《麗達之歌》很不一樣，那跳躍的節奏好像把人帶到了繁華的大城市和扒手動蕩不安的生活中。曲調是如此玩世不恭，苦中作樂，而節奏卻如此強烈和激動人心，羅鋼唱起《拉茲之歌》時，雙肩隨着節奏聳動，臉上好像忘記人世間的一切愁苦，告訴人們「這個世界，見鬼去吧！」有時他唱完之後會自嘲一句：「叫化子搞屁眼——窮快活！」

羅鋼最後被判了十年徒刑，臨離九號時，已瘦得完全不像我第一次看到的他了。他還在中國人所說的吃長飯的年齡。他是在監房外的預審室收到的判決書，那時已沒有陪審或申訴這一切程序。回到九號，所有人都認為判得太重，但他卻面露喜色，像卸掉了一個重包袱，馬上就趴到窗子邊與對面的一個朋友「打電話」。他也等不及用手勢劃字，而是扯開喉嚨大叫大喊道：「勞改隊又揀了一個十年不要錢的好勞力，我要到勞改隊去吃長飯去了！」他是在一個淒風冷雨的初冬日子走的。他的麗達沒有來送他，沒有向他講他神往的那句話「我等着你」。

# 4　盧瞎子

盧瞎子原名叫甚麼，大家都不記得了。所有的人都稱他盧瞎子，連劉所長也如此稱呼他。他戴一副深度近視眼鏡，鏡片後的眼睛眯成一條縫，看去就像瞎子一般。他的綽號大概就是由此而來。盧瞎子個子瘦小，穿一件醬色的高級毛料服，外面罩一件粗布中山裝。光看他那件罩衣，他是個窮光蛋，但實際上他是在長沙繁華的商業區八角亭有地皮，有一幢三層樓的大房子，家裏藏有很多金條，並有若干台製造鞋子機器的「資本家」。據羅鋼説，盧瞎子是看守所的常客，已經被關押過很多次，所以把看守所當成臨時旅館的扒手不少都認識他。

盧瞎子表面非常隨和，與一切人都能談很久。他關心一切，喜歡打聽一切事情的細節，從衣服的裁剪，牙刷的功效，大便的成份，直到當前的政治。和他處久了，人們會發現這根本不是他的個性特點引起的，而是他做生意養成的一種習慣。他有次告訴羅鋼，任何事都相互影響，對事情相互的影響知道得越多，就會有更多做生意的機會。

盧瞎子雖然是九號監房中最富有的人，但卻也是最小氣的人。他雖對牙膏的功能很有研究，卻從不用牙刷牙膏。他身邊保留着一根小竹絲，他每天用它刮自己的舌頭，然後用水清理牙齒。羅鋼嘲笑他為了省幾個錢連衛生都不要了。文少甫替盧瞎子辯護道：「他可能是自幼養成習慣，改不了啦，你怕他真的捨不得那幾個牙刷牙膏錢喲！他年輕時要是沒有這個習慣，怎麼能從一文不名積累起今天這麼多的財富呢？」羅鋼同意道：「也是的，我這麼愛衛生，我的工資追起我的支出來總是『跛子追野老倌——越追越遠！』」

盧瞎子是我有私人關係的第一位「資產階級分子」。以前我只從書本上得到資本家的概念，我認識的人中沒有一個是資本家。我很想向盧瞎子瞭解他的經歷，瞭解他是怎樣發財的。但是盧瞎子不太看得起我這種沒有社會經驗的青年學生，對我提的問題總是表示不耐煩。然而當他從羅鋼口裏知道我就是《中國向何處去？》的作者時(盧瞎子比我遲進九號，他沒趕上我進九號時人們探尋我的背景的場面)，他對我有了一些興趣。他告訴我：「我也經常想『中國向何處去？』的問題。」我問他：「你看過這篇文章嗎？」「沒有！」我心中暗暗好笑，他對巴黎公社式的民主絕對不會有興趣，他的興趣當然是在資本主義私有制上。也許他想當然地認為我的文章一定是討論中國應該搞資本主義還是應該搞社會主義這類問題。我不想給他潑冷水，希望他保持着這種誤解。

盧瞎子終於跟我談起他的事業。這應該歸功於羅鋼和其他喜歡捉弄他的扒手。扒手與盧瞎子惡作劇時，我常加以制止，這自然使我與盧瞎子有了份親近。羅鋼喜歡講綠林義氣，「有福同享，有禍同當」，他看不慣盧瞎子的「小氣」以及他「獨善其身，不求於人」的處世態度，更不幸的是盧瞎子有些非常奇怪的習慣。例如他從來不洗腳，也不換襪子，但隔幾天要脱掉他的臭襪子，把他腳上的髒東西抓到鼻子邊去聞來聞去。他大概就愛聞那股刺激人的臭味。有幾次羅剛看到他又聞臭腳味，就走過去搶掉他的眼鏡，揚言：「你是哪根腸子快活，一定要當眾聞臭腳丫子？你不保證不再當眾脱臭襪子，我就再不還給你眼鏡。」盧瞎子大聲抗議，沒有人理睬他。最後我提議，將條件改為盧瞎子保證不讓羅鋼看見他脱臭襪子。羅鋼馬上表示接受，盧瞎子也只好屈服。發誓不再讓羅鋼看見他脱臭襪子。盧瞎子另一個壞習慣是打鼾。他打起鼾來驚天動地，全身起伏，簡直叫人難以相信他是睡着了。每當他打鼾，幾位扒手就喜歡用小紙棍去撥弄他的鼻毛，每次都要把他弄得大發脾氣才罷休。

盧瞎子告訴我，一九五〇年他十八歲從高中畢業就開始做各種小生意。最早是賣「扯麻糖」，這是種摻有芝麻的黏糖。小孩買這種糖時，由盧瞎子從一大堆黏糖中扯出一個頭交給小孩，小孩用力一扯，扯得多少就得多少，價錢是固定的。很多小孩被這種有遊戲和賭博味道的生意所吸引，使他賺了一些錢。他還賣過一種小吃拼盤。顧客全是小學生。他用一個分為十幾個格子的大木盆裝着十幾種小吃，有鹽薑、果脯、甜紫菜、山楂片等等，五分錢可以買一小包，其中每種食品都有一點。他還做過一種叫做「西洋鏡」的生意。那是一種簡單的幻燈片，他從上海買來的。其中有世界各地名勝的照片，也有半裸的西洋女人照片。他的西洋鏡是一個手推車上裝的方盒子，盒子上有供一人觀看的鏡片，從鏡片，可以看到盒子內的幻燈片。盒子用黑布蓋着，盒子上是廣告，寫着「世界名勝，西洋美女，五分錢遊遍世界名城，欣賞摩登女郎」。

盧瞎子還做過其他十幾種小生意。他經常去上海，學習一些新的經商之道，買些新設備。一九五〇年上海新建一座私人味精工廠，要向全國各地打開銷路。盧瞎子承攬了在湖南推銷這家工廠的味精的業務。他僱了一位秘書(他的一位表妹)，買了一台打字機，然後油印了很多介紹味精的材料，然後寄給全省各城市商店，請有興趣的商店與長沙的代銷處聯繫。代銷處辦公室的地址就是盧瞎子家的地址，電話號碼就是離他家最近的一處公用電話號碼。各地的商店經營人看到打印得漂漂亮亮(以一九五〇代初的水平為準)印有辦公室電話號碼的材料，絕對不會懷疑這是一家像模像樣的商號。

當時正是內戰後的繁榮時期，外國的商業競爭被美國的封鎖消滅了，共產黨當時還鼓勵私人資本的發展，所以那時是中國商人做生意的黃金時代。味精很快打開了銷路，二十歲的盧瞎子馬上成了新的暴發戶。他的工作就是把訂購單寄給上海的工廠，商品托運到長沙後，盧瞎子去郵局將這些貨轉寄給全省各地的商店，連倉庫都不需要。工廠為擴大業務，給了他一次大甜頭，在一次產品大減價前，讓他以新價格買進味精，在公開減價前讓他按原價銷售。盧瞎子從這次工廠折價賺了一大筆後，在長沙的商業寶地——八角亭買下一塊臨街的地皮，修起一座三層的洋樓，從此他有了一個正式的鋪面，他的業務也從味精擴大到機器買賣和製鞋。

好景不長，一九五六年公私合營運動來了。所有資本家在共產黨一九五三年發動的「三反五反」運動中早已大傷元氣，共產黨在公私合營運動中稍施壓力，大多數私人資本家就把自己的企業自動交給了共產黨。可是盧瞎子是堅決抗拒公私合營的人。他一直拒不把他的營業大樓交給國家，並一口咬定「共產黨的政策是自願互利，我就是不自願，也不要你的利！」

上海味精廠已經公私合營，共產黨接管了工廠，應允給原來的老闆象徵性的固定股息。合營過程中，原來的老闆給盧瞎子留了個月薪四十元的職位，讓他去上海味精廠。盧瞎子一口拒絕。他買了幾台製鞋機器，就在自己的營業所內生產鞋子，一樓的店面仍用作買賣。共產黨對盧瞎子極為惱火，動員他僱傭的工人與他鬥爭，要求縮短工時，增加工資和勞保福利，並指責他剝削工人。盧瞎子決定解僱工人，自己和妻子、親戚來掌管機器。共產黨馬上通過工商聯出面干涉，不允許解僱工人。盧瞎子決定向法院告狀。他以五十年代他能找到的所有共產黨的法律文件為根據，為自己的解僱權辯護。共產黨的法院自然偏袒工人，盧瞎子被法院罰款，並被指責為抗拒社會主義改造的反動資本家。盧瞎子還不甘心，他把所有僱工的業務都停掉，只留下兩台機器讓他太太照管。他自己又到湖南省高級法院上訴，法院根本不理睬他。他又找省人民政府，結果反而被接待他的官僚教訓了一頓，要他不要抗拒社會主義改造。他根本不聽這一套政治宣傳，總是重複他那幾句話：「政府司法機關以法律為準繩，以事實為根據，這不是你們共產黨總理在政府工作報告中說的嗎？」最後盧瞎子乾脆被機關傳達室拒於門外，他根本就見不到法院和省政府的官員了。

在多次找官員的過程中，盧瞎子受盡了氣，逐漸發現像他這種平民老百姓，如果穿着呢料衣服，政府機關的傳達對他就採取歧視的態度。因為在當時的社會中，穿着筆挺是共產黨高幹的特權，平民老百姓穿得太闊綽，馬上被認為是資產階級和剝削者，而共產黨的高幹穿得闊綽卻會引來尊敬和羨慕。盧瞎子悟出這個道理後，就總是在他的呢料衣服外面罩一件舊粗布衣服。這果然大大增加了接近高幹的方便。他那些日子到處打聽市長、市委書記之類大人物的去向，一聽説他們去了某公共場所，他馬上跟去，試圖將他的申訴書遞給他們。看他穿着樸素，市長對他態度還不錯，接下了他的申訴，説回去好好研究。

不久研究的結果就回來了。盧瞎子在一九五八年反右派運動的後期被劃為反社會主義改造的壞分子，成了專政對象。街道派出所對他監督改造，他連完全的人身自由都沒有了。政府人員強行佔據了他的營業大樓，宣佈徵用一二樓。

一九六四年，共產黨推行城市私房改造政策，要求把城市裏的所有私人房屋改造為國家所有。在這個運動中，盧瞎子的商業樓房和他的私人住宅被正式充公。他反過來要向政府交房租住他自己的房子。盧瞎子上北京告狀，結果被公安局押回長沙，作為不服管制的壞分子在看守所關了一年，一九六五年被釋放。文化革命中盧瞎子被抄了家，家裏的金條被紅衛兵抄走，人也被趕到大街上，他又去告狀，結果又進了左家塘看守所。

他相信自己沒犯法，不時背誦一九五四年憲法中關於保護公民財產的條款。他是九號中最心安理得地等着被釋放的人。盧瞎子對共產黨有很多批評，一講起共產黨對資產階級的歧視和共產黨在商業和經濟活動中的壟斷和搶劫，他就一肚子氣。他們剝削工人是好的，叫做做貢獻，是無產階級革命事業。要是私人僱了工人，即使給的工資高得多，也是資產階級的、反動的。三桿槍比着我，我也不會承認這種共產黨邏輯是真理。同樣的生意，你做叫做投機倒把，不法奸商，他做就叫做社會主義，天經地義！」盧瞎子舉外貿和糧食買賣做例子，「你看政府做外貿低價進，高價出，買空賣空，一轉手賺一倍甚至十幾倍，既合法又合理，還是社會主義，但是任何私人做同樣的事，哪怕賺得再少，也叫投機倒把，資本主義！」

有次盧瞎子與我講起公私合營後工廠裏的管理，憤憤地說：「共產黨在工廠裏一年四季是運動，年初是開門紅運動，年中是月月紅運動，年底是大戰四季度紅到底運動，所有運動都是要工人多做事少拿錢，這可是比資本家厲害得多的剝削，但只要是共產黨搞的，就叫做為社會主義做貢獻。如果私人資本家這麼做，早就被打成不法資本家了！」

盧瞎子對技術和知識的鑽研勁頭使我讚佩不已。我從來沒有看到過任何人像盧瞎子那樣對技術和知識如此敏感。他對各種機器的原理、結構和技術細節有極大的興趣，他與懂各種技術的不同人可以討論技術細節連續幾小時。對法律和各種工藝他都有極大興趣，喜歡刨根問底。他甚至對馬克思的資本論也有興趣。我弄到馬克思

《資本論》的一至三卷，他翻了翻，挑出第三卷一口氣讀完，因為這一卷中有很多勞資法律糾紛的案例。從盧瞎子身上我發現私人企業家原來是社會上最勤奮、最聰明、靠技術和知識為社會作出貢獻的人。盧瞎子這個活生生的資產階級分子，使我懂得了共產黨詞典中資產階級概念的虛假性。

直到我判刑時，盧瞎子還在九號，我離開九號時忍不住對他的那種心安理得地等待被釋放的處境產生了一絲妒嫉。離開九號時，我每次回想到他都使我體會到，是他的命運告訴我共產黨人對私人企業家的迫害和歧視，及對財產的侵犯是何等殘暴無理。在盧瞎子看來，他自己對自己財產的權利是如此自然、合法而合理，而共產黨的理想和整個意識形態卻與如此自然合理的事不相容。原來在我心目中神聖的共產主義理念，被盧瞎子的故事變成與基本人性和正義不相容的東西。好多年後，我還會想起盧瞎子那握有公理和正義的自信心，我變得越來越喜愛他這份自信，雖然我後來再沒見過他，也不知道他後來的命運。

# 5 張九龍

九號「二進宮」的人，憑他們的本能可以判斷張九龍是屬於那種共產黨最仇恨的從事地下政治活動的人。看守所當局對他的態度極惡劣，這意味着他的重要性。張九龍是九號唯一不敢無視那些實際幾乎無人遵守的監規的人。

九號的其他人打撲克，玩紙頁子牌、骨牌，談女人，背唐詩，講書(武俠故事或水滸傳)，張九龍卻從不參與。但是他卻有個弱點，喜歡下圍棋。他進號子兩個月後，終於按捺不住，開始與我下圍棋。

人犯都知道看守的士兵沒有號子門鑰匙，不是重大的事情，他們也不會去向所長要鑰匙。所以每次被士兵發現在打牌下棋時，扒手們都會挺身而出，説是在抓臭蟲，絕不是打牌。「報告解放軍，你曉得我膽子小，不要嚇我，不要説打牌下棋這些違反監規的事，我從不敢做，連捉臭蟲，我都怕捏死了它。不信，我給你一個我捉到的臭蟲看，它還是活的！」一次羅鋼被士兵發現在打牌時，連忙站起來走到小圓窗邊，一邊跟士兵調口味，一邊用身體遮住他的視線，讓其他人趕緊把撲克藏起來。有時象棋來不及收起來，只好交給士兵，但等小圓窗一關，號子裏馬上又會開始生產另一副象棋。棋子是用預審用的材料紙迭成厚厚的紙條，然後卷成一個小圓餅，一面貼上一張紙做成。漿糊是用飯做成。蕭福祥等人在繪製撲克上花了很多功夫，做出來的撲克精美得像買來的一樣。張九龍從不參加這類活動，實在忍不住與我下圍棋時，也總是坐在上鋪靠牆角的地方，很小心地防止被看守發現。

我雖然對張九龍如何從事地下政治活動有一份好奇心，但是卻不相信他們這類地下政治活動會有甚麼真正的能量，我並不明白共產黨為甚麼會害怕張九龍這類人。但是從圍棋棋局中，我不得不承認張九龍是那種有大智甚至睿智的人。圍棋可能的棋局比象棋多，所需的智力和記憶力也比下象棋所需要多，尤其是下圍棋需要比下象棋多得多的時間，即使在左家塘這種社會精華(政治犯)和渣滓(刑事犯)集中的地方，也不容易找到很多下圍棋的好手。九號張九龍、我和程德明都是可以匹敵的棋手，但我和程德明都不得不承認張九龍「棋高一着」。

張九龍下圍棋大概與他搞政治一樣，野心極大，往往在幾個看來留的「氣」不多被對方包圍的小棋局中形成包圍對方一大片的大棋局。這種大包圍往往到最後雙方互相要動用所有的「劫」來比氣時才看得清楚。他算雙方棋局的氣不但十分精確，而且很具長遠目光，往往能看到十步以外的局勢。他喜歡研究一定棋局下的「棋譜」，表現出一種敢於冒大風險、精於贏大利的氣質。從圍棋棋局上，我逐漸對他的智慧和能力有了一種尊敬和信心，我開始相信他這種人搞政治一定有他的「全局」在胸，一定有他的精細算計。這使我對他的案情有了更多的好奇心，但他總是小心地避開一切與他的案情有關的言談。

我們盤腿坐在上鋪的牆角，一盤十九格的圍棋常常可以下兩三個小時。他眼珠上有一點血絲，全神貫注卻十分自信的樣子，一邊細細思量，一邊把手中的棋子無意識地點來點去，眼中的自信混和着冷酷，嘴角充滿着堅定與專注。他從不悔棋，也很少有猶疑，他的自信與成熟看似與他不到三十歲的年齡不相稱。

左家塘的預審從來不預先通知人犯。某個上午號子門的鎖會突然響起，徐絡腮打開門，高聲叫一個人的名字，然後把他帶走。如果這個名字是張九龍或我，圍棋就會中止。第二天我們又坐到圍棋邊時，張九龍絕不會提到他的預審，也不會觸及任何與不可避免的最後的判決有關的事情。我也不問他。也許是這種互相尊重對方能力和沉默的氣氛，一種感覺得到的真誠的互相信任在不知不覺地發展，我們不但是棋逢對手，而且漸漸成了好朋友。他也知道《中國向何處去？》，偶爾會問到它。儘管他如此謹慎，終究開始談及他的家庭和過去。

張九龍的父親、叔叔、伯伯一九四九年前都是搞機械的，車、鉗、刨、銑都能做。戰後他伯伯在長沙開了個汽車修理車間，大概是湖南的第一家。一九四九年後，他的生意極好，使得張九龍的父親受到啟發，建了一個他自己的機械加工作坊。雖然他的設備條件不好，但他卻承接一切他能發現的機械加工業務。他有一台用皮帶帶動的車床和一台鑽床，除了車和鑽，其他活全靠銼刀和一台老虎鉗來做。碰到吃不消的活，他就到國營大廠去租設備來做。生意越來越好，張九龍的母親和哥哥也全天幫他父親工作。張九龍上大學時，小作坊規模已大到有了三台專業工裝設備，僱了兩個工人。

按張九龍的算計，他父親的作坊的生產率相當於一個僱傭上百人有各種從蘇聯進口的工裝設備的國營工廠。在那種國營工廠中，工人們等着計劃機關下達的任務，而迅速發展的機械工業已複雜到計劃機關無法規劃和管理的地步，因此大量對機械加工的需求無法滿足而大量機床的利用率卻極低。而張九龍父親的機械作坊卻對越來越複雜的機械工業市場反應極其靈敏，自然會生意越來越好。

一九五六年公私合營運動中，張九龍一家不再用為市場操心了，因為他們的作坊現在變成了國家的財產，他們再沒有決策權。但他們又有了新的問題，張九龍的伯伯成了資本家，他的父親成了小業主，他們的家庭成份給張九龍這輩人的升學和前途帶來許多麻煩。

張九龍中學時代一定是屬於那種神童一類的學生，因為他告訴我他還不到十六歲就考取了當時的有名的重點學校，西安航空學院。一般中國學生要到十九歲左右才能完成高中的學習，對大多數人而言，西安航空學院是涉及核心軍事機密的地方，一位出身不好的青年要考取它除非考試成績極端好。但在他念大學的頭兩年，整個國家的政治氣氛突然變了，反右運動後，他被當局要求轉到其他非軍事院校去，原因是他的資產階級家庭背景不適於從事涉及軍事機密的事業。張九龍一氣之下，乾脆退學回到長沙。與他一塊回到長沙的還有一些被打成右派被開除學籍的大學生。那時，大躍進帶來的經濟崩潰已逐漸表面化了。他們這些學工程的大學生回到長沙後進入下層社會，成了無正式職業的「機械流子」。他們自己承接各種國營工廠的機械加工活，半合法、半非法地賺錢。

他們中有幾位還組織了一間地下工廠。有的專門坐茶館，結交國營工廠的採購員或業務員，承接各種業務。另一方面，他們出高價向郊區的人民公社的某個大隊買一個銀行賬戶，這個賬戶名義上是社隊企業的，實際上並沒有一個社隊企業存在，地下工廠加工的收入都由國營工廠用支票匯到這個不存在的社隊企業賬號上，這個收入的百分之五十轉給提供賬戶的大隊，其餘以工資的形式發給地下工廠的機械流子。他們在家裏用簡單的工具加工大多數活，需要大型精密機床時，就出相當的價向國營工廠有關係的業務員租，夜間他們就使用那些閑置的機器。

機械流子們往往能賺比高幹工資多幾倍的收人，這使張九龍周圍的學生右派和技術工人有了相當的經濟實力。但是張九龍從不談及他們的地下政治活動。每當我向張九龍求證犯人中的謠傳，問他是否真的有一個地下團體時，他總是連忙將話扯開，眼中閃出一種令人恐懼的殘酷。有次我轉彎抹角地問到他的同學對反右運動的反應時，他承認，他的右派同學在反右運動前希望通過議會道路使中國走向民主。反右運動給他們的教訓是，中國實現民主，議會道路行不通。

我極想知道張九龍的不可觸摸的地下組織，我希望知道他們的意識形態和何以當局認為他們如此危險。我自己完全理解為甚麼青年人會有組織政黨的衝動。一九六七年底，我和一些造反派的激進學生就產生過這種衝動，希望重新組織政黨萌芽，獨立思考中國的政治和社會問題，用類似共產黨那樣的強有力的組織來實現自己理想的政治主張。但你沒有辦法從張九龍這樣聰明的人口中直接套出有關他們地下組織的消息來，看得出他知道這類事是那種「掉了腦袋都不知怎麼掉的」黑暗的政治，他不會把其中的秘密告訴任何人，哪怕是他的母親和愛人。

但是慢慢從他的言談，從他所知道的事，我可以判斷他是一個親美的政治家。尼克松當選為總統時，他說，這對美國不是好消息，因為尼克松是那種志大才疏的人。他極欣賞肯尼迪。有次有人談到加勒比海導彈危機時，他眼中閃現出興奮的光芒。

第二天，有兩個人犯在爭論盧森堡事件真相。那個時代，盧森堡向蘇聯提供製造原子彈機密的事幾乎完全被中國人遺忘了。我們這代人根本不知道盧森堡事件，比我們老一代的知識分子完全相信共產黨五十年代的宣傳。一位受過蘇聯式教育的工程師說，「盧森堡是個被美國政府殺害的無辜的科學家……」。張九龍滿臉不以為然的樣子，聽到我問「盧森堡是誰呀？是那個國際共運第二國際的盧森堡嗎？」悄悄告訴我，「盧森堡是蘇聯的一個間諜，為蘇聯收集了有關如何製造原子彈的情報，導致了以後愈演愈烈的核軍備競賽。」他看來知道這個所謂盧森堡事件的不少細節，甚至知道盧森堡和他妻子是坐電椅被處死的。

他悄聲與我談到的另一個題目說明了他對我越來越多的信任。他告訴我，台灣問題在將來的中國政治中有極重要的作用，台灣國民黨政府的存在實際上相當於中國保留了兩黨政黨。這是非常關鍵的，他解釋道，這意味着中國的政治演變將與蘇聯很不一樣。

我那時對台灣一無所知，像當時的大多數中國人一樣，從來不認為台灣在中國政治中會有甚麼作用。我在一九六七年的《參考消息》上看到過蔣介石的「告大陸同胞書」，但不覺得任何人真會響應他的反共呼籲。引起我注意的有關台灣的消息是《湖南日報》上的一條新聞，這條新聞說一九六八年台北市政府禁止三輪車在街上行走，要求所有三輪車夫轉業開汽車。這條消息之所以使人吃驚，是因為當時的中國，板車還是城市裏的主要運輸工具，不但汽車不可能代替板車，連三輪車都不夠代替人力步行拖動的板車。

我把這條新聞指給張九龍看時，他一點也不感到驚奇，他反而問我：「一九六三年肯尼迪死時，全世界只有兩個政府沒有降半旗，你知道是哪兩個政府嗎？」我搖搖頭。「一個是中國大陸，另一個是台灣政府。台灣拒絕降半旗，是因為蔣介石一九六二年時曾要求肯尼迪支持他反攻大陸，但遭到肯尼迪的拒絕。」當時的大陸，最客觀的消息來源是《參考消息》報和《大參考》，我的父母都有這類內部刊物。但我從來沒有在這些內部刊物上看到過張九龍講的消息。他一定有其他的消息來源，因此他對中國的整個政治情況有相當準確和客觀的判斷。

一個偶然爆發的爭論使我比較直接地瞭解到張九龍的意識形態。那天我在仔細問張九龍關於他父親的機械作坊的運作情形，另一位中學生程德明坐在我們旁邊，聽張九龍低聲回答我的問題。程德明是位「聯動分子」，一個高幹子弟老紅衛兵的組織。他支持劉少奇和蘇聯的「修正主義路線」，但卻認定社會主義制度比資本主義制度優越。張九龍介紹他父親的那個小作坊時免不了又將它的效率與國營工廠比較，他的聲音小到只有我倆能聽到。

程德明看去不喜歡張九龍對私人企業的感情。他打斷張九龍的敍說，「你父親那種私人作坊不可能幫助中國迅速工業化。」他的聲音比張九龍的高，因為他知道按官方的標準自己的意識形態比張九龍的正統。「我給你一個例子，」他繼續道，「機械工業的發展依賴砂輪製造的發展，所有刀具都要靠砂輪來製造。而砂輪卻需要人造金剛石。如果依靠私人資本主義和市場，機械工業要發展到一定規模才會有專業的砂輪製造廠，砂輪製造要發展到一定規模，才會有專業的人造金剛石製造廠。但一九五〇年代蘇聯幫助中國建設一五六項工程時，民主德國就幫助中國在鄭州興建了一個大型人造金剛石工廠，一開始就提供了高質量低成本的砂輪，使機械工業的發展跳過了自由資本主義發展必須經過的那個長過程。」

張九龍對程德明的理論不以為然，他用挖苦的語調說：「這麼多高水平的機器設備生產出來後卻有大半時間在車間裏睡覺，國營工廠沒有興趣去鑽山打洞找業務，雖然有了不少大工廠、大工業，但卻不能為市場的需求服務。」

程德明也不示弱：「資本主義經濟會有周期性危機，每十年會把生產力全部毀掉一次，你不要想在中國恢復這種不斷帶來危機的資本主義！」

張九龍臉色蒼白，意識到這種討論已走得太遠。他看似在千方百計壓制着自己的情緒。他沒有反駁程德明，但我相信他有比程德明多而深的理論來還擊他。程德明的最後一句話是在給張九龍戴帽子，尤其是張九龍對這種帽子是非常敏感的，因為在官方的詞典中他是屬於親資本主義的「極右分子」，比程德明這種親修正主義的「右派」更加危險。張九龍的臉色極難看，他是受了極大的侮辱，我真替他難過。但我也知道程德明有他自己的觀點，並不完全是以勢壓人。我希望他們繼續爭論下去，為張九龍不得不保持沉默而遺憾。程德明並不像共產黨那樣對張九龍有仇恨，他也是反對當局的人。但他卻不能接受張九龍的意識形態。我感到張九龍的意識形態很難被當時的大多數中國人接受，雖然我對他的觀點極有興趣。我不懂，為甚麼官方會將張九龍視為如此危險，要知道他的意識形態並沒有很大市場。我進左家塘前是持極左派觀點的人，在我看來，共產黨在壓迫剝削人民這一點上與資產階級並沒有甚麼兩樣。張九龍與程德明的爭論卻提醒我，共產黨與資本主義還是有根本區別的，雖然我還沒想清這種根本區別是甚麼。我當時對一切向官方意識形態挑戰的觀點，一切反體制的異端邪說都極感興趣，張九龍與程德明的思想與當時的官方意識形態都很不一樣，自然給我留下了深刻的印象。

我理解張九龍的地下政治活動的細節關係到他的生命安全，知道不可能直接從他嘴裏知道這種信息，於是總是求他講一些他知道的故事，希望用間接的辦法從他嘴裏挖出些這類消息來。張九龍果然上了當。他給我講一些他喜歡的小說，其中有本俄國小說是關於一個名叫青鳥的職業地下政治家。他參加了組織俄國社會民主黨地下組織的活動，用單線聯繫的方法，建立起一個複雜的地下政黨組織。張九龍口裏的青鳥如此令人崇敬和感動，看得出他自己曾被青鳥感動而立志要成為地下職業政治家。我大概是第一次從張九龍口中聽到「地下職業政治家」這個名詞，在他嘴裏，這是個令人神往和尊敬的名稱，也是一種切實有效的工作方式。對於他這種野心極大的人來說，業餘論政大概是種極無效的方式。

聽完青鳥的故事，我開始懂得張九龍對他的地下組織和他對職業政治家事業的獻身精神，他是比程德明和我這種長於思想、短於行動不一樣的人，他是實幹的野心家。我也為他這種腳踏實地的決心感到害怕，是的，共產黨最恨最怕這種腳踏實地搞組織的人。

每次張九龍預審回來，都是鐵青着臉，飯都吃不下。

這可是犯人中少有的事，所有人都是盼星星盼月亮一樣地引頸盼望那三両米飯。我想安慰他，他眼裏閃着殘忍的光芒，下巴緊張得不時動一動。我問他：「發生甚麼衝突了？」他輕聲説：「他們沒有任何證據，卻一口咬定我參加了甚麼組織。」很不情願觸及傷疤的樣子。我只好不再追問。

夏天剛過，秋天來臨時，徐絡腮命令九號的所有人到走廊裏去聽宣讀「七．三」、「七．二四」佈告。其中的信息可以説是好消息，也可以説是壞消息。社會上不同觀點的政治派別之間又發生了大規模的武裝衝突，群眾組織又搶奪了大量槍枝，當局不得不要求軍隊介入衝突、控制局勢。看起來當局在恢復秩序方面顯得十分無能，張九龍一定在為此暗自高興，雖然我猜想他也會估計到動亂的局勢會使他有更多殺頭的危險。

回到號子後，我問他：「你預計局勢會如何發展？」

他看去非常冷靜，「這完全像文化革命中一樣，社會秩序的混亂總是幫助共產黨鞏固他們的政權。」我問他「為甚麼？」他露出一絲少有的微笑，「我寫過一篇關於這個觀點的文章。」雖然張九龍像一個破產的企業家不願談論破產的生意，但他並不避諱向人介紹他這篇在他朋友中廣泛流傳後來又落到公安局手裏的文章。這大概是當局得到的有關這個地下團體的唯一的物證。他在這篇文章中認為人民反對當局的革命情緒像性衝動漲落一樣有一定的週期，民主國家讓這種衝動不斷地發泄，所以很少能形成革命的形勢。而共產黨國家沒有讓革命情緒發泄的通道，這種情緒就會積累起來，形成革命形勢。毛澤東發動文化革命後，一九五九以來人民中積累起來的革命情緒有機會發泄出來，而動亂又會使人民嚮往秩序，因此反而有助於共產黨鞏固政權。

「我不相信這個政權能穩定下來，」我打斷他的話，「即使當局能把造反完全鎮壓下去，這只是意味着下一輪政治變動將會是上層內的政變，而不再是革命，看看林彪和周恩來吧，他們之間遲早會發生大衝突的。」

張九龍笑起來，「你比以前突然成熟了好多！」他那種居高臨下教訓我的態度使我很不舒服，「你頂多只比我大七八歲，有甚麼資格教訓我！」我在心裏説。我記起有次我們討論文化革命中的兩派組織時，我告訴他我認為兩派之間的衝突有深刻的社會背景，保守派是那些文革前現體制下的既得利益者，而造反派是那些出身不好被迫害和歧視的人。他極不以為然，「群眾中的兩派都是木偶，他們完全是被上面的兩派操縱的！」我極不喜歡他的觀點，在心中反駁道：「即使上層的確是在操縱下面的兩派，但下面的人不也在利用上層的衝突在追求自己的利益嗎？正像你張九龍利用文化革命參加造反派來做你喜歡的事一樣。文革中兩派形成的社會背景實質上與當年英國圓顱黨和輝格黨之間的衝突及法國山獄派與立憲派(或山獄派與羅伯斯比爾派)的衝突非常相像。」

張九龍告訴我，他在預審時多次引用這篇文章向預審員證明他當時已經懷疑反對當局的活動的效果。但是他的自我辯護自然是進了聾子的耳朵。共產黨報紙上當時總在強調對「反革命分子」，要徹底清除「隱患」，不管張九龍的策略怎麼樣，當局真正關心的是他的反共政治傾向，只要他的肉體存在一天，這種政治傾向本身就是當局所說的「政治隱患」。

我想起一個秋雨天我倆在一塊的一段時間。我們剛下完一盤圍棋，不約而同轉頭向着連綿不斷的秋雨。淅淅瀝瀝的雨聲使人愁思萬縷，特別容易回憶過去的傷感。凝視着鐵窗外的絲絲細雨，張九龍像是自言自語地細聲説到：「一九五七年後很多人對議會民主完全失望，都在想走格瓦拉道路。」我知道格瓦拉是古巴人，在南美洲從事反政府的遊擊武裝活動。《參考消息》登過一則他的屍體被發現的消息。張九龍沉思着，他的思想似乎在漫無目的地漂移，他又重複道：「這些右派學生提出走格瓦拉道路。」他的聲音低沉而胡亂遊蕩，我心裏一緊，感覺耳朵捕捉不住他的聲音，但不敢作聲，怕他完全就此閉口，我懂他的思路，這就是中國史書上常說的「孤苦無告，樹黨強訴，上山為匪」的思路，格瓦拉道路，遊擊戰爭無非是把這類古老的故事現代化了而已。

不幸的是，張九龍不再說下去，愁絲萬縷似地注視着鐵窗和秋雨。

張九龍和我都知道我們的棋局總有一天會終結。我記不清我們的最後一盤棋的棋局了，也記不清誰贏了那一局。我比他先離開九號被轉到二十三號去了。我在那裏被判了刑，三個多星期後又被轉到勞改農場——建新農場去了。在二十三號時，我聽說張九龍也被判了刑，判決是使我們倆都震驚的，死刑緩期兩年執行。判刑那天，張九龍與其他被判刑的人被押出去遊街，我又看到他那張慘白、鐵青的臉。他是個頭腦極清楚的人，如果他的臉色說明他感到意外，那證明當局的確沒有任何地下政黨的過硬證據。我看了判決佈告上他的罪狀後，相信自己的判斷是準確的，他的判詞中不稱他為反革命組織首犯，而稱反革命集團首犯。大概當局發覺這些右派知識分子定期聚會，議論政治，對他們的活動產生了懷疑，於是導致了張九龍的死刑。

一九七〇年的「一打三反」運動中，張九龍不幸成為受害者。那次運動中，所有判處死刑緩期二年執行的政治犯全部被從勞改單位拉出來，立即執行死刑。我是在勞改隊時從張九龍兩個同案犯王少坤和毛治安那裏聽到這個消息的。我當時正在挑土，扁擔從我肩上滑下來，恐懼、仇恨和悲痛使我直想嘔吐。那天後我多次想像臨死前他的形象，很長一段時間，我的腦海不能擺脱他的面孔，他下棋時憂鬱、專注地拿起一個棋子的形象，接着又是預審後他那蒼白冷酷的面色。

王少坤被判七年徒刑，毛治安被判十五年徒刑。我從他們那裏瞭解到這個地下政治團體是怎樣被破獲的。文革時，市民有段時間有自組政治組織的自由，只要不反毛不反共。張九龍和他的朋友們利用這個機會參加了造反派。武鬥最激烈時，他們控制了一些槍支彈藥。當局重新控制局勢後，在造反派中發動了清理階級隊伍的運動。由於武鬥時張九龍等人的活動已過於暴露，所以在這個運動中當局終於抓到了他們的一些把柄。

我後來聽到和看到越來越多的關於人們從事地下政治活動的故事。回想我當年希望組織政黨萌芽式的組織的念頭，我禁不住不寒而慄。想不到組織政治組織在中國卻有殺頭之罪，更可怕的是，所有官方文件中從沒有明確規定這一點，大多數沒有政治知識的人對此一無所知。只是在懲治反革命條例中，有一個模模糊糊的「反革命罪」。如果我沒有結交張九龍，看到他的悲劇，我可能從不會認為組織一個小團體可以導致殺頭的罪名。這種不成文的規例，使我更加感到不可捉摸的恐懼。

我肯定與張九龍相處了數百小時，但他的故事的很多方面至今對我來説是個謎。可能這世上沒有任何一個人再有關於這個地下團體的完全知識，只有它的頭頭張九龍瞭解它的全貌。這就是政治犯死刑的問題，死人會把那看不見摸不着的人與人之間的政治關係也帶到墳墓中去，將一些永世無法找到答案的謎留給人間。

張九龍被殺害的消息，使我想到九號那些用提防和歧視的目光看張九龍的有經驗的歷史反革命和扒手們。我當時不明白他們的目光為甚麼如此奇特，現在我才明白，那目光是看死人的目光。他們是有豐富經驗的人，他們知道張九龍這類人是黃土埋到胸的人，離死不遠。我現在比任何時候都更仇恨共產黨當局，但自從張九龍死後，我大概再不會像以前一樣，懷着一顆天真而毫不警惕的心去深交一個從事地下政治活動的政治犯了。

# 6　向土匪

向土匪不是一般的扒手。儘管他的兩個手指被人砍掉了，他的右手甩動起來角度不對——這是他「捉魚」時沒有跑脱的證據，對於他的「鉗工」職業而言，他是太嚴肅和誠懇的人。他一點也沒有土匪氣，憨厚後面有一點不討人厭的狡猾。

他比本來就矮的一般湖南人還矮一點，圓圓的臉上印刻着動蕩生活留下的痕跡。他的眼睛小，和鼻子擠在一堆，給人一種古怪的感覺。大概是因為早年農村中的勞累，他被扁擔壓得有點駝背。

那時他不會大於二十一歲。由於他是湘西土家族人，來自一個過去土匪很多的地區，因此他得了個向土匪的小名。他的原名向速義在我看來比他的小名更準確地代表了他的氣質。

「這回可是成了砧板上的肉，橫切豎切只由得他了，」向土匪剛進九號時嘆口氣向我們説。「唉，如果我當初第六根腸子不快活那一下，我不去看那一眼，我今天也不會虎落平原了……」他講一口湘西口音很重的長沙話，令人忍不住發笑。「這回我可是真信服了，」他認真地繼續道，「看見男人和女人在『工作』，是會倒大楣的。這真不是迷信，我當初要是不破這個禁忌，我現在一定是在長沙街上抖葱！」「抖葱」是他們扒手的語言，抖威風的意思，「工作」在他們的詞典中是做愛的意思。幾天後我才知道，那被向土匪看見正在「工作」的是他過去的同寢室的同事和朋友李良，現在他也被關在左家塘，正在我們隔壁的十號。

我不會相信這個圓臉穿着洗漱乾淨的藍卡其布工作服的人，是因為犯了看見他人性交的禁忌才進了九號。大多數扒手喜歡穿得「抖葱」，也有些故意穿得很樸素，裝得像誠實的學生模樣。我在九號每看見一個這樣的扒手進來，我都能一眼看出他們是扒手，因為他們的態度使人感覺出他們的不誠實，他們白白淨淨故作真誠的臉上顯露出太多的慾望，過份的自我表現混和着太多的狡黠。但向土匪卻沒有給我這種印象，在我與他相處的日子，我從來沒有懷疑過他的誠實。他的案子在當時的長沙是盡人皆知的重大事件——用高射機槍發射燃燒彈，燒毀了市中心的湘繡大樓。

一九五九年大躍進造成的大飢荒發生時，向土匪才大約十歲左右。他那個村莊裏二十多個身體最強壯的勞力由於食量最大，經不住飢餓而死了。向土匪的父親也只剩下一口氣，他對身邊的妻兒留下的最後的話慘不忍聞：「我死後，把我身上的肉砍下來，不要讓孩子餓死了。」那些日子，向土匪告訴我，世界好像到了末日一般，每天都有人餓死，人們心中唯一的念頭是不擇手段地活到第二天。向土匪和他媽媽果真煮了他父親腿上的肉吃了。

那以後，向土匪的媽媽送他上了逃荒的路，她自己嫁給了一個管食堂的幹部。「三年飢荒餓不死伙頭軍」，那個幹部是少數不挨餓的人之一。向土匪到了長沙，碰到了一些像他一樣逃飢荒的小扒手。他學會了「鉗工」活，開始了他的扒手生涯。很多小扒手都稱他為「義賊」，因為他每次扒竊後都會把錢包裹的工作證或其他重要的東西給失主寄回去。

他被抓過很多次，每次都被教育釋放。最後一次他被罰以「行政處分」，未經任何法律程序被送到長橋農場，去勞動教育三年。三年期滿後，他沒有地方可去，於是留在長橋農場就業，二十五元人民幣一月的工資。自然捉魚還是他少不了的副業，長橋農場離長沙城只有二三十里路，星期天或假日一天就能打來回。

在勞教農場肚子雖不再是空的，但也總是不夠吃，日子並不好過。所有在勞教農場的人被劃為四個等級。最上層是管向土匪和其他犯人的幹部，第二層是勞教期滿的就業人員，第三層是勞教人員，最底層是勞改犯。向土匪說勞教人員與勞改犯的差別並不大，他們的伙食、勞動都是一樣的，只是勞教人員過年時經幹部批准可以請假回家。

長橋農場生產棉花和其他農副產品，每年農場會在犯人和幹部中分配幾次他們生產的產品。幹部總是分到質量最好的產品，其他人只能得到質量最差的產品，餘下的交售給政府收購機關。雖然幹部和其他人得到的產品質量相差懸殊，但是價錢卻完全一樣。

向土匪喜歡講他在長橋農場的生活及文化革命中他的經歷，他甩着他那隻角度不對的右手，在九號走來走去，邊走邊講，我們躺着或坐着，聽得津津有味。他講過一個叫三毛伢子的扒手在長橋農場挨打的故事。三毛伢子有天得了病，早上不能起床。那時已是一九六五年，任何物質刺激的制度都被批判為修正主義。所以幹部缺乏經濟手段刺激人們工作，裝病拒不出工的事越來越多。這回幹部又認為三毛伢子是裝病不出工，於是硬逼他出工，言語無效，幹部開始用木棍子打他。三毛伢子一怒之下將木棍奪下來，反過來還擊那打他的幹部。這時眾多幹部跑來，把三毛伢子綁起來，丟到夏天的烈日下。三毛伢子大喊大叫：「總有一天你會掉到我手裏的，我會十倍地要你還這債，……總有一天，你會知道我的厲害的……」三毛伢子在烈日曝曬下，暈了過去，手上、臂上被麻繩勒出很多永不會消失的印痕。

三毛伢子文革中終於找到了報復的機會。一九六七年春夏，長橋農場的勞教就業人員組織了一個政治組織，叫做「長沙青年」，參加了造反派的造反運動。他們的一個目標是向那些多年來迫害他們的公安局幹部報復。長橋農場的幹部參加了支持保守派的政治組織「公(公安局)檢(檢察院)法(法院)」，他們自然認為造反的勞教就業人員是「妄圖顛覆無產階級專政的反革命」。

造反派和保守派之間發生武裝衝突時，「長沙青年」是第一個帶頭衝擊軍區，搶奪軍隊槍枝的造反派組織。那次搶槍是發生在軍隊支持保守派，用民兵武裝裝備保守派之後。由於江青和毛澤東支持造反派搶槍，「長沙青年」的搶槍行動導致了後來湖南所有造反派在七八月間的搶槍運動。那次搶槍後，長沙的造反派佔了上風，保守派向湘潭逃跑。「長沙青年」趁機抓到了幾個長橋農場的幹部，其中包括當年迫害三毛伢子的那個幹部。三毛伢子把這個幹部弄到「長沙青年」的辦公室，開始自己「審訊」他。這個幹部進辦公室後，被命令坐在三毛伢子的辦公桌前。他坐下去時突然衝到辦公桌前，搶奪辦公桌上的一枝手槍。旁邊幾個人馬上一擁而上，把這個幹部按倒在地。第二天早晨，三毛伢子一個人到關押這個幹部的房間，把他的一隻眼睛挖掉了！

向土匪的故事使我震驚和不安，因為我一直認為造反派和保守派之間的政治衝突是由政治觀點的衝突引起，雖然我比別人更注意這種政治衝突背後的社會矛盾，但我不會想到，對於向土匪的小團體而言，這種根深蒂固的階級仇恨和互相迫害卻不需要任何政治意識形態，它是赤裸裸的互相迫害和報復。我有時用《雙城記》中的故事安慰自己，造反運動中民眾的暴力都是由革命前社會上層階級對下層民眾的系統暴力迫害引起的，正像法國大革命的殘暴的一面是由當年貴族的殘暴引起的一樣。這位長沙話都講不好的扒手使我瞭解到革命中黑暗和無理性的一面，使自己那些看上去高雅的政治意識形態黯然失色。

從此後，我很注意聽向土匪講的各種故事，他與一般扒手的確不一樣，他談政治，他談經濟，他卻很少談扒竊。向土匪參加過不少造反派與保守派之間的武裝衝突，知道很多細節。九號的人都知道長沙有名的易家灣戰鬥，向土匪有天偶爾提到他參加過易家灣戰鬥，大家都興奮起來，連連催促他給我們講他在那次戰鬥中的經歷。

一九六七年夏天，保守派從長沙逃到湘潭後，長沙的造反派決定向湘潭進軍，「長沙青年」在各次武鬥中總是造反派的先鋒，進軍湘潭也不例外。那次行動中，「長沙青年」的指揮官是李良，他出身於舊時代的名門望族，六十年代初是位大學生。由於大躍進後對共產黨政權的反感，他幾次試圖越境逃往香港，被抓獲後勞教三年。三年期滿被強迫就業。他是「長沙青年」中文化最高的人，也是「長沙青年」的大腦和靈魂。

當時的湘潭有幾座大軍火工廠，生產飛機、坦克和其他軍械。大軍工廠的工人都支持當局，是明顯的因既得利益而持保守政治立場。而長沙的工人大多是反對當局的造反派，他們進攻湘潭時，湘潭長沙交界處的小鎮易家灣成了必經之道。

「那正是暑氣逼人的時節，熱得我恨不得扒下自己的皮，」向土匪又開始踱來踱去，向我們講敍「易家灣戰鬥」，「我們全副武裝爬上了幾輛卡車，大家都是一副王八敬神——作古正經，都要去當戰鬥英雄的樣子。大多數人都是拿着五六式的半自動步槍或自動步槍，每輛車上有一挺機槍。」「卡車開動了，總共有八輛。最前面的四輛是『青年近衛軍』和『長沙青年』的車。」「青年近衛軍」是工廠學徒工的造反派組織，也是造反派中最亡命的傢伙。「最後四輛是『紅旗軍』的車，他們甚至帶了幾門八二迫擊炮。」「紅旗軍」是復員軍人的造反派組織，是由有戰爭經驗和受過專業訓練的退伍復員軍人組成。由於當局極害怕他們的軍事能力，所以早在一九六七年一月就由周恩來定性為「反動組織」。

「卡車裏的氣氛嚴肅而緊張，每個人都像是英雄人物，等待着一個關鍵的時刻。卡車快開到易家灣時，突然響起一聲沉悶的爆炸聲。我在第二輛卡車中，從駕駛室頂的帳篷縫隙中我看到遠處公路上有幾個黑點，變得越來越大。有人在叫『我的天，大河裏浮菩薩——來刹了神……坦克，坦克！』」

「我從未見過坦克，電影中的坦克總是大而笨重，人們可以追上它爬到它的頂上去。但我那天看到的那些黑點，移動起來是如此快速，比汽車還快。」

「我聽到另一聲炸彈爆炸的聲音，接着又一聲，似乎就在我頭頂上爆炸。有人在叫，『坦克在向我們打炮！』我感到恐懼，天空慘黃的，我心裏只顫抖，我沒有一點英雄的感覺，只覺得手足無措，分不清東西南北。小剛，一個五分鐘前還英雄氣慨十足的男孩，把他的頭鑽到駕駛室後的帆布裏，他的槍對着天空，他還不是最糟糕的，因為我聽見他的槍在對空射擊。他的樣子像癩蛤蟆墊床腳，又要硬撐，卻直顫直抖，撐不起。」向土匪喜歡把他學來的長沙歇後語混在自己的故事中，但他的發音總是不準，會把「蛤蟆」説成「隔摸」，引起我們發笑。但他卻從不在乎。

「等我們從卡車裏逃出來找到地方躲藏時，我完全忘掉了為甚麼我們到這裏來，我搞不清周圍的情況，腦子裏甚麼都沒有，呆呆地伏在地裏。小剛已經被嚇得連對空的槍也不打了。一會兒後，我們才看清兩輛坦克繞過一輛正在燃燒的卡車朝長沙方向開去。」

「突然我們聽到另一種炮彈爆炸聲，好一會我才想到，這是朝坦克打的炮，因為坦克周圍有爆炸的煙塵。戰鬥過去後，我才想起這大概是『紅旗軍』的人用八二迫擊炮從山上打來的。他們真不愧為有實戰經驗的人。」

「坦克和八二迫擊炮對射一陣後，坦克開始向湘潭方向退去，這時小剛已因害怕把褲子都尿濕了。」

我們都笑起來。向土匪又故作神秘道，「有人說易家灣戰鬥後，台灣特務把地上坦克履帶印複製了下來，他們第一次證實湘潭有一個生產大型坦克的軍工廠。那個工廠的名字與軍事工業毫無關係——江麓機器廠。」

一九六七年九月，造反派內部發生分裂，在省革委會籌備小組有席位的形成了支持新當局的「工聯派」，而沒有席位的在野派形成了「湘派」。「長沙青年」成了湘派的成員。

湘派與工聯派發生過幾次武裝衝突，向土匪就是在這些衝突中之一：五一路湘繡大樓事件中驗證了他犯禁忌的後果的。當時「長沙青年」佔據了湘繡大樓對面的建築物，而六層的湘繡大樓卻被工聯派佔據。

兩派公開分裂後，兩個大樓裏的武裝人員開始互相射擊。向土匪在佔據的大樓頂上駕起一挺高射機槍，裝上燃燒彈和穿甲彈，向湘繡大樓掃射，幾輪射擊後，湘繡大樓着火，整個大樓完全被這場大火毀掉。

向土匪相信他闖下的大禍是因他兩次違反了不能看別人性交的禁忌引起的。湘繡大樓事件前不久一天，李良從長沙回長橋農場時，碰到一位非常誘人的女子，他把她帶到長橋農場向土匪與他共住的寢室。

那一週向土匪一直在長沙。但那天夜裏，他趕回長橋去取衣物和其他需要的東西。他來到房間外時聽到女人的聲音，他遲疑了一下，但終究抵抗不住好奇心，忍不住從窗戶朝室內看去。在黑暗中，他可以看到兩個正在做愛的人影，女人坐在李良身上，是那種所謂「傘把流水」的方式。這可是倒大楣的象徵，向土匪看了性交後，開始為自己的命運耽心。

這件倒霉事之後不久，向土匪又碰到一件倒霉事。那是夏秋之間，「長沙青年」在長沙的總部辦公室裏，有人提議到烈士公園去抓亂搞男女關係的人。烈士公園遍地是花草，是長沙環境最好的公共場所之一。中國人住房緊張，那些有婚外戀的人往往在春夏或秋夏之交時來這裏尋歡作樂。「這正是在室外『工作』的好天氣，為甚麼我們不能去查一查烈士公園的樹叢後面過癮的傢伙？」不少聲音應和道：「走，去調查調查，那一定是使所有腸子都會快活得直跳直蹦的事！」

向土匪怕又看見做愛的場面，拒絕隨眾人去烈士公園。半夜前，這些傢伙回到了「長沙青年」總部，向土匪聽到外邊人聲沸騰，走出他所在的房間，看到一大群人進了一間會議室。他跟進這間會議室，發現一男一女一絲不掛地被「長沙青年」的傢伙們圍着。有人告訴向土匪，這對男女正在灌木樹後的草地上做愛時，被他們抓住了。在這群粗野的男人的目光下，這對男女窘迫不堪。有人叫道：「給我們再表演一次！」有人附和：

「趁這一夜還沒過，再『洗次槽子』給我們看看！要不然明天天塌了也不讓你們走。」另一個怪聲音道：「你們再搞一次，我們就不把你們交給你們的單位。」

這最後一句話打中了要害。那一對男女互相對視一眼，女的開始摟男的，但幾分鐘後，男的反應不起來。指着那女人，一個旁觀者嚷道：「你幫他搓一搓！」又有人附和：「對！趕快搓，趕快搓！」向土匪不忍看下去，離開了那間擠滿人的會議室。

「這就是我坐牢的原因」，向土匪糜痨的樣子，講完了他的故事，「我真是不走運，這種打破禁忌的事走也走不脫。」

向土匪後來被以反革命縱火犯判處七年徒刑。他接到判決書時十分高興。他向我們解釋，比他預期輕的判決大概是因為當局認為他只是執行者，而下命令的是「長沙青年」的靈魂李良。我猜向土匪那副與世無爭不討人厭的樣子和態度，可能也給判他刑的人留下了好印象。

李良的命運卻悲慘多了，他像張九龍一樣被判處死刑緩二年執行。向土匪知道對李良的判決後，好幾天都在為李良抱不平。用他那不地道的長沙話，他忍不住會罵起來：「這些公檢法的傢伙真是一幫畜牲，他們中很多人要不是李良制止『長沙青年』的人亂打亂殺，早就沒有命了。他們今天得了勢，不但不念李良的救命恩，反而認為他有文化，有頭腦，政治上危險，不殺他不安心。這些傢伙只吃三毛伢子那一套！」

像張九龍一樣，在一九七〇年一打三反運動中，李良被拉出去殺掉了，因為李良也是「政治隱患」。與向土匪被判刑的同時，三毛伢子被判了死刑，立即執行。執行槍決的那天早晨，他拖着他的死鐐從九號門前走過，朝向土匪喊道：「向土匪，我到閻王老子那裏先佔個位子，明日你來時，一定不虧待你。」邊說邊笑：「十八年之後又會是條好漢！」他相信來世又會投胎，成為一條好漢。聽到三毛伢子那輕鬆的語調，我們才覺得心裏稍為好過一點。

# 7　「紅色怒火一兵」

我和毛火兵同床，他的名字不是原名，而是文革中改的名字，意思是「紅色怒火一兵」。「紅色怒火」是當時長沙保守派中最極端的專門從事武鬥的組織，他與我這個造反派中最激進的思想家睡一個床，這件事本身就充滿着對文革中政派衝突的諷刺意味。

我剛進九號時我們互相很少交談，我那時沒有情緒聊天，他好像生性就不是那種話多的人。我們的床是後面窗子邊的上鋪，床正對窗口。夜幕降臨時，他喜歡坐在鐵窗子邊對着空蕩蕩的後院唱他喜歡的電影歌曲。這些歌曲有五十年代的電影《乘風破浪》中的歌曲，六十年代《冰山上來客》中的歌曲，《馬兒你慢些走》以及《婚禮曲》。這些歌曲在一九六四年就成了被批判的「修正主義歌曲」，社會上已有好些年聽不到這些歌曲了。每當這時，九號的年青人都會靜靜地側耳傾聽他的歌聲，伴着黃昏景色帶來的傷感，想各人的心事。

好多天後，他才告訴我他的名字的意思，「我是『紅色怒火』的成員」，他停一停，又微微一笑，「殺人兇手」。

長沙的造反派市民中流傳着各種有關「紅色怒火」的

恐怖主義和殘忍的故事，而我面前的毛火兵有張圓圓的臉，誠實本份的樣子，使我很難將他與恐怖主義聯在一起。他真誠地邀我同床的態度顯示了他對我的好感，這種好感顯然與我倆政治傾向的絕對對立不相容。但後來他總是像兄弟一樣向我提醒那些扒手的詭計和惡作劇，我才發覺他大概將我這種學生出身，來自高幹家庭的人與那些社會下層的人相區別。我覺得他的態度很好笑，我對那些黑社會的人充滿同情心和瞭解他們的好奇心，但他卻與他們保持嚴格的距離，這大概也是造反派與保守派的區別。他們保守派在破四舊的「紅色恐怖」的日子裏，迫害甚至殘殺了無數黑七類(地、富、反、壞、右、資本家和資產階級知識分子)，這些被迫害的人中大多都成了後來的造反派，可以理解他們保守派當然永遠將自己與黑七類相區別，而我這種激進的造反派卻會與黑七類認同。

毛火兵告訴我，他被批鬥遊街示眾時看到過一幅批判我的漫畫，畫中我的父親像個魔鬼，綠面孔，長牙齒，用一支盛滿黑色毒汁的奶瓶餵像一個小妖怪的楊曦光。這幅畫告訴人們，楊曦光是個被反革命修正主義的父母當作修正主義的苗子培養大的。毛火兵看了我一眼，問道：「你小時候真的每天都喝牛奶嗎？」當時我心裏正在擔心這幅畫會使毛火兵對我的政治思想背景造成甚麼印象，但他卻對我的意識形態並沒多少興趣，他更關心我的家庭生活方式的細節，我哼哼哈哈，試圖改變話題。我第一次從他的語言和目光中發覺在普通人眼裏，每天有牛奶喝在那個時候是種多麼令人羨慕的事情。與我擔心的正好相反，那幅醜化我父母的漫畫並沒有改變毛火兵這類保守派對我父母那樣的高幹的尊敬態度，他看來從不區別高幹中有實權的人與無實權的人，也不看重他們之間的衝突，只要是共產黨的高幹，總是值得保守派尊敬的。我猜想，在他心目中，我大概是這個號子裏最接近他的政治顏色(紅)的人，這也大概是他邀請我與他同床的原因。

對我而言，我也喜歡他。他誠實、本份，看上去比他的年齡老成得多。相處不久，我們這兩個造反派和保守派中的極端分子就成了好朋友。毛火兵是長沙一間有名的大礦山機械廠的學徒工，共青團員。他的階級成份是紅而純潔的，父兄都是產業工人，父親還是勞動模範。這種大工廠的工人福利待遇好，在共產黨社會政治地位高，是這個社會的既得利益階層。

像當時全中國的產業工人一樣，這個工廠的工人分成了保守派和造反派。保守派成員大多是黨團員和靠近共產黨的「積極分子」，像毛火兵這類家庭的人，而造反派成員大都是與領導關係不好，受政治歧視的人。九號關的大多是與造反派有關係的人，毛火兵有時私下向我評論他們時，總是把所有造反的人都說成是想趁文化革命之機反對共產黨的壞人。但他有時會加一句，「你們學生不一樣，你們很單純，響應毛主席號召，參加文化革命。」

有天他談起他參加「紅色怒火」時的情景。「我們廠有三個人參加了『紅色怒火』，」他滿臉懷舊的情緒，「一輛卡車在廠外等我們，很多廠裏的同事和家屬來送行。楊曦光，你想像不出那場面有多動人，很多人都流淚了，和電影《董存瑞》中人民送自己的子弟參軍的場面一樣。」

董存瑞是國共兩黨內戰時的共產黨的英雄，他在攻打錦州時舉着一包炸藥，把他自己和一座國民黨軍隊的碉堡炸掉了。他的故事五〇年代被拍成電影，電影中有一個農民歡送子弟參加人民解放軍的鏡頭。

那天毛火兵的媽媽對他說：「沒有共產黨就不會有我們的今天，現在這些右派要造無產階級專政的反，要推翻共產黨，我們絕不能讓他們得逞，你安心去打仗，我們全力支持你。」毛火兵學着他母親的話，就像模仿電影中的表演一樣，我感到肉麻，但他卻似乎對這些話充滿激情。毛火兵所在車間的主任向他們三個青年人致了歡送辭，致辭的末尾是口號「誓死保衛紅色政權」！

左家塘關的人大多與造反派有關係，毛火兵這類保守派在左家塘是絕對的少數派。造反派與保守派在號子裏也會發生衝突，要知道那個時代是所有人和所有事都染上了政治色彩的時代。毛火兵為了避免衝突，盡量不與他人談論任何與政治有關的話題，他的大部分時間都用在打撲克和玩骨牌上，他是打牌的好手。

有天放風的時候，毛火兵和羅鋼在院子裏帶回號子一些野花和泥土，他們各自找到一些破爛容器把兩棵野花栽活了。每天早晨他們給自己的植物澆水，看着它們長大。毛火兵的植物長得比羅鋼的越來越高並有了一個花苞，羅鋼也越來越不高興。羅鋼附在我耳邊說：「三桿槍比着我，也不能讓保皇派勝過造反派。」第二天早晨我醒來時，「保皇派」的花垂下了葉子，幾天後，那棵「造反派」的野花就超過了「保皇派」的。羅鋼神秘地對我說：「我半夜起來給保皇派的花撒了一泡尿！」

像向土匪一樣，毛火兵參加了易家灣戰鬥，當然他們那時是你死我活的敵人。與易家灣戰鬥有關的「八·八祭墳」，對毛火兵來說類似向土匪的湘繡大樓事件。向土匪給我們講易家灣戰鬥後不久，毛火兵也給我一個人講過這個故事的另一面，他不喜歡向其他人講，因為他從聽眾對向土匪故事的反應可以看出左家塘的多數派(造反派)對「紅色怒火」的敵意。

「我們『紅色怒火』和『八一兵團』的人坐在卡車上跟隨着江麓機器廠工人開的坦克，坦克擊中第一輛造反派的汽車後，造反派後面汽車上的人紛紛跳下車來。『八一兵團』的人告訴我，我們碰到『紅旗軍』了。你聽槍聲都是三八式步槍！『八一兵團』的人也都是用三八式步槍，他們嫌新式的半自動步槍射程太近。」「八一兵團」是保守派的復員轉業軍人組織，戰鬥力與「紅旗軍」不相上下。

「我們看到『紅旗軍』的人往路邊的山上跑，也跟着往山上去，我身邊幾個『紅色怒火』的人在幾聲槍響中應聲倒下，我一下昏了頭，不知道槍彈是從哪裏來的，也看不清敵人在哪裏。我唯一能做的事是緊緊尾隨着『八一兵團』的人，他們做甚麼我做甚麼，他們往哪去，我跟着往哪去。」

「接着幾聲炮響，坦克周圍滾起煙塵，『八一兵團』的人在叫『迫擊炮，迫擊炮』，我們只得收拾好屍體向湘潭方向撤退。天快黑時，我們在一個小鎮上休息，大家覺得今天的戰鬥實在不能令人滿意，好像在『紅旗軍』面前丟了臉。有人提議摸黑殺回易家灣，抓幾個『紅旗軍』來證明我們的厲害。大家都同聲附和，於是又上了卡車往易家灣方向去。」

「我們到易家灣時天已很晚了，車停在鎮邊上，我們扯掉手臂上的袖章走進鎮去找茶館吃晚飯。這裏已是湘江瘋狗的地方。」

「走進一家茶館，我們看到幾位穿着像轉業軍人的傢伙，決定進去相機行事。坐定後，我們自稱是湘江瘋狗某支隊的人，與他們聊起來。他們果然是『紅旗軍』。

這些『造飯派』居然沒有懷疑我們的身份，向我們吹起牛來，說他們今天打中了坦克，消滅了好多『紅色怒火』和『八一兵團』的『敵人』！」

毛火兵講得激動處，忘了我是個造反派的極端分子，各種罵造反派的話脫口而出。湘江瘋狗是保守派對「湘江風雷」的鄙稱，造飯派是他們罵造反派的話。這是我倆在一起以來，我第一次對他的對造反派的敵意感到不舒服，這提醒我，我們之間有一條政治鴻溝。他大概也注意到我臉色的變化，開始把腔調變得更中性。

「他們正吹得高興，我們的頭頭用手勢下了命令，這幾個不知死活的造反派馬上被解除了武裝，捆了起來。我們後來又抓了幾個『湘江風雷』的人，總共八個造反派被我們押回湘潭。」

「不久長沙傳來消息，『長沙青年』和『青年近衛軍』的人在埋葬他們在戰鬥中死去的戰友時，把抓來的保守派活活墊了棺。我們聽到這個消息時，悲憤得忍不住呼喊：以血還血，以牙還牙！」

一九六七年八月八日，這八個造反派在埋葬死去的幾個保守派時成了祭墳的犧牲品。毛火兵參加了執行死刑，那是槍決。槍聲響過後，參加祭墳的「紅色怒火」和「八一兵團」的人中有人抽泣，當然不是為剛死的造反派，而是為被墊棺的那幾位保守派。毛火兵接着執行命令去檢查屍體，對沒有死的人補火。他發現有兩個被槍擊的人還沒有完全死，槍傷處在不時湧出鮮血，但頭還在擺動，他給這兩人各補了兩槍，直到他們不再動彈了為止。

「那倆個傢伙還不想死，撲嗒撲嗒直動彈，我一人給他們兩槍，直到他們最後去了西天。」毛火兵的口氣是如此自信，好像他是在做一件非常正當的事，他不能感覺我心中的不安和憤怒。「八八祭墳」是毛火兵「殺人犯」罪名的主要根據。

造反派完全控制了湖南省以後，「紅色怒火」逃出湖南在江西及其他鄰近省躲藏了一些時候，終於被抓回了長沙。那時新的當局支持的「正統造反派」——工聯在中共中央支持下，成立了「治安指揮部」，與軍隊一起負責地方的治安和秩序。治安指揮部由工人控制，他們隨意抓人、打人、審訊，比「公檢法」更糟糕。所有保守派和造反派的極端分子，像「紅色怒火」的人和我們「省無聯」的頭頭都被他們當成政敵抓去進行迫害。那時也沒有了任何法律觀念。毛火兵比我不走運，他在進左家塘之前，在治安指揮部關了很多天，經常被吊起來拷打。大多數時間都是腳鐐手銬。他手上還有手銬嵌進肉裏留下的永不消失的傷痕，身上也是遍體傷痕。直到他被轉到左家塘看守所後，他才逃脫了這種拷打。「一進左家塘看守所」，他心有餘悸地說，「我才深深鬆口氣，公檢法是我們一派的，他們會盡量保護我們的。」

毛火兵明白秩序遲早會恢復，這個天下還是共產黨的天下，他們這些忠於共產黨的保守派最後會被保護，至少是被原諒的。

所以毛火兵相當安心於左家塘的生活，雖然他在扒手和其他反革命和刑事犯中保持着不安全感和對他們的敵意。他在左家塘的日子裏，最能令他高興的大概是十三號的高建軍。

十三號是左家塘唯一的女犯號子，關着暗娼，政治極端分子，與姦夫一起殺死親夫的婦女，「台灣特務」和貪污犯。毫無疑問，十三號的人犯是其他號子的人們最關心的。不少左家塘的「客」有他公開的或秘密的十三號的心上人。每次十三號的人出去提訊，所有窗子都會有很多目光送出迎進。

三個婦女引起男人們的特別注意。一個是黃杏英，她是我在長沙一中的同學，像我一樣，她是因為「省無聯」問題坐牢的，她的政治觀點太異端，超過了當局能容忍的限度。第二位是個長沙黑社會中有名的妓女，叫劉曼曼。她是那種南方少有的豐滿的性感女人，皮膚白皙。扒手們最愛談論她，似乎對她熟悉得不得了。有個造反派的泥工告訴我，他曾經在長沙火車站等處花很多時間找妓女，那時的價格是五塊人民幣一夜。他自稱與劉曼曼睡過覺，為了證明他瞭解劉曼曼，他告訴我們，劉曼曼雖然跟無數人睡過覺，但她心裏有個真正的愛人，她甚至聽從那心上人的命令，用她的身體去還過他的債。羅鋼為了證明自己瞭解劉曼曼，一口咬定她在治安指揮部時用她的身體買通看守，得過一些特別的待遇。

第三位明星就是毛火兵最喜愛的高建軍。她是長沙二十四中的高中學生，父母是軍隊幹部。她是那種典型的北方女孩子，高高的個子，圓圓的臉，非常可愛(那時左家塘的男人眼裏女性大概都很可愛)。高建軍也是「紅色怒火」的成員，也是殺人犯的罪名。

高建軍與毛火兵一塊在八八祭墳時對受害者補過火。在一次戰鬥中，高建軍與另一個女孩曾用機槍掩護長沙高司的人從二十四中撤退。「別以為她是那種嬌弱的女子」，毛火兵為高建軍驕傲的樣子，「她在戰鬥中比男子漢還要兇。」她曾經和毛火兵一塊在湘潭大橋上處死一個造反派。他倆把這個造反派捆住，裝在麻袋裏，從大橋上扔下去，把他活活淹死了。那個倒霉的傢伙死在這麼個漂亮女孩子手裏，做了鬼大概也不會安心的。

我猜想，高建軍一定像毛火兵一樣，認為殺死這些造無產階級專政反的傢伙是保衛紅色江山的神聖事業。他們看了太多的這類將迫害和殺害政敵描寫成神聖的階級鬥爭電影。她頭腦裏一定是塞滿了革命回憶錄和電影中神化共產黨對「階級敵人」迫害的故事。我小時候也看過聽過不少這類宣傳，要不是文革中我父母和我自己被當局打成反革命加以迫害，我很可能會變成高建軍那樣的人。

我也可以看出毛火兵坐了這麼久牢後，已經沒有以前那樣天真和狂熱，他有時也會顯出對變幻無常的政治的困惑感，畢竟他們這些為保衛紅色江山不惜犧牲的人今天是坐在無產階級專政的牢裏，現實的政治比他頭腦裏黑白分明的圖像實在是複雜得多。

高建軍和毛火兵比所有造反派中殺了人的人幸運得多，他們一直沒被判刑，正如毛火兵所料，隨着秩序的恢復，他們的處境越來越好，我離開左家塘前夕，在二十三號等待去勞改農場時，他們所有「紅色怒火」的人都被轉到一個條件好得多的地方去了。

我和毛火兵的友誼也許比私人交情更多一點，我們對文化革命都有幻滅感。他誓死保衛紅色江山，卻坐了紅色江山的牢，他的保守派的理想主義無疑早已破滅，而這場曾經是人民的「盛大節日」的革命造反從來沒有給人帶來任何好東西，我的激進的理想主義也早就幻滅，這大概是我們的友誼的真正基礎。

# 8 粟異邦

我認識兩個粟異邦，他們的名字完全一樣。一個粟異邦是我在長沙一中的同學，他是我們學校有名的怪人。由於我與他一樣是喜歡異端邪説的人，所以我一直對他十分關切。有天我在寢室的走廊上碰到他，他正長跑完去洗澡。我問他為甚麼天天花那麼多時間鍛煉身體，他回答説：「我們這代人至少會有十年的大難，我這是早作準備。」我寫《中國向何處去？》前的兩個月，他寫了一張《打倒林彪》的大字報。這張大字報直接點名攻擊林彪、江青、陳伯達。自然，他很快被關到左家塘來了。我進左家塘時，他正好被判十年徒刑離開了左家塘，他的罪名是惡毒攻擊林副主席，炮打無產階級司令部。

我一直不能忘記他那瘦削高挑的身影。他總是在想問題，在學校時，常有同學圍着他與他辯論。他回答別人問題時總是使人覺得高深莫測。有次一群學生圍住他，他們知道他對江青持批判的態度，故意問他：「江青是甚麼人？」他會説：「呂太后！」知道呂太后的人馬上會叫：「不准攻擊江青同志！」他馬上又會説：「江青是毛主席的愛人。」

十年後，我又碰到了這個在我印象中十分機智、很有思想的同學。那時我已從勞改隊回到長沙。他母親帶着他來看我。那時的粟異邦已變得眼神呆滯，説話牛頭不對馬嘴。他媽媽説：「這孩子在勞改隊被幹部打壞了神經系統。」粟異邦在旁插話道：「幹部對我真好，看我傷了，不再要我出工。」他説話時，眼睛直朝上翻。他媽媽難過地看了他一眼告訴我：「他現在沒有正式工作，在城建局做臨時工，種樹植草。他的罪名現在已不成立了，但一個好端端的人完全給毀掉了。」她忍不住取出手絹，擦着紅了的眼角。

我看着這個已失去魂的粟異邦，不但想起十年前那個聰明敏感的粟異邦，另一個血肉模糊的粟異邦浮現在我眼前。

那個粟異邦是我在九號的鄰居。他住在八號。我剛進九號時，他就敲牆壁叫楊曦光。我靠到前窗去接他的「電話」。「楊曦光，你好！我叫粟異邦，久聞你的大名，對你的文章《中國向何處去？》非常景仰！」「謝謝你！」我一點都不瞭解他，只好客氣地謝謝他的誇獎。

我們號子裏有個粟異邦的同案犯，我和粟異邦「通電話」時，他站在我身後。那天晚上他和我談起粟異邦的案子。粟異邦的父親是國民黨時代的高官，一九四九年鎮反運動中被共產黨殺害。聽到粟異邦的身世，我想起一九五四年時我家曾住過的一所前國民黨官員的公館。

那個公館前院後院佔地共有約九百平方米。進大門有個花園，前廳是個很大的舞廳式的房間，燈都是藏在天花板下牆上的暗道中。我後來沒見過共產黨新修高幹樓房有那麼奢華的。我可以想像粟異邦幼年時代是生活在一個多麼優裕的環境中。

粟異邦自然沒有機會接受高等教育。他初中畢業的五十年代雖然入學不大看階級成份，但是屬於四類人的子女是不能進大學的。這四類人是會被共產黨殺掉的，被共產黨關押的，被共產黨管制的，及逃亡海外的國民黨人士，簡稱「殺、關、管、逃」。所以粟異邦念完初中就進工廠當了學徒工。他人很聰明，一年多就掌握了他應該在三年內掌握的車工技術。但按當時的制度，所有學徒工三年以後才能出師。一九五七年共產黨號召「大鳴大放」，他提了一條意見，認為學徒期限應該靈活規定，只要達到了出師的條件，應該允許不到三年就出師。反右派運動中，他這條意見成了對社會主義制度不滿的罪名，他被打成壞分子，送農場勞動教養。他到農場後不久就來了三年苦日子(一九五九——一九六二年)，整個中國飢腸遍野。粟異邦和他在勞教農場的幾位朋友經常在一起秘密集會，成立了一個小組織，叫「民主黨」。這個組織在文化革命前夕被共產黨破獲，粟異邦和他的三個朋友進了左家塘。

我還沒有聽完粟異邦的故事，「民主黨」一案就被判決了。一天夜深人靜的時候，突然左家塘的牢房門鎖大響，我們都扒在前窗觀看動靜。七八名公安局軍管會的軍人和荷槍的士兵打開了八號的號子門，一個軍官兇狠狠地大聲喊道：「粟異邦！」整個左家塘那時靜得掉根針在地上都聽得到，所有號子前窗上都趴滿了人。粟異邦被軍人們帶到兩排號子之間靠西邊的一間辦公室裹。一個穿軍官服的人拿出一疊文件放在桌上，他從中取出一件，大聲向粟異邦道：「反革命分子粟異邦，我今天代表長沙市公檢法軍管會宣佈對你的判決。」我們不是離辦公室最近的號子，但也大致能聽清讀判決書的聲音。

「反革命組織首犯粟異邦，其父被我人民政府鎮壓，本人一九五七年攻擊社會主義制度被勞動教養。粟犯異邦對我黨和人民刻骨仇恨，在勞教期間，組織反革命組織『民主黨』，自任首領，妄圖顛覆無產階級專政，復辟資本主義……根據中共中央國務院公安六條，對反革命組織首犯粟異邦判處死刑，立即執行。」稍停，他厲聲道：「粟異邦，你還有甚麼要説的？」粟異邦的回答使所有人都大吃一驚。「我反共產黨，卻不反人民，反共產黨是為了人民，人民反對你們！」「閉住你的狗嘴，上死鐐！」辦公室傳來叮叮噹噹的鐵鐐聲。接着是錘子釘鉚釘的聲音，聲音是如此清脆，沉重，劃破寂靜的夜空，使人驚心動魄。

粟異邦從辦公室出來時步履艱難，手上戴着銬子，腳上戴着沉重的死鐐，我們看不清他的臉色，但剛才他那鎮靜的聲音使我可以想像出他的臉色。羅鋼在我耳邊輕聲説，「這該死的腳鐐不到執行死刑上死綁時不會取掉。」我沒想到這死鐐套在粟異邦腳上竟有一年多。

我在九號還聽到過兩次類似的死刑判決，被判處死刑的都是反革命組織首犯。似乎只有死刑判決才在監房內宣判，其他判決都是在監房外的預審室宣佈。這些宣判中，粟異邦的表現是非常特別的。另外那兩個中，一個一直在大叫大嚷否認有個反革命組織，另一個卻否認自己是另一個地下政治組織的頭頭。粟異邦是我碰到的第一位在死刑判決面前不作自我辯護，反而進行攻擊的人。

粟異邦離開八號的前一天夜裏，又給我打了次「電話」，他的語調沒有一點悲傷的口氣，「楊曦光，再見了！你要多多保重！」他沒有被馬上處死，而是被轉到省公安廳模範監獄去了。蕭福祥猜測，共產黨大概要把死刑犯集中在某次政治運動中處死，以便「殺雞給猴子看」。

有天我坐在前窗，忽然注意到對面號子裏有人站在上鋪的窗子邊向我這邊打「長途電話」。他在空中慢慢劃着字，我稍留意看看，他寫的是「小—凱—我—是—學—孟」。學孟是我的堂兄，小凱是我的乳名，他是在給我打電話！我們就開始用「長途電話」交談起來。他告訴我他已被判十五年徒刑，罪名是組織「大同黨」。不久登有對他的判決的佈告就分發到九號來了。那張佈告上共有一二十個判決，他的判詞是：「楊犯學孟，一九六一年趁自然災害造成的經濟困難，為首組織反革命集團『大同黨』，企圖顛覆無產階級專政，在清理階級隊伍運動中被我專政機關破獲……。」後來據學孟自己告訴我，沒有判死刑的原因是，這個「大同黨」一九六三年經濟局勢好轉後就散了，也沒有任何活動，直到文化革命時才被人查出來。

學孟的父親是位中學數學教師。我這位叔叔有七個兒女，學孟是長子，在銀行做事。學孟和我的祖父是個地主，且在鄉下開辦學堂。他受過嚴格的儒家教育，清末的興洋學運動中，他也進過洋學堂。我們的父輩從小也受過儒學教育，記得我未上小學時，父親就請姑爹在家裏教我讀《論語》。這種儒家教育傳統肯定對學孟有很深的影響，這大概是他的組織叫「大同黨」的原因。令我感到意外的是，學孟是非常老實厚道的人，想不到他也有組織政黨的野心。

一年多以後我快被判刑時，粟異邦又被轉回左家塘看守所，住在與九號斜對面的一個號子裏。一天刺耳的腳鐐聲使所有窗口的人犯都朝粟異邦的號子看去。那是個暖和的冬日，一個左家塘放風的日子。隨着腳鐐的響聲，一個看去像十四五歲孩子的瘦小個子從號子裏走出來。「粟異邦！」羅鋼小聲叫道。我不敢相信自己的眼睛。眼前的這個人比我一年前看到的粟異邦矮小得多，臉像掉了一圈肉，與我知道的粟異邦很少有共同之處。要不是我早知道粟異邦在那個號子裏，我絕對不會相信羅鋼的判斷。他的棉衣露出棉花，好像破了一樣。待我仔細看後，才發覺棉衣已被剪成幾塊，用繩子繫在身上。大概是因為手腳被銬着，棉衣不能直接穿上或脱下。他目光炯炯有神，面色蒼白帶暗黑色。像其他犯人一樣，他在院子裏來回走動了一會兒，由於戴着腳鐐，他走得比別人慢得多。我發覺他的嘴在神經質似地動，他在説話，儘管我們聽不見他在説甚麼。但他周圍的人應該聽得見。沒有人理會他的演説。從他的視線中，我覺得他有點不同常人，他的目光沒有固定的目的，思想似乎完全集中在他的言語中。但他看去絕對沒有神經失常，他的目光並不呆滯，他的表情並不麻木。但他完全變成了另一個人。

我突然想起了赫魯曉夫批斯大林時傳到中國來的一個詞：「被迫害狂」。粟異邦並沒有神經病，但也明顯地不同於正常人，這大概就是所謂「被迫害狂」的狀態。我文化革命前聽到過很多共產黨關於「舊社會把人變成鬼」的宣傳，電影《白毛女》大概是個典型的例子，説的是一個婦女被地主和官府迫害，逃進深山裝神弄鬼。

但我卻親眼看見共產黨把粟異邦這樣高貴的人變成了人不人鬼不鬼的精靈，與白毛女的故事比起來，粟異邦的故事不知要令人心寒多少倍。

徐絡腮站在一邊監視着放風的犯人，有人在做操，有人在散步，有人在扯野草。不到放風完，徐絡腮就走到粟異邦身邊，惡狠狠地把他提前趕進了號子。粟異邦慢慢拖着腳鐐回到號子的背影是我看到的他的最後的形象。

我被判刑後，被轉到了集中犯人去勞改隊的二十三號。在那裏我碰到了與我同一個案子判刑的宋少文，他是從粟異邦那個號子轉來的。我向他問起粟異邦的情況。「這真是人間奇跡！」一提起粟異邦，他就忍不住驚嘆。「他現在已經瘦得和一個十幾歲小孩子一樣重了。所有人都嫌飯少了，他卻每天把自己的飯分一半給別人。他吃得這麼少，但卻精神十足，每天要演説幾個小時，不停地罵共產黨。大家都知道他是要死的人了，瘦得誰都能輕易把他舉起來，沒有人打斷他的話，任他攻擊。」「他攻擊些甚麼呀？」我輕輕問。「説現在是法西斯暴政，聽到廣播裏講中蘇邊境衝突，就大罵共產黨又在煽動戰爭歇斯底里，報上講甚麼，他攻擊甚麼。」他滿臉不願細説的樣子，我也不好再問。他看我不再問，連忙補一句：「真是不可思議，他一定是精靈變的。」

我離開左家塘前不久，粟異邦就被執行了死刑，但對他臨死前的一些細節是在我到建新農場後從一個當時在場姓杜的犯人那裏才知道的。「那天真是牛上馬籠——亂了套。」他語氣裏和眼睛裏還有一絲恐怖，「粟異邦的舉動令所有人感到意外。他那天還不等宣判完畢，就在東風廣場十幾萬人面前突然大呼『打倒共產黨！』『打倒毛澤東！』我們對發生的事還沒有完全反應過來，只見糧子們都朝他跑去。我在他的旁邊，漸漸看清了那場景。他被上了死綁，頭很難抬起來，但是他卻拼命昂起頭來呼喊。這時幾個糧子用槍托打他的頭，他的聲音還沒有停止，有個糧子用槍刺朝他的口裏扎，頓時鮮血直噴，但他還在奮力掙扎，這時另一枝槍刺插入他的嘴中，金屬在牙齒和肉中直絞的聲音使我全身發麻，還不到宣判大會結束，他已死在血泊中。」

我覺得那天的天氣特別慘黃，全身被這故事刺激得起了雞皮疙瘩。「這成了那天長沙市民中的新聞，參加東風廣場宣判大會的十幾萬人都知道有人喊反動口號被當兵的當場刺死。」小杜神色悲傷地結束了他的講述。

一九七四年四月間，我正和其他犯人在建新農場三大隊的一塊旱地上勞動，天突然下起雨來。我和小杜跑到附近的一個雞場的屋檐下躲雨。雞棚裏，一位老頭子犯人正在給雞餵食。小杜問我：「你知道這老頭是甚麼人嗎？」我搖搖頭。「他是個戴反它的傢伙。」戴反它是犯人中對共產黨派到犯人中的特務的稱呼。「粟異邦就是死在他手上。」我大吃一驚，忙問究竟是怎麼回事。

小杜小聲說：「在勞教農場時，幹部發現粟異邦與其他幾個政治犯關係密切，就有意把他們安排到一個小組，並讓這個老傢伙也與他們一個組。這老傢伙私下裏表現得比粟異邦更『反動』，積極參與粟異邦及他的同志們的交談，大家都把他當成『內河子』，鬼才曉得他是公安局派來專門戴反它的。他也是勞改犯，但幹部向他保證，如果他協助破獲了這個反革命組織，至少會被提前兩年釋放。」我可以想像以後的故事，公安局通過這個所謂特情(特別情報)人員，把粟異邦的秘密民主黨的情況完全掌握了。但我還有些事不理解，「為甚麼這個老傢伙現在還在勞改呢？」小杜笑道：「惡有惡報！他向幹部匯報粟異邦等人的政治觀點時講得既具體又詳細，加上他本來就是因為有類似的政治觀點坐的牢，使幹部懷疑他心底裏完全讚同粟異邦的觀點，黃泥巴掉在褲襠裏——不是屎也是屎！粟異邦的組織被破獲後，這個組織的人都一口咬定這個老傢伙是真正參加了他們的民主黨。幹部不但沒有給他獎勵，反而給他加了五年徒刑。其實當初幹部正是要他不擇手段地騙取粟異邦的信任，但是再沒有人提起當初幹部的空頭支票。本來也是的，三年苦日子餓死那麼多人，誰都會同意粟異邦的觀點，這老傢伙心裏可能也是真的同意粟異邦的觀點，而幹部也是啞巴吃黃蓮，知道這些政治犯沒有一個不恨共產黨的。」小杜口氣中又有了一點對那老傢伙同情的語調。

直到今天，我並不真正瞭解粟異邦的政治觀點，我並不知道他的民主黨的政治主張和意識形態，但他那血肉模糊的身影卻給我留下比對第一個粟異邦更深的印象，特別是他與我「打電話」時誠懇鎮靜的聲音與他臨死前那令人難以置信的舉動形成如此強烈的對照。可悲的是，世人可能永遠也不知道他的民主黨的政治綱領和意識形態。

# 9　「聯動分子」

這個「二十問」的遊戲對九號的所有人都是新鮮的，程德明告訴我們這是從他在北京的「聯動」朋友那裏學來的。

我發現玩這種遊戲的訣竅是找到適當的方法將世界名人不斷地分成相等的兩部分。我和張九龍是九號最會玩這種猜名人遊戲的人。我提的第一個問題總是「外國人？」如果回答是「是」。則我會將中國人排除在外。第二個問題常常是「死了的人？」如果回答是「否」，我就會把所有死人排除在外。一般我能用十七個問題從對方的「是」或「否」的回答判斷出他心中默想的一個名人。我的問題不能超過二十個，他必須在我提問前將他默想的人秘密告訴遊戲的裁判。我猜出來我勝，否則他勝。

我從來沒有輸給過程德明。但是他也知道我屢玩屢贏的訣竅。他告訴我，按照商農的信息論，只有當問題設計得把剩下要猜的名人分成相等的兩類時，我能從「是」或「否」的回答中得到最大的信息量。這對我來說很合理，因為死人與活人或外國人與中國人的可能性大概都在一半左右。

程德明心中默想的人往往出乎我們的意料。

「外國人？」我開始了第一個問題。

「否。」

「死人？」

「否。」

「男人？」

「是。」

現在我要用點腦筋了，「一九四九年後成名的人？」

「是。」

「南方人？」

「是。」

「文革前成名的？」

「否。」

「湖廣地區的人？」

「是。」

「兩湖人？」

「是。」

「湖北人？」

「否。」

「仍在當官？」

「否。」

「保守派？」

「否。」

「大學生？」

「否。」

「現在還自由？」

「否。」

「被公安機關關押？」

「是。」

「在省看守所？」

「否」

「在左家塘看守所？」

「是。」

現在範圍已縮得很小了。這裏關的有點名的學生有周國輝——但他是大學生；張玉綱——也是個大學生；黃杏英——女人……這傢伙真鬼，有八成我們在談論我自己。

我還可以提幾個問題以更加確定我的判斷，例如問他「在北邊號子裏？」「在九號？」但我算一算，我還有四個問題可提，而左家塘滿足已知條件的候選人不可能多過四個，於是我問：「楊曦光？」

「是！」又是十七個問題問出來。但是我不高興道：「楊曦光算甚麼名人，一個科學家或政治家才能算名人。」

「怎麼不算名人？我進九號前看到過幾個批判楊曦光的材料都將你的思想作為文化革命中資產階級反動思潮的典型代表。有人說《中國向何處去？》已被譯成英文，通過香港傳到了世界各地，你這還不算有名的『反動人物』？」

我知道他是在開玩笑，但我心裏還是不舒服，難道我在歷史上就成了一個「有名的反動人物」？

像粟異邦一樣，程德明在長沙一中算是有名的思想家，他並沒有參加任何組織，但大多數人都知道他的思想與極端保守的「聯動觀點」非常接近。「聯動」的全名叫首都紅衛兵聯合行動委員會，其前身是北京最早的「老紅衛兵」。成員大都是高幹子弟，他們歧視和迫害出身不好的造反派，反對江青和中央文革小組，所以曾被江青宣佈為反動組織。長沙一中的學生們謠傳程德明是個「聯動分子」。

儘管他是保守派的思想家，我是造反派的思想家，我卻喜歡他這類頭腦裏沒有權威的人，我猜他也喜歡我這種頭腦裏充滿着異端邪說的人，因為他進九號的那天，我們倆互相認出對方時都高興得不得了。那天我一邊幫他安頓行李，一邊急着問他自從我離開後長沙一中的情況。他匆匆敍述着學校裏的各種事。現在學校完全在軍宣隊和工宣隊的控制之下，學生中的兩派不再有任何權力。大家都討厭軍宣隊和工宣隊，他們比文革初的工作組還要糟糕，因為這些工人和軍人比工作組的幹部對教育和學生更不瞭解。學生們被強迫上山下鄉，他們逐漸失去了對政治的興趣。男同學熱衷於用電焊製造自己的半導體收音機，女同學熱衷於編織各種毛衣。大家都說現在是「男焊女織」的年代。

過去最正經和專注於嚴肅的政治問題的學生，現在也在愛情的海洋裏游泳了，好多起桃色新聞在同學們中流傳。

「你記得吧？」程德明問我，「文革前一年，有個男同學與女同學有了麻煩——她懷孕了，我們大家都為他們害羞，學校動員所有牆報批評他們，而且開除了他們的學籍。現在沒有人對這類桃色事件持那種態度了。」他猶疑一下，問我：「哦，你有個女朋友嗎？」

我搖頭。

「同學們中流傳着一些關於你的故事。有人說你在看守所領頭抗議軍人打犯人，還有人說有個女孩子經常到左家塘看守所要求見你，但她拿不出她是你的親屬的證據，總是被拒絕。」後一條新聞我自己都不知道。想了半天，我記起曾經收到過不認識的人送進來的日用品。但我實在想不起認識這麼一個女孩子。程德明不相信我，但也不追問，只是會意地一笑，好像在說，我不會捅破你的秘密。他接着又問：「你在這裏已經快一年了，怎麼熬過這麼長的日子的！」

我告訴他，我找了位英文教師學英文，找了位電機工程師學電機，找了位機械工程師學機械製圖。我還在讀《世界通史》，馬克思的《資本論》，和一本叫《毛澤東思想萬歲》的書。最後這本書中收集了一九四九年後未公開發表的內部講話及批示。這裏還有人能全部背誦《唐詩三百首》，能把《三國演義》的每章的細節都講給你聽。如果你對詞賦有興趣，有人能背誦諸葛亮的《出師表》和范仲淹的《岳陽樓記》。」我轉過頭看着號子裏形形色色的人物，又說：「我正在找數學老師，文革時沒有時間坐下來讀書，現在正是讀書的機會。」

程德明與我臭味相投，馬上要看我所有的書。他把我床頭的書翻了翻，竟挑了那本毛澤東的政治經濟學教科書讀書筆記，一邊說：「我早就想好好研究一下毛澤東的極左思想是怎樣形成的。」他加重「極左」二字，並笑起來。他的話在那個時候實在是對權威的極大膽的挑戰。

程德明很快就訂出了他的學習計劃。他與我一塊學英語和電機工程。但他的大部分時間用來研究「毛澤東思想」。

學習的第一件事是需要一張桌子。過去我曾有一塊木板放在水桶上做椅子，用下鋪的床沿做桌子。後來我發覺自己無法與打牌的人爭這種椅子。我只好盤腿坐在床上，把一塊木板放在腿上做桌子。程德明也找到了一塊小木板，有了他自己的「桌子」，開始坐在床上做功課。

找老師在左家塘不是難事，因為不少工程師、教師和其他知識分子那個時期都被關在那裏。我們的電機工程老師是位姓朱的電機工程師，他右眼白內障，說話有時有點口吃，一口地道的長沙話。他告訴我們他的家庭一九四九年前非常富裕，他一九五七年被劃為右派分子送去勞動教養。勞教回來後，他失業在家一段時間，後來自己與街道居民委員會合作開辦了一個專門修理潛水泵的小工廠。那時湖南沒有人能修潛水泵，所以這個廠的生意極好。雖然他的技術是工廠生意的根本，但他因為是個右派，每月也只能拿五十元的薪水。他得到的唯一優惠是他的兩個兒子被接受為工廠的工人。他悄悄告訴我他是因為攻擊江青，說「一個好端端的中國被這太后搞得污七八糟」而被抓的，他的右派前科使他的案子更加麻煩和複雜。朱老師講話慢條斯理，鼻子大大的，厚厚的嘴唇，講話很重的捲舌音，顯得十分誠實和穩重。我和程德明都很喜歡他。

我們背景如此不同，因而在我們的電機課中，師生間常會有些意料不到的插曲。有天朱老師告訴我們中國有兩套電機銘牌和工業標準系統，一個是英美系統，另一個是蘇聯系統，兩個系統對馬力、頻率、相位都有不同的標準和符號。「解放後，所有大學的英文教授都要學俄語，教俄語，而所有的工業標準都從英美制轉換成蘇聯制，我們被這種轉換搞得頭昏腦脹，非常不習慣。」「哪個制好些呢？」程德明是「蘇聯修正主義」的支持者，他總是問些這類敏感的問題。「當，當，當然是英美制好些。」朱老師的回答根本不是程德明喜歡的。

第二天，朱老師悄悄問我：「小程是為甚麼事進來的？」

「像你一樣，攻擊新慈禧太后把個好端端的中國搞得一塌糊塗。」

朱老師笑起來。程德明走過來，不知我們為甚麼事好笑。朱老師問他：「你知道為甚麼慈禧太后決定支持義和團嗎？」

「不知道，」程德明回答，有點迷惑。

朱老師抬起他那有個白內障的眼睛，很知情似地向我們引述這段歷史。「光緒改革失敗被慈禧太后廢掉後，慈禧知道自己重新垂簾聽政『名不正言不順』，就準備立一個新皇帝，當時叫大阿哥。消息一傳出，國內國外議論紛紛。西方各國的駐華使節都同情光緒的改革，很多謠傳說他們反對另立皇帝。這時天津、北京等地的農民會黨組織義和團經常與外國人發生衝突，而慈禧太后聽說他們有種神功，刀槍不入，扶清滅洋，起了利用他們之心。而這種動機的背景當然就是另立大阿哥造成的她的心，心，心病。」

「一天，南方一位總督截獲一封外國駐華使節之間的信件，信中聲稱如果慈禧太后強行立大阿哥，外國可能會進行干涉，支持光緒皇帝復辟。這個消息傳到慈禧耳裏，正着她的心，心病，她感到理虧和孤立，漸漸失去理性，大發脾氣。在精神不正常的情況下，召集群臣，下令支持義和團攻打各西方國家駐華公使館。這就釀成了八國聯軍進京的庚子之亂。」

「毛澤東支持紅衛兵時大概也像慈禧太后一樣失去了理智，只不過他的心病是一九五八年的大躍進。吳晗批評大躍進大概是刺激他的直接原因。」程德明打斷朱老師的故事。

「你不，不，不能講，講這種話呀！這，這講不得的呀！殺，殺頭的呀！」儘管他們的聲音低得只有我能聽清，但朱老師臉色都嚇得變白了，好像全左家塘都聽見了這能導致殺頭罪的話一樣。

程德明除了做英文和電機功課外，其他時間都在抄寫毛澤東的政治經濟學教科書筆記。文革中毛澤東的書是最容易送進看守所的。那時紅衛兵將很多毛澤東一九四九年後的內部講話和批示印成書大量發行，這些材料文革前是只有高幹可以看到的內部文件，不少還是毛澤東羞於讓人看見的被歷史證明錯誤和可笑的東西。因此這些材料成了我們這些對文化革命的真正歷史背景感興趣的人急於要研究的東西。我寫信請妹妹楊暉送各種書籍給我，不少馬克思的書和其他書籍都被禁止送給我，但毛澤東的這些內部講話編成的書卻沒受到阻攔。

毛澤東的讀書筆記是他一九五九年讀蘇聯的政治經濟學教科書時寫的，這個筆記可以代表他的主要經濟政策方面的思想。程德明一邊抄這個筆記，一邊對我發表他的評論。

「『技術第一，政治呢？專家路線，群眾呢？』」程德明大聲讀着，「我看他根本不懂經濟學，」他又輕聲評論道，「你看這裏，他甚至反對計件工資制和物質刺激。我不相信他的政治鼓勵真能提高生產率。」

我告訴他，這個讀書筆記給我印象最深的是，使我認識到一九五八年和一九五九年大躍進到處牆上寫的標語並不是下面人的創造，而完全是從毛澤東這類讀書筆記上抄下來的，例如「政治掛帥」，「鋼鐵元帥升帳」，「全國一盤棋」，「超英趕美」全都是毛澤東提出來的東西。我小時候看到這些標語時還以為是共產黨組織或地方政府想出來的東西。

程德明抄完了這個讀書筆記，又開始讀收集在一本叫《毛澤東思想萬歲》的書中的毛澤東一九四九年後的內部講話。我們對這本書的注意重點不同——他專門注意毛澤東左的經濟文化政策方面的思想是怎樣形成的，而我卻注意那些能用來解釋為甚麼毛澤東在文革中會下令共產黨停止組織活動和支持被共產黨打成反革命的造反派。我們倆都找到了不少自己感興趣的材料。比如我發現一九五七年大鳴大放前期毛澤東的很多觀點都是想避免斯大林道路，想摸索社會主義民主的方式。看起來他那時的觀點是真的想搞自由化，而不是像後來他說的只是「放長線釣大魚」。「放長線釣大魚」與其說是毛澤東的陰謀，不如說是他的新的自由化試驗，沒有得到黨內大多數實力派的支持及他發現知識分子的多數並不真正喜歡共產黨後的一種自我解嘲的說法。一九五九年毛澤東曾提到中國形成了高薪階層，一九六三年又提到中國形成了「官僚主義者階層」，一九六四年又提出農民對幹部的不滿是當時農村社會中的「主要矛盾」等等。我注意毛澤東的這類觀點是為了支持我的一個判斷：毛澤東文化革命中支持對幹部階層不滿的老百姓來造當局的反是一九五六年蘇聯反斯大林的一個間接後果。如果沒有反斯大林運動，毛澤東一九六六年很可能發動一個類似斯大林肅反的運動來反對他的政敵，而不會利用老百姓來反對共產黨的幹部了。

我和程德明讀毛澤東的書注意的重點的不同，自然與我們一個是造反派一個是保守派有關。作為造反派，我總是在找支持造反的根據，而作為一個保守派思想家，程德明總是千方百計尋找毛澤東經濟文化政策的不合理性。

但是我們在一點上卻非常一致，我們都在恥笑毛澤東一九五九年吹的那些牛皮。程德明指給我看毛澤東鼓勵放畝產幾萬斤麥子「衛星」的話，忍不住笑出聲來。我告訴他，毛澤東比這吹得更大的牛皮多的是。最糟糕的是，明明是他在那裏胡說八道，他卻惡狠狠地罵批評他的彭德懷為「資產階級的豬狗們」。

程德明告訴我，他認為一九五九年毛澤東犯的錯誤造成了中國經濟的大崩潰，毛澤東不肯認錯，這是他發動文化革命整肅批評他一九五九年政策的人的原因。我很喜歡程德明的這個觀點，一方面是因為這個觀點與官方對文革的解釋不同。官方當時的宣傳是，文化革命是無產階級專政下的繼續革命，是為了反對資本主義復辟，是無產階級司令部與資產階級司令部之間的鬥爭。程德明對文革的解釋比官方的解釋令人信服得多。另一方面，我對文革的解釋雖然也與官方的解釋完全不一樣，但角度與程德明的解釋也完全不一樣，他這種與我不同的觀察問題的角度使人感到刺激。但我還是想與程德明辯論。「毛澤東一九五九年肯定是錯了，但是他在文革中期支持被當局打成反革命的老百姓造反，為他們平反，這一招卻贏得了人心」，我停一停，補充道：「假如現在當局把你打成反革命，毛澤東支持你造反，為你平反，你會站在為你平反的一邊呢還是會站在把你打成反革命的人一邊？」

「但是我不是反革命呀！」

「沒有一個被當局和保守派打成反革命的人會認為他是真的反革命。所以造反派會支持為他們平反的毛澤東。」程德明終於默認了我的觀點。「當然」，他一邊在床間的空地走來走去，一邊看着他足前的地面說，「老百姓造反總不會是沒有原因的」。

我們對文化革命與大躍進關係的討論使我回想起一九五九年的很多事情。那年秋天我還很小，有天爸爸把我抱到窗邊，親切地對我說：「幹部在上面機關裏時間長了，對下面基層的情況不瞭解，所以要到下面去瞭解情況。」我看着窗外的一棵大楓樹上的紅葉，有點奇怪爸爸當時的態度為甚麼出人意外地溫和。爸爸那些天情緒不好，常常和媽媽爭論問題。三年後，我才知道爸爸一九五九年因為反對毛澤東一九五九年的政策被打成右傾機會主義分子。爸爸告訴我那年(一九六二年)黨中央為他平了反，毛主席向他們道了歉，承認他們一九五九年的觀點是正確的。

一九六〇年和一九六一年對我們家和大多數中國人是非常黑暗的日子。爸爸下鄉後，我們家從省委大院搬出來，住到媽媽機關裏去了。環境自然差了很多。我們和周圍的所有的人一樣受到飢餓的威脅。很久吃不到肉，我每天上午到第三節課就餓得不得了。街上除了水果糖甚麼食物都買不到，很多人都因飢餓而一身浮腫。機關學校由於所有人都缺乏能量而減少了工作學習時間。所有人家的窗台上都放滿玻璃缸，裏面養着一種藻類植物。很多人就靠這種藻類植物作補充的食物。我們住的機關院子裏，人們用大部份時間把空地裏的瓦石用篩子篩出來，種菜蔬。所有機關裏的抽水馬桶都被封閉，人們修起了簡陋的廁所，為的是把糞便收集起來用來種菜。機關的食堂裏生產一種「雙蒸飯」和「人造肉」。「雙蒸飯」是把米加水蒸兩次，二両米的飯吸收了大量水變得像一斤米飯那麼多。人造肉是用上面所說的藻類植物加上糠秕做成的，吃起來卡喉嚨。這些東西當然沒有真正的抗拒飢餓的力量。

我建議程德明看毛澤東在一九六二年中共中央工作會議上的講話，這個講話是文革中第一次被群眾組織公開。因為我父親一九六二年向我多次提到這次會議，所以我對毛澤東這個講話印象特別深。毛澤東在這個講話中承認一九五九年大躍進時共產黨中央犯了錯誤，當時被打成右傾機會主義分子的人的觀點是正確的。程德明看到這個講話後如獲至寶，他說：「你看毛澤東在這次會議上剛承認了錯誤，馬上又在同年的八屆十中全會上翻案，直到文革，他都在企圖依靠各種政治運動來否定一九六二年中央工作會議。」對毛澤東這個講話的看法大概是我們倆觀點最一致的地方。

有時張九龍也會參加我們的討論。有天程德明正在讀毛澤東與他侄兒毛遠新的談話，他越讀越氣憤。我知道他為甚麼生氣。毛澤東在這個講話中大肆罵教師，說教師都是不懂甚麼的人，只會嚇唬學生，把學生當敵人，用突然襲擊，出偏題、怪題的考試方式整學生。我和程德明都是文革前的尖子學生，我們對老師都滿懷敬意。可以理解，程德明看了毛澤東貶低教師的話忍不住要發火。張九龍正好坐在他旁邊，連忙把書要去，看看有甚麼東西值得程德明這樣生氣。張九龍看完後不以為然道：「毛澤東的批評也有有道理的地方。」「難道取消閉卷考試，號召學生拿三分也合理？」張九龍慢條斯理地說：「學校教育需要一定的強制來保證基本的訓練的質量，不考試，攻擊教師當然會誤人子弟。但是文革前的蘇聯式的教育制度給學生的自由也太少了，學生不能自己選課，學俄文還是學英文都由學校指定。老師課講得不好也不能退出教室，連跳級都不允許。我看毛澤東允許跳級還是有點道理，我在高中就跳過級。」程德明最不喜歡張九龍批評蘇聯制度，他馬上反駁道：「像文化革命中那樣讓學生自由選擇，學生們就選擇不上課，學生們一聽復課就頭痛，這有甚麼好？」程德明的眼色和口氣好像在說：「你這樣的人即使講更多支持毛澤東的話，人家也知道你是從右邊反對社會主義制度。」張九龍每次碰到別人的聲音稍高一點就停止了爭辯，沉默下來。他用手指敲着床沿，好像要把自己的情緒敲下去一樣。

程德明是我們學校最早反對省委派的工作組的學生之一，從這個意義上而言他是最早造反的人之一。他後來的觀點轉向極端保守的「聯動」觀點。我屬於造反派中的異端邪說派，同學們都譏笑我，說我是「最喜歡聽頭腦裏沒有權威的人的觀點」。程德明在我心目中是位傑出的右翼思想家，雖然學校裏的同學都覺得他的觀點太危險，但他接受「聯動」思想的過程對我來說是個極有意思的謎。

有天我告訴程德明，我有不少表兄妹、堂兄妹在北京，他們都是高幹子弟，文革中都參加了「聯動」。接着我問他：「你是怎麼接受『聯動』觀點的呢？」

「説來話長」，他那不大的嘴巴動的速度不快，充滿着自信的樣子，「像朱成昭接受『聯動』觀點與葉向真有關一樣，我是從我的女朋友那裏接受『聯動』觀點的。」朱成昭是北京最大的大學生造反組織「第三司令部」的頭頭。但他在與葉劍英的女兒葉向真接觸後卻接受了「聯動」觀點，並且系統地向外界闡述他的保守觀點，最後被中央文革送進監獄。

「我是在從長沙去北京的一列貨車上認識紅鷹的。那是一九六六年冬天。所有的客車都擠滿了紅衛兵。車到站時，只有在車上熟人的幫助下才有從窗口爬上列車的希望。我只好到長沙北站找了和我們一個觀點的造反派組織(那時我還是個造反派)，上了一列貨車的守車。守車很小，掛在貨車的後面，裏面有兩排各可坐三個人的座位。平時由一位列車員在那裏從守車的前窗監視整列貨車，以防止路途上爬車盜竊等事故。

「天快黑下來時，列車員帶着一位高個子女孩子上來了，守車裏沒有燈，我看不清她的面貌。聽聲音，這女孩子是北京人，一口地道的北京腔。嘴巴老不停地在講話，那種典型的外向型北方女孩子。火車開動後，我才發現，坐守車是種苦差事。守車吊在長長的貨車後，搖擺幅度特別大，由於沒有隔音裝置，噪聲大得嚇人，要附在別人耳朵上大聲叫喊才能讓他聽清你的話。我們無法聊天，只好早早睡覺。我躺在一條椅子上，列車員坐在另一條椅子的一頭監視着列車，那女孩子半坐半躺在另一頭。

「大約半夜時分，我睡得迷迷糊糊，覺得有人在推我。剛爬起來，就發覺那位女孩子已坐在我身邊。

「『你是哪個學校的？』她把嘴靠近我耳邊問，我聞到她鬢髮的氣味，心中一動。她聽我告訴她校名，又問我的名字，她的態度十分令我奇怪，也許這就是那些開放型的北方女孩子的風格吧。

「『外面的月光真好，你不要去看看嗎？』她邀我。我答應着，隨她走到守車後部的露天車橋上，看着往後迅速退去的鐵軌。我們大聲交換着自己學校裏反工作組的故事，到下一站時，我們發現互相有很多共同語言。我和紅鷹已經成了好朋友。她提議離開守車去找一節貨車廂坐。離開守車走了好一段路，她輕輕告訴我，那個列車員半夜爬到她身上亂摸，『那個傢伙不是個好東西！』我這才明白她半夜推醒我的原因。

「在站台的燈光下，她的面目令我暗暗吃驚，她很漂亮，氣質高貴。她說她是老紅衛兵，西城區糾察隊的，前一段北京批資產階級反動路線，老紅衛兵在北京失勢，於是她和朋友們走上了大串聯的路。『與臭蟲談心，與扒手為伍，天上的雲是黑的，地上的泥是渾的』，她這句話代表着她當時的心情。

「但最近她在北京的朋友來信，說是老紅衛兵正在籌備組織一個新的組織『首都紅衛兵聯合行動委員會』，要與造反派『首都三司』決一死戰。她決定提前獨自一人返回北京。

「我們停車處是一個大貨車站，越過蛛網般的鐵軌，在紅、綠、黃信號燈照耀下，我們終於找到了一個空貨車廂，我們爬進去時，卻見裏面已有人，一男一女學生模樣的人睡在一張大毛毯下。車開動後，我才發覺那毛毯下面不平常，毛毯總在波動，有時突然激烈地一動。我感到和一位女孩子一塊看到這種奇怪的事令人十分窘迫。我不知如何是好，而紅鷹卻靠近我，一隻手把我的手抓得緊緊的，漸漸我感到她的另一隻手已上了我的肩膀。我並不明白這是甚麼意思，甚麼事情發生了。我想她也不明白，也許我們靠近一點使自己覺得在這個奇怪的世界裏會更安全。

「我們倆就這樣成了不一般的好朋友。一到北京，她邀請我住到她家去，那是一座古京城的四合院，院內有十幾間平房。後來我才慢慢知道這是部長級幹部才能住上的房子。最令我吃驚的是他們家門口還保留着那個著名的對聯『老子英雄兒好漢，老子反動兒混蛋』，橫眉是『鬼見愁』。

「在北京的那些天，我認識了很多紅鷹的朋友和同輩親戚，紅鷹是個大忙人。那些天正是『紅衛兵西城區糾察隊』、『紅衛兵東城區糾察隊』和『紅衛兵海淀區糾察隊』正在組織『首都紅衛兵聯合行動委員會』的時候。紅鷹帶我參加了他們的幾次集會，我逐漸瞭解了他們的政治觀點。他們最著名的一個政治口號是『擁護一九五七年以前的毛澤東思想』。

「他們最仇恨造反派，認為造反派是一群對共產黨不滿的地主資本家的『狗崽子』。他們認為造反派都是右派、反革命。他們的另一個著名口號是『只准左派造反，不准右派翻天！』紅鷹的一次發言最令我感動，她說：『文化革命繼續下去將會有二十年政治後遺症，經濟文化的發展會受到不可挽回的影響，我們父輩流血犧牲打下的江山，不能就這樣讓江青、蒯大富這些傢伙斷送掉，這個國家是我們的國家，這個天下是我們的天下，我們不能看着她被這些奸臣亂賊斷送掉。』蒯大富是繼朱成昭之後的『首都三司』的頭頭。

「在他們這個圈子裏，對毛澤東已很不尊敬，稱老毛為老頭子，而不稱毛主席。他們對江青更是恨之如骨。『聯動』一成立就上天安門貼大字報，炮轟江青和陳伯達。有人在貼大字報時被公安部拘留。

「我也參加了一次砸『首都三司』的行動。我最深的印象是『聯動』的紀律之嚴，可說是我看到的群眾組織中紀律最嚴格的。這並不意味着他們不殘酷，他們的紀律是共產黨式的紀律，對『階級敵人』是絕不留情的。砸『首都三司』時，他們發現一個造反派學生的父母是地主，馬上用皮帶抽打這個『狗崽子』，有個聯動分子朝地上吐一口唾沫，命令這位出身不好的女同學用舌頭把痰舔乾淨。她沒有服從，馬上有人跑上去用手按着她的頭去舔地上的痰。但是他們在砸『首都三司』時公私財產分明，沒有人往自己腰包裏裝東西，有令就行，有禁就止，組織紀律非常好。

「我在紅鷹家經常聽他們講打人的經驗。有次紅鷹告訴我，用皮帶抽人時，『用皮帶的側面打最痛且沒有聲音，用皮帶的正面打則響而不痛，可以起嚇唬作用。』有次『西糾』(紅衛兵西城區糾察隊)的一位高幹子弟不經意地提到，打死那些黑鬼的好辦法不是用棍子打，而是用開水燙，活活燙死，卻沒有痕跡。『我在西糾勞改營就燙死過一個三代地主的老傢伙。』他一臉得意的神色，周圍的高幹子女們都顯出一種欣賞的神態，沒有人同情那位死者。

「不久我已完全接受了『聯動』觀點，唯一感到別扭的就是紅鷹社交圈子裏的人全是高幹子弟，他們對我這樣一個外地技術工人的兒子居高臨下，極為傲慢。我看得出來，他們不願意理睬我，頂多看在紅鷹的面上對我應付一下。他們那種優越感使我十分難受。

「不久就發生了『聯動』五衝公安部事件，『聯動』成員前仆後繼英勇無畏列隊衝進天安門廣場一側的公安部，要求釋放因攻擊江青、陳伯達、林彪而被捕的同志。他們高呼『打倒公安部』，『打倒三司』，『打倒江青』，『劉少奇萬歲！』前面的人被捕了，後面的人又衝上去。

「我離開北京時，曾與紅鷹深談一次，我們都為國家的前途憂慮，紅鷹告訴我五衝公安部的詳情。她氣憤地說：『一個好端端的中國就這樣叫老毛和江青攪得一塌糊塗，十六條明文規定不整學生，這次卻抓了不少學生。』我告訴她我明天就要離開北京，這是在北京的最後一夜了。『我可不可以吻你？』我小心地問，心撲通撲通直跳。她臉紅了聲音雖輕，但對我卻是如雷貫耳：『別這樣，我們還是做個普通的好朋友吧！』」在那時的中國，接吻是求愛的方式，程德明繼續道，「我看得出來她拒絕我的求愛，是因為她的社交圈子與我的家庭地位相差太遠。有次我聽到她的弟弟問她，『他老爸是坐吉司還是吉姆的？』紅鷹很難堪的樣子，連忙把話轉到別的事上去了。我幾天後才知道吉司、吉姆是蘇製高級轎車，副總理級以上的人才有資格坐吉司，副部長以上的才有資格坐吉姆。想起這件事，我就為自己的愚蠢後悔，紅鷹的環境實在是與我的家庭地位格格不入的。我甚至能感到我這個客人在這個四合院裏並不是十分受人歡迎的。」

我看得出程德明的傷感，最令人傷心處恐怕是程德明已真正完全拜倒在他所愛的人的政治思想面前，除了不喜歡她的血統論觀點以外。但是他卻終因不是高幹子弟(雖然是紅五類家庭出身)而進不了他愛戀的人的社交圈子。不過我心裏還是替他慶幸，他有這樣一個理由來解釋他的失戀。程德明不是那種英俊的男子，個子也不高大，如果不能用這種地位差距來解釋，作為一個男子漢，對那令人傾倒的女子沒有吸引力卻是個更令人傷心的解釋。

由於我的父輩包括姑爹、叔叔全是高幹，我非常熟悉程德明所說的那種優越感，但我從來看不起這種優越感。保守派紅衛兵成立時，我的父母已經被湖南省委打成了反革命修正主義分子，中學生辯論「老子英雄兒好漢，老子反動兒混蛋」的對聯時，我站在反對對聯的造反派一邊。聽到保守派紅衛兵成立的消息時，我的感覺就像猶太人聽到褐衫黨成立時一樣。這種被當權派和紅衛兵歧視和迫害的悲憤感正是我參加造反派的原因。

程德明以後與紅鷹保持了一段通訊聯繫。一九六七年二月底紅鷹興奮地給他寫了封長信，告訴他毛主席命令江青和公安部把關押的「聯動分子」全部釋放，還說允許他們自己出版報紙，條件是各地的公檢法把所有二月初關押起來的造反派學生全部釋放，保證他們的四大自由(大鳴、大放、大字報、大辯論)。程德明說：紅鷹寫道，「『江青阿姨』」注意帶引號，「在接見被釋放的『聯動分子』時要求他們改變反動觀點，而我們的同志的回答卻是齊聲唱起歌曲《蝶戀花》，把我們『敬愛的江青阿姨』氣得透不過氣來！」

《蝶戀花》是毛澤東寫的一首懷念他的前妻楊開慧的詩，這首詩在文革中被譜成歌曲，也是一首江青最忌恨的歌曲。

程德明通過這封信成為我們學校第一個知道造反派學生馬上會被釋放的消息。那年二月初湖南有約十萬人被當局和保守派紅衛兵以參加造反派組織為罪名抓進了監獄。市民群情激憤，以各種形式抗議當局，上北京告狀，要求當局放人。與北京不同的是，地方當局只抓造反派，不抓保守派，與「聯動」政治傾向相同的保守派帶着軍隊和公安局的人去抓造反派。那時只有北京才有保守派坐牢的事。

到二月底三月初，造反派學生就被全部放出，我那時也因為參加造反派被關在牢裏，三月初也被莫名其妙地釋放了。

後來程德明又收到了紅鷹寄來的他們「聯動分子」辦的一份鉛印小報，報紙的名字是《湘江評論》，與一九二〇年代毛澤東在長沙辦的一份報紙名字相同(一九二〇年代毛澤東的妻子是楊開慧而不是江青)。這份小報經常登一些間接攻擊江青的文章。一九六七年初夏江青號召造反派武裝起來對付保守派的武裝攻擊時提出了「文攻武衛」的口號，這份小報上指出這個口號意味着「用武衛來回答文攻」。這份小報還提出了有名的拼命哲學：「活着幹，死了算！」

程德明告訴我，可惜的是，由於「聯動」堅持血統論的觀點，認為只有他們的老紅衛兵是正統的革命組織，後來的造反派都是反革命，所以他們在市民中越來越孤立。「聯動」剛成立時還有能力組織遊行和集會，但幾個月後，它就幾乎完全沒有政治影響力了，雖然它可以有合法的政治組織和自己的出版物。

九號中的多數人犯都知道文化革命的綱領性文件《十六條》中有一條不准以任何理由迫害學生，並且要「保護少數」，所以九號的人都相信不管是程德明這種保守派學生還是我這種造反派學生，遲早都會被釋放的。

不久一位新進九號的人犯果然帶來了與此相關的消息。他姓趙，以前是一個小飲食店的黨支部書記(那時小吃店都由黨直接控制)，所以大家都叫他趙書記。趙書記矮矮胖胖，講一口有點京腔的長沙話，一聽就是個幹部。趙書記告訴我們，現在中央下達了一個文件，所有造反派、保守派學生犯全部以辦毛澤東思想學習班的辦法認錯悔過，然後釋放。「你們這些學生都有希望了！」他不無羨慕地說。

開始我們都對這位趙書記非常提防，因為這種人往往是喜歡當KGB的。但不久我們就失去了提防心。趙書記是個十分誠懇坦白的人。他坐牢就是因為太坦白了。他是因為攻擊共產黨支援北越的政策而坐牢的。他雖是個共產黨員，但卻老是用他那與共產主義不合的人情世故來評論共產黨的政策。他有天說起他的推理邏輯，「小楊呀，你可不知道，給人無償援助，給人蔭庇，都是要以臣服為報答的。你看蘇聯五十年代給中國『無私援助』，說是無私，實際上要的報償才高呢，這報答就是你得聽他的，否則關係就會破裂。你看吧，中國對越南的『無私援助』又會是同樣的結果。何苦搞這種偷雞不着反蝕一把米的事呢？讓他們南越北越互相牽制，中國在旁邊不是更有利可圖嗎！」

我心裏十分喜歡這位有獨到政見的趙書記，但口裏卻勸他：「古書說『不在其位，不謀其政』，你不說話，人家不會說你是啞巴，何苦要去管那些我們管不了的事呢？」趙書記呵呵大笑：「你真是學乖了，不再關心『中國向何處去』了？」

趙書記的預見後來果然在程德明身上實現了。那是一個陽光明媚的秋日。程德明的預審員，一個年輕的軍官和徐絡腮一塊開了九號的牢門。九號大部分人都不由自主地移到床沿，注意力都集中在門口。片刻的靜寂特別令人激動。「程德明下來！」他的預審員叫道，其他人都鬆了口氣。「帶上你的衣服、被子。」程德明激動得手忙腳亂，取茶缸時卻把它掉在地上。大家都知道這是放人了。不經逮捕就捲鋪蓋，十有八九是釋放，何況大家都知道程德明的政治觀點與公檢法的一致(公檢法也是反對江青的保守派)，他一定會得到保護的。但是以學生身份為由，保護造反派的中央文件卻一直沒有貫徹下來，直到我被判刑。

程德明一直相信我會和他一樣被釋放。他一出監馬上就給我寫了封信，告訴我他是被「教育釋放」。出去後他在長沙街上遊了兩天，覺得像在天堂一樣新奇和興奮。但是他卻忘記了在九號時發的誓：「一出監要吃遍長沙所有的名飯館。」一旦擺脱了飢餓，他再沒有那個慾望了。

按照他的諾言，他給我寄來了好些當時出版的群眾組織報紙，那上面有不少重要的非官方新聞。他還給我送過一支牙膏——左家塘牙膏，裏面全是豬油。但是他萬萬沒有想到就在他出監後一兩個月，我就被判刑了。我收到的他的最後一張明信片充滿了友情和對我出獄的期望。他説他保持着與我家的聯繫，一有消息他就會和我家裏人一起來接我出獄。「你要安心學習，鍛煉好身體，」他寫道，「我們相信你不久就會回到人民的懷抱。」「回到人民的懷抱」是當時官方語言中對犯錯誤或被關押的人得到當局諒解或被釋放的説法。

# 10　聖人君子

革命總是把社會上的一切事物顛倒過來，這本是人們發明革命的目的。共產黨的革命，不管是一九四九年的革命還是文化革命，都使社會的大量精華成了政治犯。一九六〇年代末的左家塘，就是這樣一個精華(政治犯)和渣滓(普通犯)混和的地方。來自一個我認為對社會負責任的家庭，我剛進看守所時曾期望政治犯(他們通常被稱為反革命犯)的道德品質會比刑事犯好得多。但事實上這卻不一定。九號的人們生活在一種物質極端缺乏的環境中，社會下層的普通犯人早就習慣了這種生活。像向土匪一樣，他們知道怎樣依靠直接的互助生存。而像盧瞎子之類的政治犯多半來自社會的中上層，他們習慣於獨立的生活。他們很少與他人分享自己的食物及其他稀缺物質。可能是因為我還年輕，我在左家塘卻慢慢習慣了下層社會中那種「同甘共苦」的文化，雖然我明白這種文化按照精英社會的道德標準而言是不正常的。大概是因為這種上層社會的道德準則與下層社會的道德準則的差別，在羅鋼一類扒手看來，政治犯中的「懂味碼子」實在不多。但李安祥和陳老師卻是兩個例外。

雖然大家都叫他李牧師，李安祥並不是個牧師。但他是個虔誠的天主教徒，他三十歲年紀，信了二十年教。他過去去的教堂是北區的一個天主教堂，現在已成了長沙市立第二醫院。我小時候曾去那個醫院看過病。有次我在那裏看病時看到一個圖片宣傳欄，這個宣傳欄宣稱北區的天主教堂和附屬的醫院是美帝國主義進行文化侵略的據點，一九五四年肅反運動中，神父被逮捕入獄，其中美國神父後來被驅逐出境，而中國神父一直被關押着。教會的醫院被收歸國有，成了市立第二醫院。

李安祥自幼隨其母親去那個教堂，教堂被封閉後，他就在自己家裏供奉上帝，每到週末還到親戚朋友或鄰居家去「傳播上帝的聲音」。文革時的中國，信教的人就像妖怪一樣稀少。公開的教徒自然成了稀世珍物。我自己認識的人沒有一個信教的，而李安祥成了我認識的第一位「上帝的使者」。

我第一次看到他早上做禱告時還以為他是精神病患者。左家塘有很多「瘋子」，九號隔壁的十號中就關着兩個瘋子。徐絡腮說他們是裝瘋賣傻的反革命。如果他們真是裝瘋賣傻的話，他們裝得都非常像。我可以時常聽到他們吵鬧和殺豬般的尖叫聲。由於反革命分子中有不少瘋子，我看到李安祥跪在他床邊的鐵欄桿旁祈禱時，一點也沒懷疑他又是一個瘋子。

吃飯前在胸前劃十字，早晚做禱告，那時在我看來是非常荒誕的行為，但我不久就發現李安祥一點也不瘋。他每天都爭着做倒便桶、打水的髒活、重活。有天他一個人細細摸摸準備了一大把抹布，然後走到每個圍在地中木桶邊打牌的人身邊，請他們坐到床上去。他在對一個靠近我打牌的人說話時，我隱約聽見他說：「今天是洗地的日子。」羅鋼輕聲對我說，李安祥每個星期要抹一次地板。我走過去問他：「我幫你的忙？」他和藹地說：「你們都坐到床上去，我一個人就夠了，有上帝助我。」我坐到床上後，羅鋼小聲說：「他是信教的，每次有人要幫忙，勸他別對自己太苛刻，他總是說：『上帝要我來吃盡人間苦，拯救我的靈魂。』」

牢房的地是用三合土(*沙、泥、石灰*)造成。洗起來很不方便。李安祥先用水沖一遍，然後用抹布一點點把水吸起來擰在空便桶裏。然後再用乾淨水沖，再用抹布吸乾，把髒水擰在馬桶裏。他這樣重複三遍後，黑糊糊的地就變成了紅亮乾燥的地。李安祥蹲在地上幹一兩個小時後，整個房子裏似乎都亮了很多，空氣也好了一些。當時的中國，大家對環境都沒有高要求，抱着一種得過且過的態度，李安祥是我遇到的第一個保持着對盡善盡美的追求的人。我雖然對宗教還沒有敬意，但從他身上，我看到了上帝的影響。

抱着對宗教的好奇，我開始與李安祥攀談。

「你是甚麼案子進來的？」我坐在他床上看他正在為

羅鋼補衣服。他瘦瘦的臉上露出微笑，很高興有這樣的問題來打攪他。

「上帝派白馬將軍下凡讓我貼一張大字報，告訴眾人，文化革命像秦始皇的焚書坑儒一樣，將來會在歷史上遺臭萬年。」

「上帝怎麼對中國的儒學這麼有好感呢？他知道秦始皇焚書坑儒嗎？」我好生奇怪，這秦始皇的焚書坑儒與上帝怎會連在一起呢？

「當然，當然。我父親告訴我，最早來中國傳播上帝福音的西方人，都學習儒學。有的對孔夫子的學問非常崇拜。孔夫子歷來是包容並蓄，『仁者愛人』，跟上帝的仁愛是一脈相通的。」

漸漸地我知道李安祥有個幸福的家，一個可愛的女兒。他是長沙汽車電器廠的車工，只是因為貼了一張攻擊文化革命的大字報就被抓進了監獄。

為了幫助缺少衣物的同伴，李安祥發明了一種原始的紡紗機。這是用一塊小木板垂直釘着的木棍造成。李安祥從不要的舊棉被中捻出一根紗，然後纏在小木棍上並固定在木根的頂端。紡紗時右手抓住一團棉花，它與根上的紗捻在一塊。李安祥用左手轉動木棍，然後放手讓木棍旋轉，右手同時慢慢從棉團捻出紗來，於是在木棍旋轉的帶動下越捻越長。到了近一人長時，李安祥將木棍頂端的紗結解開，把紡好的紗纏在木棍上，然後再結上，繼續紡。這樣積累很多天，可以紡出很多「綻」紗。李安祥把這些紗搓成繩子，再用繩子織成一塊塊大毛巾，這些大毛巾就能縫成衣服。

李安祥用這種辦法做成第一條毯子後，大家都紛紛模仿他紡紗織布。李安祥離開九號後，這種紡紗織布還持續了好長一段時間。

一個早春的日子，一大早李安祥做過禱告後，告訴我們：「昨夜上帝又派白馬將軍下凡，他告訴我上帝要遣我去世上最艱苦的地方，真正嘗遍人間的艱苦，以救眾生。」稍停片刻，他像是要去迎接神聖的使命一樣，「白馬將軍告訴我：『這一去就是十數年，你要擔當得起重任。』」羅鋼挖苦道：「白馬將軍是西式打扮還是關公式的打扮？」李安祥一點也不在意羅鋼語氣中的譏笑。他認認真真地解釋道：

「白馬將軍白盔、白甲，騎白馬，手持上帝的諭旨，來無蹤，去無影，是上帝親自所派。」

幾天後李安祥果然被宣判十年勞改徒刑。臨離開九號那天，他打點好行裝，站在門外面向九號的朋友們閉目劃過十字，口中念道：「此行一定不負上帝的期望，我當盡心嘗遍人間艱辛，以我血肉之軀贖罪。」站在他身後的幹部大聲喝道：「還在這裏搞迷信宣傳，趕快給我背起行李滾。」

自那天以後，我再沒有聽到李安祥的消息。

陳老師名叫陳光第，他是另一類「道德君子」。他不信神，但卻看重精神和道德。雖然我在進左家塘前不認識他，但因他與我同案，「省無聯」案子，我對他就特別關注。陳老師住在四號，與我隔着四個號子。但是通過進進出出的人犯，全左家塘的人都知道陳老師是位令人尊敬的君子。不論是政治犯、扒手，還是管犯人的幹部，都非常尊敬他。

我對陳老師的政治觀點一直不清楚，直到一次涉及他的提訊。那天兩位自稱省革命委員會人民保衛組的人提訊我。人民保衛組簡稱「人保組」，是文革中由康生負責組織的政治警察，有點像蘇聯一九一七年革命後的「契卡」，其主要任務是迫害當局的政敵。我的案件就是由省革委會人保組的「省無聯」專案組中的楊曦光專案小組處理。但那天來提訊的兩個人我從未見過，顯然與我的案件沒有關係。

預審室是看守所旁邊的一排平房。每間房間裏有一張簡陋的桌子，桌子旁邊有幾張供審訊人員坐的椅子。桌子對面有一張沒有靠背的條凳，給人犯坐。審訊者從不通報姓名、單位，使被審訊者很久都不知道在與誰打交道。

他們中一人問話，一人記錄，首先問過我的名字、年齡，被拘留前所在的單位。發問的是位臉色枯黃，看似十分老練面善的人。他從公文夾中取出一件油印的文件，看我一眼，然後盯着文件用訓話的口氣説：「你大概已知道康生同志(當時的中共中央政治局常委)對『省無聯』的指示。今天我再給你念一遍，你要按照這個指示交代問題。康生同志在『一·二四』(一九六八年一月二十四日)指示中説，『省無聯』的《中國向何處去？》、《我們的綱領》、《關於當前形勢的決議》不是中學生寫得出來的，也不是大學生寫得出來的，後面一定有黑手操縱。要揪出這些學生後面搖鵝毛扇的陳老師。你要按這個指示精神回答我們的問題。」

接着他開始問我《中國向何處去？》一文是怎樣寫成的，這篇文章寫作過程中有誰參與過討論，提供過意見，我寫這篇文章受過誰的思想影響。於是我重複了我講過不知多少遍對這類問題的回答，告訴他們沒有任何其他人插手過這篇文章的寫作。

審訊者突然猛擊桌面，吼道：「你不老實，你不承認有黑手操縱你？！」我以沉默來回答，心中想：「我母親就是被你們説成是操縱我寫《中國向何處去？》的黑手而被逼自殺的，我還沒找你們算賬呢，你們反來找我了！」我母親正好也姓陳，在康生那個指示傳到長沙後，她被多次批鬥，手被用墨汁塗黑並被強迫跪着示眾。塗黑的手象徵着「黑手」，她受盡侮辱後，不堪羞辱而懸樑自縊。

長時間沉默後，審訊者又轉用緩和的口氣問道：

「你認不認識湖南大學的老師？」

「不認識。」

「你認不認識湖大數學系的教師？」

「不認識。」

我這時知道他們在問陳老師，但我已有一些對付他們的經驗，對他們能説不的就盡量説不，一説是，就會有數不盡的囉嗦和麻煩。我是到左家塘以後才知道陳老師的，以前我的確不知道他，我自然不必提我在左家塘知道他的事，就像我從不知道世界上有這麼個人。

接着又是拍桌子：「不老實！你不知道與『高校風雷』混在一起的陳光第？」稍停片刻，「你和周國輝關係那麼密切，你認識洪豆，怎麼可能不知道陳光第，他們是經常在一起的。」

我仍沉默，等着他們慢慢把他們的目的和他們希望我提供的信息講出來。這樣拍過幾回桌子後，我終於明白，陳老師是因為康生一句揪黑手的指示而被懷疑為暗中支持了持反對當局激進觀點的大學生組織「高校風雷」。從他們的語氣，陳老師可能是隻相當重要的黑手。

我好不容易等到黃臉審訊者轉變了題目。

「你認不認識一個斷了右手的人？」

「不認識。」

「楊曦光，你今天是要抗拒到底嗎？」

又是聲色俱厲。我反問他：

「誰是這位斷手人？」

較年輕的記錄者提醒我：

「你不認識劉鳳祥？被人稱為『舵手』，極會寫文章的。」

黃臉又厲聲道：

「沒有劉鳳祥，你能寫出《中國向何處去？》？」

他們又這樣盤問了好多遍，從他們的口氣中，我聽出劉鳳祥是一個比陳老師更神奇、危險和重要的政治人物。我心中有種被人小看的不舒服，難道《中國向何處去？》一定要有這位斷手的劉鳳祥才寫得出來？但我心底裏對這個神秘的「舵手」產生了好奇。

回到九號，我通過八號、七號、六號、五號將提訊的消息傳給了陳老師。我對他有特別的好感，因為一個從四號轉到九號來的扒手告訴我陳老師每天還在鑽研英文和數學。當時左家塘學問和陳老師一樣高的人不少，但只有他還在鑽研學問。他有四卷《毛澤東選集》英文版，他每天都在用英文朗讀毛選，他還在鑽研他的本行數學。這位扒手告訴我陳老師還有三卷《資本論》。我曾經幾次要妹妹送《資本論》給我，都沒成功。看守所當局拒絕接收《資本論》，理由是「省無聯」的頭頭善於用馬克思主義反對毛澤東思想，所以不能讓他們看馬克思的書，「讀毛主席著作就夠了！」妹妹的明信片上複述當局的話道。

我通過左家塘複雜的「電話系統」向陳老師借《資本論》，不久三卷《資本論》就通過送飯的犯人之手轉來了九號，因此我有機會在左家塘讀完了厚厚的三卷《資本論》，盧瞎子也有機會細讀第三卷中他感興趣的那些勞資法律糾紛的案例。《資本論》最初給我的印象相當好，比起毛主席著作和當時的政治經濟學教科書，《資本論》學術味道濃得多。等我看完第一、二卷後，我卻發覺勞動價值論毫無道理，它忽略了決定價值的另一個重要因素——使用價值。很多年後我才知道馬克思稱為使用價值的概念在當代經濟學中叫做效用。但我相當喜歡馬克思對亞當·斯密的分工論的發揮。看完《資本論》，我不知為甚麼心中期望未來的我成為一個經濟學家。我有了三個念頭，一個是把使用價值在價值論中的重要性搞清，第二個是把分工問題揉合到價值理論中去，第三個是把價值理論數學化。後來我在勞改隊沿着這個思路寫了一本經濟學筆記。好多年後我才發覺，這些思想早就在現代經濟學中變成高明得多的理論了。把經濟理論數學化的觀點，我最早是在北京大學的一張大字報上看到的。那時另一張刺激我的大字報是關於中國已形成特權階層，需要用馬克思的經濟分析方法重新分析中國社會。那個刺激是我後來寫《中國向何處去？》的思想起點。陳老師借給我的《資本論》後來一直跟着我到了勞改隊。

一九六九年秋天，毛澤東視察湖南時對「省無聯」問題作了指示。我於十月份從拘留正式轉為逮捕，由省革委會人保組「省無聯」專案組向我和其他「省無聯」案子的人犯宣佈逮捕令。我正在納悶這一發展有甚麼政治背景時，收到大妹妹楊暉一張寶貴的明信片，它告訴了我這個背景。明信片說：「毛主席視察湖南時宣判了『省無聯』的死刑，他看來已讀過《中國向何處去？》。他指出『省無聯的群眾是好的，其頭頭思想是反動的』。」

不久我們就被判處了徒刑。其中最重的是「省無聯」下屬的一個工人組織，「湘江風雷金猴戰團」的頭頭陳本望。他被判處死刑立即執行。罪名是反革命殺人犯，被指控為指使下屬殺死了一位公檢法的幹部。其他人判了五年到二十年的徒刑，我被判刑十年。

判刑前我們被轉到二十三號，在那裏等候被集中押送到勞改農場或監獄去。那是個陰冷的冬天，對我們這些造反派來說，也是毛澤東最後下決心與保守派周恩來聯合起來鎮壓所有造反派的時候。左家塘的有線廣播經常在廣播中央的佈告，這些佈告都是以與蘇聯發生邊界衝突為理由，命令所有造反派的政治組織解散，否則就當作反革命組織加以鎮壓。我當時感覺毛澤東利用造反派的準政黨組織反對共產黨官僚的這齣戲已經結束，我已丟掉了對毛澤東的任何幻想。

陳老師也到了二十三號。他的處罰相對我和其他人而言是輕的。他被判五年強制勞動改造，簡稱「強勞」。強勞比勞教(勞動教養)處罰重，但比勞改(勞動改造)處罰要輕。

陳老師三十歲左右，戴副度數不深的眼鏡。他的眼睛很大，清秀的面目。是那種中國人所說的「小白臉」。他看去非常善良和極具同情心，說話細聲細氣，溫和而謙恭。但我們相處久了，我才發現他的內心卻比他的外表強硬得多。他對現政權極端不滿，特別喜歡用他在大學裏教學的經驗去批判當時官方的意識形態。

那時所有官方的宣傳工具都在批判「智育第一，專家路線，白專道路」，要求知識分子參加勞動，向工農學習。所有視聽媒介，所有學校課程，機關工廠的黑板報、廣播、報紙、書籍都在宣傳這一套。大多數人都只能接受這些東西，不敢批評，甚至不敢懷疑。而陳老師在二十三號時每天都要向我發表他對這些官方宣傳的批評。

「我教數學的經驗告訴我，如果學生基礎課的訓練不紮實，以後根本沒法學好。知識有個循序漸進、逐步積累的連續性問題，現在拼命強調實踐，把基礎訓練看成沒用的，這怎麼能培養出好學生呢？不學會微積分怎麼學習概率論呢？」他的普通話江浙口音很重，講話不動情緒，但看得出來他是那種動腦筋的人，對任何事都有自己的看法，絕不會輕信官方的宣傳。

「知識積累的竅門就在於專業化，專業化才能提高效率，所以我只教數學，不教物理和中文。毛主席要學生同時學工、學農、學軍、學商，反對專業化，這不是要退到原始社會去嗎？」另一天他又對我發表他對毛澤東反對專家路線的看法。

慢慢我瞭解到陳老師的意識形態是非常右的，他反對當時毛澤東對文化教育的一切思想和政策。但他卻支持他的學生中的激進分子，他自稱他的思想傾向是造反的。我有天好奇地問他：「你的判決書上說你是操縱『省無聯』的黑手，他們抓到甚麼證據沒有？」

「你知道，『高校風雷』是『省無聯』的成員組織，我與『高校風雷』中的我的很多學生關係很好。但我從來未正式參加過任何組織。我被抓只是因為我姓陳，正好與康生說的陳老師相合。當時我認為自己並沒有做任何不合法的事，就向審訊我的幹部坦白地講了我的許多觀點。我告訴他們我反對文革中很多對教育和文化的政策。我曾經告訴我的學生，他們是造反派——你們應該造當局的反，來爭取推行更理性的政策，但現在並不是造反的最好時機。最後當權派總會在這次文革中把你們鎮壓下去。你們應該積蓄力量，準備在下次文化革命時進行成功的造反，把這些不合理的政策改變。誰知道，我自己告訴審訊員的這些話卻成了判我刑的根據。他們說我是『隱藏很深的階級敵人，企圖在下次文化革命中推翻無產階級專政』。」陳老師説完，苦笑了一下，似乎在説：「我把當局想得太好了。」

幾天後我才從周國輝那裏知道，陳老師被判刑前還是共產黨員，湖南大學的「模範教師」，在數學研究方面很有成就。這可能是陳老師把當局想像得太好的原因。陳老師後來後悔地對我説：「如果我不告訴審訊員我的觀點，他們沒有任何判我五年強勞的證據。」

但是陳老師對自己的安危並不是最關心的。他仍非常關心國家的命運，他告訴我，要改變這個非理性的政權，我們一是需要理論，二是需要組織。我看着他眼睛中的閃爍着的光彩，知道他並沒有放棄等待下一次機會改變中國的非理性的政治的希望。

陳老師在二十三號還在讀英文和鑽研他的數學。我告訴他，我已下决心在兩年內學完大學微積分的課程，請他介紹一些最好的微積分教材。他向我推薦了樊映川編寫的《數學分析》。

正如人們傳説的一樣，陳老師是位非常賢良的人。他每天清晨起來洗冷水澡，然後打掃號子裏的地板。端飯端水等工作，他都爭着幹。他在坐牢後還練出縫補衣服的本事，只要誰的衣服破了，他都幫着縫補。看着他善意的微笑，我在問自己：「共產黨為甚麼連這樣一位善良的文弱書生都不肯放過。」

一個月後，陳老師被押送到長沙河西郊區的一個新生水泥廠去了。據一位叫劉樂揚的一九五七年被判為壞分子的人說，新生水泥廠是個強勞單位，專門生產石灰石和水泥。劉樂揚因政治問題被劃為壞分子後曾在那裏勞教。他在文革中支持「省無聯」，又被當成黑手判了刑。

我一直再沒聽到陳老師的消息，直到一九七八年我滿刑回到長沙，碰到章雨剛時才知道他以後的事。章雨剛也因「省無聯」案件被判刑。他文革前夕在社教運動中被省委駐大學的工作組劃為崇拜西方資產階級文化的「內控右派」。文革中這些「內控右派學生」參加了造反派，並從黨委的檔案中抄出了這些劃內控右派的黑材料，把它們當眾燒毀了。章雨剛是因參加「省無聯」被判刑的，判決書上「燒毀文革前的劃內控右派材料」是一條主要「反革命罪」。

章雨剛刑滿後在長沙五一路新華書店的外文部碰到過陳老師，那時陳老師已刑滿，湖南大學不准他回大學，他被強迫在新生水泥廠就業，當一名看門人。他每個星期天都來五一路新華書店外文部看一些最新的英文數學期刊和著作。陳老師告訴章雨剛，他正在譯一本英文數學教科書，並且開始寫一本數學著作。

但是一九七六年四人幫垮台後，陳老師卻突然失蹤了。

章雨剛向五一路新華書店外文部的店員打聽過陳老師的下落，那裏的店員都知道陳老師，因為陳老師以前每週都按時來外文部，風雨無阻，從來沒有誤過。但自從四人幫垮了後，陳老師就再也沒來過新華書店了。一直到一九七八年，一位新生水泥廠的政治犯出獄後，人們才從他嘴裏知道陳老師從新生水泥廠失蹤的背景。四人幫倒台前，陳老師曾告訴過這個政治犯，他預見毛澤東一死，江青等激進派會與共產黨內的保守派官僚發生衝突。如果激進派成功，中國可能有機會徹底改變共產黨制度，甚至爆發革命。如果共產黨裏的保守派佔上風，中國又會回到蘇聯體制，長時間沒有發生根本變化的機會。

根據這個消息，我和章雨剛判斷，陳老師可能一直將徹底改變共產黨制度的希望寄託在江青這些激進派身上，江青一倒，他認為中國大變沒有希望了，於是逃出新生水泥廠，企圖越境出國或是在社會上流浪。在這個過程中他遭到了不測而不幸身亡。否則在一九七八年的形勢下他應該會回來的。

一九七八年冬天，我和章雨剛去湖南大學參加校方給陳老師舉行的平反大會時碰到了陳老師的妹妹。這是位漂亮端莊的少婦，她長得很像她哥哥。她仔細地向我們敘述她年幼時心目中的哥哥。她說她之所以選擇數學專業，成了上海一所大學的數學教師，完全是受了哥哥的影響。哥哥是位堅韌不拔的人。五十年代初他得過肺結核，有三分之一的肺在手術中被切除，但他在重病中仍然在學習。病好後馬上考上了復旦大學數學系。他始終是妹妹最崇敬的人。這位妹妹按照我們的線索又花了很多時間去尋找陳老師的蹤影以及他的數學手稿，但一直到一九八三年我離開中國，沒有人知道陳老師的下落。他的失蹤就像那個動蕩不安的時代一樣神秘莫測，也許人們永遠不會確切地知道他最後的故事，就像我們永遠不可能知道那個時代的很多秘密一樣。

# 11　「舵手」

那是個陰冷的冬日，我抱着我的背包和行李踏出九號的牢門，就踩在那看似寒徹入骨的走廊的水泥地上。走進二十三號那厚厚的牢門，我仍感到南方那帶有潮氣的清冷。徐絡腮把門重重地關上，隨着麼哐噹一聲落鎖的聲音，我的眼睛慢慢重新適應了號子裏的昏暗。我發覺與我同案的「省無聯」的其他頭頭已在這裏。他們中有「高校風雷」的領袖周國輝，「紅旗軍」的頭頭畢健，「湘江風雷」的頭頭張家政，文藝界的宋紹文。「省無聯」全稱「省會無產階級革命派大聯合委員會」，是二十幾個各行各業長沙在野的造反派，即新成立的革委會籌備小組中沒有官位的造反派組織的聯合。「高校風雷」(大學生中的造反派)，「紅旗軍」(復員軍人的造反派)，「紅中會」(中學生的造反派)，「文藝界紅色造反團」(文學家、藝術家的造反派組織)，「教師聯合會」(中小學教師的造反派組織)都參加了「省無聯」。

張家政這時看去像個馴服的小人物，每天忙於各種瑣細的工藝活。他幫宋紹文裝訂、裱糊一個精緻的本子，裏面收集了宋紹文在看守所的書法練習。他還常被徐絡腮叫出去繪製各種歌頌毛澤東的油畫和用石膏製作各種毛澤東像。這在看守所是一種特殊的待遇，因為出號子去工作不但能有更多食物吃，而且享有比號子裏大得多的行動自由。張家政這時的目光看去馴順而沒有任何政治野心，只是個千方百計謀生計的藝人。大家這才記起他文革前是「大眾」電影院的畫家，專門繪製各種電影廣告。但是文革中，他成了位叱咤風雲的政治人物。我第一次見到他是一九六七年夏天「湘江風雷」剛平反時。張家政文革初被當局打成「反革命」，主要原因是其父親是被共產黨於一九五一年鎮反運動中殺害的國民黨官員。他與其他被打成「反革命」的知識分子和工人一起，組成了一個準政黨型的跨行業政治組織「湘江風雷」，要求當局為他們平反。一九六七年初在當局發動的鎮壓造反派的準政黨組織的運動中，「湘江風雷」被當局定性為「反革命組織」，張家政被捕入獄。後來這個運動被造反派稱為「二月逆流」。一九六七年夏天，毛澤東支持「湘江風雷」平反，張家政被釋放後馬上參加指揮造反派與保守派(紅衛兵)的武裝衝突。那個夏天，我有天偶然在長沙市靠湘江邊的海員俱樂部看到他與「湘江風雷」的其他負責人一起在策劃戰事。一位湖南醫學院的女學生告訴我，張家政一出監獄就和她談到毛澤東與周恩來之間的政治衝突，他聲稱他手中有周恩來反對毛主席的證據。到一九六八年二月當局鎮壓「省無聯」時，張家政又被拘留。這次他的罪名不但有「指揮武鬥」，還有「反對周恩來」。

周國輝是湖南大學的學生，這時他看去與張家政截然相反，他還保持着他那在野政治家的風度，絕不向政治迫害屈服。他仍在評論時局，批評當局。而張家政早與政治話題絕了緣。

一個溫暖的冬日，我到二十三號的第三天，號子門不斷地開關，好幾個樣子看去奇奇怪怪的人被送進這個號子。一個矮矮胖胖的姓周的小學教員，一進號子就告訴我們，他是被當成「省無聯」的「黑手」抓進來的。他參加了「教師聯合會」，加上他一九五七年曾被打成右派，因而他遇到了麻煩。我問他：「你一九五七年是因為甚麼事被打成右派？」他頓時來了精神：「我一九五七年就批判劉少奇，結果被劉少奇的死黨打成了右派。」另一位瘦長而有對三角眼的陳三才也是右派，也是參加「省無聯」要求當局為他平反而被捕的。還有位七十多歲老得滿嘴牙齒都掉了的張伯倫(他的名字聽去與英國二次大戰時的首相完全相同)。他被指責與國民黨有關係，因利用「省無聯」為他自己過去的罪名翻案而成為「操縱『省無聯』的黑手」。

周國輝看着這些怪模怪樣的人輕聲對我說：「這些人都是些政治背景有問題的人。當局有意將這些政治上不乾淨的人與『省無聯』聯繫起來，以便證明我們有罪」。

一位穿着中式對襟棉衣，沒有右手的新來者引起了我的注意。他膚色黑黑的，嘴唇厚厚的，説一口岳陽腔很重夾着長沙腔的普通話。他的名字劉鳳祥聽去有點耳熟。他一進二十三號就與其他右派朋友交換消息。顯然他也是個右派。一位叫蕭乾的右派記者在我們號子裏呆了三個多小時，又被轉到別的號子去了。蕭乾一進二十三號，劉鳳祥就迎上去與他輕聲交換外界的消息。劉鳳祥的一句問話「軍隊的情況怎麼樣？」飄進了我的耳朵，使我暗吃一驚。

第二天我才想起來，人保組的人審訊我時曾專門問及這個劉鳳祥。他們問話中的劉鳳祥簡直是個神通廣大的傳奇人物，但我眼前的劉鳳祥卻其貌不揚。我問他的手是怎樣斷的。他告訴我他一九五七年在《湖南日報》任主編時被打成右派，下放到工廠勞動改造時在一次事故中被機器切斷的。又是一個右派。我問他甚麼原因被打成的右派，他告訴我：「我們可是最早的造反派，早在一九五七年我們就在批判舊省委的走資派，這就是我被打成右派的原因。」

到二十三號不久，我們開始意識到，這批與「省無聯」案有關的人員集中在一塊，馬上會有一次對「省無聯」一案的判決了。我們互相交換消息後證實，所有轉到二十三號來的人都在前不久由「拘留」的狀況轉為正式被省「人民保衛組」逮捕。儘管「大難當頭」，二十三號的人們仍舊迅速重建了他們的娛樂。我們又用紙片和飯粒製作了象棋與撲克。我的棋友經常是劉鳳祥。

劉鳳祥下棋時告訴我他「拜讀過」我的《中國向何處去？》，非常欣賞。我告訴他，我目前的政治哲學已與寫《中國向何處去？》時非常不同。寫那篇文章時，我有對理想主義的追求，我認為民主政體應該是民選的，如果一個政府不是民選的，就有背於民主原則，而應該改變。而現在我已完全沒有理想主義了。我相信人判斷自己所追求的價值標準會隨歷史而變化，所以歷史會怎麼發展遠比理想的目標更重要。我告訴劉鳳祥，過去我關心的問題是「甚麼是好的，甚麼是壞的，這個世界應該是甚麼樣子」，而今天我再不問這類問題，而問「這個世界會怎樣發展」。最壞的事、最黑暗的歷史也許就發生在我們一生的時間內。因此關於好壞是非的主觀判斷沒有任何意義，如何適應環境生存下去才是重要的事情。

吃過晚飯後，人們有的在下棋，有的在打撲克，有的在談天。劉鳳祥坐到我的床邊輕言細語地對我說：「我們今天面對的現實實在是非常殘酷，很多知識分子因此信奉一種純客觀主義，不相信世界上有甚麼真正的是非、善惡，認為這種主觀判斷沒有任何意義。但是文化革命是一種真正的罪惡，這在歷史上一定會成為公認的定論，這是客觀真理，不是隨意性的主觀判斷所能改變的。」我非常吃驚，他的口氣像一位傳道者，那麼自信，那麼認真，與談天的口氣那麼不同。尤其是他的政治觀點與他在眾人面前所表露出來的完全相反。我當着眾人問他被打成右派的原因時，他把自己打扮成反對走資派，支持「文革」的「老造反派」，而私下裏，他卻對文革持徹底否定的態度。

我倆的交談自那天以後越來越多，偶爾周國輝也參加我們的交談，但畢健、宋紹文、張家政由於對「右派」懷有戒心，從不參與我們的交談。他們不承認自己是「反革命」，即使到了監獄裏也與那些右派分子和「真正的搞反對共產黨的政治組織的反革命分子」不同，但我在感情上已仇恨這個社會，我相信在持與當局不同政見和仇恨他們這一點上，我與共產黨辭典中的「反革命」沒有甚麼兩樣。劉鳳祥也有意保持與張家政的距離。他告訴我，他在勞改、勞教單位已生活過多年，對其中的複雜和黑暗的人事關係已有豐富的經驗。他可以根據一個人為人處事的性格、氣質及他的背景來判斷他是否會成為一個向「幹部」密告自己的人。據他分析，張家政一定是會做這種事的人。因為張家政處事時很能理解別人的喜好，很能強制自己去迎合別人。「我早在一九六七年夏天對當時的政治明星就有過一個廣泛的評價，我對張家政的評價是『沒有真正的政治頭腦，卻很能玩弄小小的權術』」，劉鳳祥用一種政治評論家式的口氣說，「你看得出來，他很會在生存競爭中適應環境，這在他體會『幹部』迫切需要犯人情報的願望和克服自己在向當局告密的人格障礙方面都不會有問題。」

十一月一個晴朗的冬日，所有二十三號的人被押上卡車到長沙的東風廣場開宣判大會。我們被拷上了手銬。被判處死刑的「湘江風雷」的頭頭陳本望被上了腳鐐(他被關在另一個號子，被控為在文革武鬥中打死了人)。每人胸前掛了一塊大牌子，從牌子上我們可以看到加於自己的罪名和被判的刑期，我的罪名是「現行反革命，十年徒刑」。張家政、周國輝的罪名與我相同，但張的刑期是二十年，周國輝是七年。劉鳳祥和其他「省無聯」的黑手們除了「現行反革命」罪名外，還有「右派分子」或「國民黨殘渣餘孽」等罪名。他的刑期是十五年。

東風廣場是個文革中各派政治組織集會的地方。也是當局宣判犯人和組織集會的地方。那次宣判大會，由新成立的革命委員會籌備小組組織，很多「省無聯」敵對派的人都去參加了。會場大約有五萬多人。我們三十幾個被判刑的人被荷槍實彈的軍人押着，跪在會場前的一個大台前面，兩個軍人用手按着一個犯人的頭，稍有動彈，軍人的槍托、腳就朝我們頭上身上飛來。

我聽到對自己的宣判詞，除了指陳我寫《中國向何處去？》一文外，竟指陳「其父於一九五九年被劃為右傾機會主義分子，其兄其舅於一九五七年被劃為右派，其母於文革中『畏罪自殺』」，作為我從來就仇恨共產黨的證據。那天的宣判使我失去了對這個社會的任何信任，這真是一個充滿仇恨、歧視、迫害，沒有任何公正可言的社會。劉鳳祥的判詞指陳他插手「省無聯」，鼓吹「走省無聯」的道路，並遊說「省無聯」頭頭「上山為匪，推翻無產階級專政」。另一條加諸於他的罪名是在全國串聯，組織右派鬧翻案。

宣判大會後，我們被軍人押解着分乘幾輛卡車在長沙全城「遊街」。那是文革中判刑的例行程序。市民對「省無聯」充滿着同情，不時可以聽到人們在為我嘆息「真年輕」，「十年刑，造孽呢！」更有甚者，幾個我過去的同學一直跟着汽車走遍長沙城，表示同情和支持。

回到二十三號，我一心開始盤算自己的未來。我對判刑的第一個反應是希望有機會參加一個反對共產黨的政治組織，推翻這個可惡的政權。等我冷靜下來，我開始謀算怎樣在勞改隊越獄逃跑。我心中暗想，如果要逃跑成功，也許我必須下決心學會扒竊的本事。那天夜裏，我將自己的心思告訴了劉鳳祥。意外的是，他竟反對我的打算。他溫和地對我說：「我這是第二次被判刑，一九五七年第一次受到打擊時，我的反應與你一樣激烈。但是逃跑和刑期對於政治犯來説都是毫無意義的事。如果政治局勢不變，你跑出監獄或滿了刑，你的處境一點也不會變好。就像我們三年勞教刑期滿了一樣，政治迫害和歧視一點也不會比以前少。但是如果政治形勢變了，二十年刑期一夜之間就會煙消雲散。」深思熟慮的話語不緊不慢地從他那厚厚的嘴唇出來，那沉着的音調本身對我都有莫大的吸引力。「更重要的是，」他頓一頓，繼續道，「你這種反應也許反映了你對政治局勢的一種絕望和沒有信心。你知道赫魯曉夫批判斯大林時的一些動人場面嗎，好多知識分子發狂地支持赫魯曉夫的批斯大林運動，特別是那些三十年代被迫害的人。我相信中國一定會有這一天的，你不相信嗎？如果你有這個信心，就用不着策劃逃跑了。」

從那天晚上，我對劉鳳祥有了一種崇敬，我從心底裏愛他。那天我從他口裏知道了與他的判詞有關的一些事。一九六七年十月，他的確在全國串聯組織右派鬧翻案。他到北京去找一些批判劉少奇、鄧小平、彭真的造反派，弄到了一些共產黨一九五七年迫害右派的黨內文件，他與他的右派朋友們把這些文件抄成大字報，印成傳單，到處散發，並動員所有右派起來鬧翻案。他們認為「省無聯」是政治傾向與他們最接近的政治組織，於是決定支持「省無聯」。他曾與「省無聯」的頭頭張玉綱談過多次，宣傳他的政治觀點，並提醒張玉綱注意武裝鬥爭的可能性(這就是判詞中的煽動「上山為匪」)。為了讓市民知道右派的觀點，他還讓右派朋友們把彭德懷一九五九年批評毛澤東的「萬言書」抄成大字報，以

「反面教材」的名義貼在大街上。一九六七年下半年那段時間，他的很多右派朋友控制了造反派出版的非官方的小報，並利用這些小報為右派翻案。「省無聯」教師聯合會的報紙為長沙有名的右派楊美南翻案就是一個例子。

第二天夜裏，我們互相都覺得有了更多的瞭解，因此深談到半夜。那是我永世難忘的一堂現代中國政治歷史課。劉鳳祥從反右運動開始，用他那沉着的男低音向我和盤托出他的政見。

「中國現代史上的很多悲劇起源於一九五七年的反右運動。但只有從國際共產主義運動這個大背景才能理解一九五七年中國所發生的事情。一九五六年蘇聯的反斯大林運動揭露了社會主義政治制度的黑暗面，因此由赫魯曉夫發起了一個社會主義民主的運動。他不但平反了三十年代肅反運動中的冤案，而且在蘇聯搞了個反對官僚主義的運動，希望能避免斯大林肅反的重演。作為國際共運一分子的中國共產黨也在中國搞起了社會主義民主化的運動，這就是一九五七年的大鳴大放大字報和反對官僚主義、宗派主義和教條主義的運動。毛澤東為發動這個運動作了一個內部報告，這就是後來發表的『關於正確處理人民內部矛盾的問題』。但是公開發表的文本與最初的內部報告強調的重點完全相反，內容根本不同。聽過毛澤東這個報告錄音的人都知道這個報告的重點是提倡社會主義民主，企圖試一試某種『自由化』的政策，以此來避免斯大林肅反的重演。毛澤東的初始意圖的確是真誠的，並不像他自己後來説的那樣：『放長線釣大魚』。但他在發起這個大鳴大放運動時錯誤地估計了一九四九年後的形勢和民心。

「第一個五年計劃成功，使國內出現了安全和繁榮的景象，到處是共產黨萬歲的聲音。但是這是一種表面現象，老知識分子對共產黨用政治運動治國的方式，對肅反等運動中侵犯人權，對共產黨用官僚制度管理學校都很不滿。這些不滿不過是在共產黨的強權和壓制下沒有機會發泄。而毛澤東卻以為全國人民是真心擁護他，以為知識分子是真心擁護共產黨和這種新制度，根本忘記了自己的威望和權力是建立在一個血腥鎮壓的暴力基礎上。基於這種錯誤的估計，毛澤東真正想讓知識分子來批評共產黨和參與政策制定過程中的討論。據説毛澤東決定發起這個運動時，赫魯曉夫就反對，認為社會主義制度不可能搞西方式的民主和自由化，完全讓知識分子自由批評政府一定會出亂子的。毛澤東不聽他的勸告，還是搞了大鳴大放，結果不出赫魯曉夫所料，大鳴大放開始不久，毛澤東發現知識分子根本不是真正擁護他，而且根本就看不起他。這時毛澤東來了一個180°的轉彎，準備進行鎮壓。那時赫魯曉夫又表示過反對，認為既然已經放開讓人鳴放，就不能用政治運動的方式來壓制。毛澤東又沒有理睬赫魯曉夫的意見，來了個反右派運動。這個運動使人們再也不敢講不同意見，這就造成了大躍進中的局面，對一些極其荒謬的事，大家都指鹿為馬，像《皇帝的新裝》中一樣，明明看見皇帝光着屁股，眾人卻連聲稱讚皇帝的華麗新裝。」劉鳳祥用一種自信的口氣像批評一個劣跡的小孩一樣批評當時任何人都不敢懷疑的毛澤東。他的態度，更是他的語氣，如此動聽，我被他深深感動了。他娓娓繼續道：

「一九五九年毛澤東的大躍進造成的經濟危機已經表面化，彭德懷在忍無可忍的情況下上書毛澤東，舉了很多具體的調查材料，希望毛澤東能認識大躍進的錯誤，結果反被毛澤東打成反黨集團。這就使大躍進造成的經濟危機愈演愈烈，最後終於造成一九六〇年和一九六一年的大崩潰。毛澤東在一九六二年中共中央工作會議上不得不承認一九五八年到一九六二年的工作中犯了錯誤，這時過去曾經積極支持過毛澤東的劉少奇、周恩來、鄧小平都倒向贊同彭德懷的觀點，毛澤東口頭上雖已認錯，實際上卻對劉少奇等人的倒戈懷恨在心，千方百計企圖改變被動局面。他在八屆十中全會上提出『以階級鬥爭為綱』，後來又搞學習解放軍運動、革命化運動和社教運動，都是企圖削弱和打擊在毛澤東和彭德懷爭執中倒戈和右傾的劉少奇、鄧小平。文化革命正是這一努力的繼續。」

夜已深，眾人已入睡，只有我和劉鳳祥坐在床上牆角，他的聲音低得只有我聽得見。我像在黑夜裏看見了光明，聚精會神地聽他說話。在周圍充滿着無知的政治狂熱和被迫害者的麻木和心智瘠薄的一九六九年，在一個接一個的政治運動危及每個中國人的安全的時代，劉鳳祥的這段歷史課使我感到一種精神享受。我體會到為甚麼右派朋友們在稱呼他時都故意把「斷手」發成「舵手」的音。特別是他的很多觀點與我和程德明的討論不謀而合，更使人有種人心所向的信心。

我與宋紹文、畢健、張家政已沒有甚麼政治話題可談，他們雖然是文革中的政治風雲人物，但與劉鳳祥比較，他們只是糊糊塗塗捲入了一場政治鬥爭，他們並不懂文革這場變動為甚麼發生。他們都在忙於準備去勞改隊的行裝。只有張家政將去監獄，因為他的刑期超過了十五年，這是去勞改隊的最長年限。他們看去已完全失去了政治靈魂，變得麻木不仁。另外一件大家都關注的事是臨去勞改隊之前與家人的一次見面。我們被關押都已近兩年，兩年來被禁止與家人見面，但在被判刑後，有一次機會與家人見面。宋紹文的老母將來看他，他再三囑咐母親給他帶一隻做好的熟雞來吃。兩年的拘禁已使他從一個有大肚子的胖子變成一個瘦得眼睛陷進去的人。他文革前是位拿高薪的劇作家，文革初被打成反革命，於是參加造反派要求當局給他平反，最後捲入「省無聊」。他母親來的那天帶來了一鍋雞，但卻被徐絡腮拒絕，宋紹文只能看着她把一鍋香噴噴的雞又帶回去。更糟糕的是他母親告訴他一個令人傷心的消息，他的美麗的愛妻梁契已提出與他離婚，並將他一輩子的上萬元存款全部取走。梁契是長沙文藝界演員中有名的美女，毛澤東來長沙時都專門要她陪舞。宋紹文造反時，梁契一直與他在一起，這次宋紹文被判十五年徒刑，她終於與他反目。他覺得離婚可以理解，但將他的存款全部佔有，卻使他大感意外。那個時期，社會是不會保護「反革命分子」的財產的，政府不但鼓勵反革命分子的妻子與之離婚，而且鼓勵家屬子女從政治經濟上與反革命「劃清界限」。每天與家屬見面都有一些類似的傷心事，不少人紅着眼圈，流着淚回到號子裏。

我父親被關在「毛澤東思想學習班」，他不能來看我。劉鳳祥知道我父親，他支持我父親一九五九年對大躍進的批評。我告訴他，我在文化革命中與父母親的政治觀點不相同。我在一九六七年初毛澤東支持造反派衝擊共產黨官僚時親身經歷了市民對省委官僚的衝擊。我發覺市民及我們家的保姆是真正對黨官僚的特權不滿，因此我曾經認為市民對包括我父母在內的黨官僚的不滿是由於文革前他們對平民的壓迫造成的。我家的保姆文革前對我父母很尊敬，但文革中，卻造了我父母的反。我曾經向她瞭解她對父母的看法，她表示了對造反的支持，一點也不同情我父母的處境。那天我和劉鳳祥坐在他的床角一邊下棋一邊談着我的父母。他用一種武斷的口氣說：「兒子絕不會真正反對父親的。」我問他：「這是你對中國人父子關係的看法，還是適用於全世界？」他沒有正面回答我的問題，而是停止了象棋，全神注視着我說：「問題是你父親的政治觀點是對的，你參加造反也是對的，微妙就在這兒。」我大惑不解。他慢慢解釋道：「毛澤東在文革中很巧妙地利用了『右派』，右傾機會主義分子，『走資派』及平民之間的衝突。一九六六年十月毛澤東、林彪提出批資產階級反動路線的口號後，支持出身不好和政治背景不好的平民和受過當局迫害的人起來造劉少奇、鄧小平派的官僚的反。很多『右派』、『右傾機會主義分子』、受迫害的知識分子在文革中都打着批劉少奇、鄧小平路線的招牌起來造反。而當時在朝的劉少奇、鄧小平、周恩來派的保守派為了表示自己的正統，都採取壓制迫害這些『右派』、『右傾機會主義分子』和知識分子的態度。這就形成了在朝的右派和在野的右派之間的激烈衝突。前者打着毛澤東反對右派的招牌迫害在野的右派，而後者打着造走資派反的招牌反對在朝的右派，毛澤東在文革中重新將政治權力從黨內保守派手中奪回來就是利用了這個在朝右派與在野右派之間的『歷史誤會』。」

劉鳳祥曾在農場、工廠勞教。他入獄前在長沙一間勞改工廠「新生開關廠」當圖書管理員。他勞動教養三年期滿後就一直留在那個工廠。他告訴我，在他的右派朋友之間，文化革命開始後一直就在爭論應該支持造反派還是應該支持保守派。從經濟文化政策方面而言，他們喜歡周恩來，但從對當權派迫害右派的態度而言，他們喜歡造反派。最後大多數右派分子在文化革命中都是站在造反派的立場上鬧翻案和反對當權的官僚。「我和我的朋友從一九六六年文革開始到一九六七年中一直沒有直接捲入文革。直到一九六七年七、八月份，我們認為軍隊介入文革後，毛澤東與劉少奇的衝突逐步轉為林彪與周恩來的衝突。特別是劉少奇垮台後，毛澤東與林彪的利益會衝突。周恩來這人的個性是絕不會搞政變的，他像中國歷史上周朝的周公旦，即使有政變的機會，他也不會奪毛澤東的權。但林彪的性格卻相反，他是個喜歡出奇制勝的人。劉少奇倒了後，所謂『狡兔死，走狗烹，敵國滅，謀臣亡』。毛澤東樹林彪是為了打擊劉少奇，劉少奇一垮，毛澤東的主要危險就是林彪了。」

我聽他這麼一說，大感詫異，林彪是毛澤東的接班人，這已寫在中共九大的黨章中，全國人手一本的毛語錄中全有林彪寫的前言，毛澤東與林彪公開破裂實在是常人當時難以想像的事。但是劉鳳祥用他那自信的語調使我完全相信了他的判斷。他繼續道：「正是估計到林彪毛澤東發生衝突的可能性，我判斷文革可能導致重大政治變動，我們才決定捲入文化革命，支持造反派。」

我們被判刑後一個月，長沙又開了一次宣判大會。那天早上我們從前窗看到左家塘看守所中間的空坪中站着將被判刑的人。他們被押出看守所後，判刑的佈告由徐絡腮分發到所有號子。陳三才接過佈告在那裏大聲念判詞。我湊過去看，頭條竟是張九龍的判決書，張被以反革命集團罪判處死刑緩期執行，與他同案的有將近十人被判了刑，其中毛治安和王士坤的名字我已從張九龍的口中聽熟了。

劉鳳祥聽說我認識張九龍，馬上問我張的案情，看似他對「反革命集團」案極有興趣。我盡我所知將張九龍的情況告訴了他，他非常有興趣地問及一些細節，特別是張九龍對古巴人格瓦拉式的遊擊戰爭的觀點以及張九龍對秘密政治組織的經驗。看得出來，劉鳳祥對地下政黨活動極有興趣，並已經對這類事情想過很多次了。

又一次棋局，我倆都沒把心思放在下棋上，他在自言自語似地談地下政治活動的可能性。「像我這樣的效率向你講解我的政治觀點，我十年內頂多能說服一千人信服我的政治觀點。用這種效率來反對共產黨實在是太低。而共產黨控制着所有電台、報紙、印刷出版機構，如果沒有文革中造反派自己掌握一些宣傳工具的機會，要想將足夠多的群眾捲入我們的政治活動實在是不可能。」我問他：「那武裝反抗現政權可行嗎？」

「如果毛林不發生衝突，」劉鳳祥沉着自信的樣子，他的話聽去像是一個精於算計的賭徒正準備下大賭注一樣，「任何武裝鬥爭都不可能。這是因為在鐵路運兵和公路運兵的條件下，當局能在短時期內集中大量兵力，正像一九六二年蔣介石準備反攻大陸時，共產黨依靠鐵路在極短時間內在福建沿海集中了大量兵力一樣。這種迅速集中兵力的能力使武昌起義式的武裝暴動根本不可能成功。」

「那張九龍這類地下政治活動會有機會成功嗎？」我背靠着牆，我那時對積極的政治反抗極為神往，「孤苦無告，樹黨強訴」代表了我當時的心態。

劉鳳祥慢慢把一個過河卒向左邊移動一步，「在目前中國的條件下要搞地下政黨活動而不被破獲，幾乎是不可能的。」

有人坐過來看我們下棋，我們這種有殺頭危險的談話就此中止了。想不到我們在左家塘再沒有機會深談這個題目，第二天一早我們就被押送到岳陽洞庭湖中的一個小島上去了。

# 12 建新農場

過了元旦，我們一共三十多犯人就被一位獄吏和一個班的士兵押送到離長沙二三百里的岳陽建新勞改農場去。兩個人共戴一副手銬，每人的一隻手銬在銬子的一端。我們背着自己的行李由軍人押着步行半個多小時到達火車站。沿途人們都用好奇和鄙視的目光盯着這群光頭、瘦削、蒼白和穿着破爛的犯人。那種人格受辱、遭受迫害的感覺真使人傷感不已。周圍的人穿着漂亮(儘管與一九八〇年代相比是太單調了)，膚色健康，特別是那些漂亮的姑娘們用鄙夷的目光看我們這些正當戀愛年齡的男人，真使人傷心不已。外界的景觀與我們看了近兩年的監房相比真是天堂與地獄的對照，我當時那種對不被社會所容的處境的悲憤感，真是不能用筆墨形容。

我和劉鳳祥共一副手銬。我們被押上普通客車時，劉鳳祥看着同行的犯人，輕聲對我說：「革命死了，革命萬歲！」我記起這是馬克思在《波拿巴的霧月十八日》一文中對法國巴黎公社失敗的一句評論。我心中想，劉鳳祥心目中的文化革命中的造反運動與官方的文化革命是多麼不相同啊。他要把這個造反引向反對毛澤東的路線，而且他對這個「革命」仍寄予深厚的期望。

客車到岳陽後，我們被押到輪船碼頭。等船時，押送我們的士兵閑得無聊，向我們扔石子取樂。他們看着哪個犯人不順眼，就從地上揀起一個石子扔過來，有的正打在犯人的頭上，他們就開心地笑了，並厲聲道：「老實點，別亂動。」所有的犯人都敢怒不敢言。劉鳳祥輕聲對我説：「驕兵必敗」。這是《孫子兵法》上的一句名言。我感覺到劉鳳祥在説這話時似乎已對武裝鬥爭的可能性給予了肯定的回答。一路上，我都在情不自禁地觀察逃跑的可能性，儘管劉鳳祥向我發表他對逃跑問題的看法後，我已放棄了逃跑的打算。

我們到達建新農場十大隊時，正是春節前的隆冬時節。建新農場是洞庭湖中的一條湖洲，四面都是一望無際的湖水。我們踏上這片湖洲後不久就開始看到零散的勞改犯人，他們穿着的衣服破爛，湖洲上一片荒涼景象，沒有任何永久性建築。我們三十多人被押解在那荒原上走了十來分鐘，劉鳳祥又在輕聲對我説：「毛澤東在把我們帶向死亡！」我知道他不是在説這次旅行，他是在談政治。他的話音淹沒在沙沙的腳步聲和叮噹的手銬聲中。

我們終於看到了目的地。那是一排臨時用圓木和蘆葦搭起的大棚。大棚裏幾乎沒有人，據説犯人們都出工修堤去了。但有少數犯人在棚裏，他們背上印着黃色油漆字「勞改」，褲子前膝也印着同樣的大字。一位腳穿雨靴、手持木棍的幹部接收了我們這批犯人，他看去目光兇狠，用傲慢和敵意的眼神逐個審視我們。我的第一個印象是到了書上所説的「奴隸社會」。人們的穿着、態度，周圍的環境是如此不同於我們曾經生活過的那個社會。

我們到達十大隊時正是第二天上午十點左右。十隊下面分為三個中隊，每個中隊住在一個長約三十米的大工棚。用粗木頭和蘆葦搭成。裏面用木料做成兩排兩層通鋪，我們被指定了通鋪中的一塊地方作為安宿之處。通鋪中間是犯人的行李、箱子。沒有窗子，光線只能從幾個開着的門中射入。我和周國輝、畢健、劉鳳祥、宋紹文被分在一個組。那天傍晚，我們看到犯人下工回來，荒涼的湖灘上，犯人的隊伍遠看去像一條灰色的長龍，遠處突然一群野鴨飛起，直聽到撲啦撲啦的聲音，天馬上暗下來，頭上是一片黑壓壓的野鴨，搧翅膀的聲音使對面説話都聽不見。犯人們疲憊不堪，棉衣棉褲上都露出破口，棉花顯露在外面。藍色、灰色的衣服上印滿了勞改字樣。犯人旁邊跟着手執木棍的幹部，他們神氣兇狠。遠處有個幹部揚手用手中的棍子在敲打一個犯人。

這天夜裏我們才知道，這裏是建新農場的外湖，夏天這裏是一片湖水，冬天水退去成了一片湖洲。這個農場原來只有內湖的七個大隊。由於犯人猛增，農場計劃在春天湖水淹沒這片湖洲前修築起大堤，把這片湖洲開墾成八、九、十三個新的大隊，共能容納五六千犯人(一個隊一二千人)。我們右邊駐着另外九個大隊參加修堤的犯人，全農場的精壯勞力都集中在這裏。

第二天早晨四點半，一截鐵軌做成的「鐘」就被敲響，周圍還是一片黑暗，這是命令犯人起床的鐘聲。工棚裏的煤汽燈被點亮了。在那昏暗的燈光下，只見奇形怪狀的人影在晃動。互不相識、操着湖南幾十個縣的不同口音的人在爭搶洗臉水和飯菜。每個中隊由十幾個組組成，每個組二十多人，每天一組有一個人負責到犯人的伙房挑水挑飯。飯是用鋁製的盤子放在蒸籠中蒸好，菜是用一個大水桶裝着。飯菜從伙房挑回小組後，犯人們各人拿出自備的菜盤，放在地上，讓值日的犯人分配菜。不時從鄰組傳來犯人為菜分得不勻而發生的爭吵。「娘賣麻匹的！老子今天走狗屎運，又偷到我頭上來了。」一陣叫罵聲從伙房那邊傳來，我問一位老犯人發生什麼事了，這叫罵聲混在盆碗的碰撞聲裏，尖銳刺耳。一個衡陽腔的聲音説：「天天早上都有『要不得的下家』在伙房門口趁天黑把剛從伙房發出的籮筐裏偷走一缽飯。」説話間，值班犯人弄來了桶熱水，犯人一擁而上爭搶熱水，我們新犯人動作稍慢點，桶中的熱水已被搶光。我們只好用乾毛巾抹臉。周圍響着湖南九十幾個縣的方音，菜盆丟在地上的哐噹聲、叫罵聲，特別是混合着低級草煙味和汗臭的氣味，使我特別難受。我真覺得是到了奴隸社會。劉鳳祥好像看出了我的困惑，輕聲對我說：「你以前沒在社會下層生活過，一九五九年的大躍進運動中，整個中國的農村社會都是這個樣子，甚至更糟糕。」他的話提醒了我，我只會將我過去生活的那個優裕的上層社會與勞改隊比較，卻不會將中國其他社會角落與勞改隊比較。很多年後我才懂得老劉的話，原來中國農村社會在一九四九年後的大部分時期與勞改隊的差別並不大。

天亮之前，犯人們就都已吃好飯，排成長長的隊伍上堤了。我們開始勞動後天才朦朦亮，一望無際的湖灘上在這隆冬已看不到一點水。遙遠的湖水對面據說就是洞庭湖的對岸，我們可以依稀看見對面圍湖堤壩的影子。頭上不時響起大雁和野鴨的淒涼叫聲。我們的工作是用畚箕將泥土從一百米以外的地方肩挑到新劃好的堤基，然後逐漸隨堤的升高，而向堤腳移近取土處，每把堤面抬高一公尺左右，就用履帶拖拉機壓一遍。每個中隊的小組分成甲、乙、丙三個等級，甲等組平均每人每天要挑運四立方米土方，乙等組每天的定額是三立方米，丙等組是老弱組，平均每天要完成二立方米。我們因為剛從看守所出來，體質虛弱，被分配在丙等組。

這個中隊的一個矮個帶班的幹部，拄着木棍老站在我們這幾個新犯人旁邊。他認出了劉鳳祥和幾位右派，他圍着幾位右派看來看去，然後問劉鳳祥：「你這是二進宮吧？」他目光陰森，語氣冰冷而得意，使人不由得毛骨悚然。我猜劉鳳祥、陳三才等右派一九五七年勞教時，大概就曾經在這位幹部的管制下。據劉鳳祥告訴我，一九五七年公檢法對右派是公事公辦，沒有很多個人的利害衝突。但是文化革命中很多右派都參加了造反派，而公檢法參加了保守派。右派分子在兩派衝突中都與公檢法發生過正面衝突，特別是一九六七年夏天保守派失勢，造反派得勢時，右派中不少人找公檢法「算過賬」，批判他們要求他們為右派平反。因此公檢法與右派在文革中結成了世仇。很多人對對方有直接的個人仇恨。劉鳳祥是個殘廢人，右手完全齊根沒有了。這個帶班幹部向他怒喝道：「不要像指路碑一樣站在那裏，給我去挑土！」劉鳳祥搖搖空洞的右袖管，表示無法服從他的命令。這個幹部走過來揚起手中的木棍就朝劉鳳祥劈頭打下來。劉鳳祥用左手護着頭仍然一動不動。這個幹部命令旁邊一位犯人用鋤頭裝滿一擔土，然後親自動手，將這擔土往劉鳳祥肩上放。劉鳳祥讓他將扁擔放在他肩上，然後順勢讓扁擔從肩上滑下來。周圍是生荒土地的氣息，人與人的關係是如此野蠻殘酷，頭上是荒涼的野鴨叫聲，使人真像回到了遠古秦始皇修長城的年代。在劉鳳祥的堅決拒絕下，幹部終於讓步，命令他「滾」去修理破爛畚箕。

每天完不成任務的小組被處罰加班到天黑。在這種懲罰的威脅下，所有犯人都努力爭取提早完成任務，很多組都在下午四點鐘左右完成任務回工棚去了。

回工棚的路上，我才看清了這片湖洲，地上(夏天是湖底)是一片絲茅草，犯人的足跡踏出兩條土路。我已把老劉視為可敬的導師，我們在回工棚的路上他在教我分析中國的經濟形勢。「社會主義制度的優點主要在大型工業全套設備的投資建設方面。所以你看這類經濟時，首先要看大型工業項目完成的情況。第一個五年計劃，一五六項主要工業項目按期建成投產，這就很快打下了工業基礎。一九五八年後，大量工程項目半途而廢，不能完工投產，這就造成了很大的危機。」我們每天能看到一兩天前的《湖南日報》，報紙上當局的政策宣傳往往成為劉鳳祥攻擊的目標。那天的報紙正在鼓吹工程建設中要「土法上馬，邊設計，邊建設，邊生產，反對『大、洋、全』」，老劉(我那時這樣稱呼他)就告訴我：「毛澤東的這種政策使很多工程設計質量差，施工後發現必須重新設計，返工，技術設備也非常落後，企業規模太小，成本高昂，浪費很多人力物力。」他特別極力批評毛澤東當時鼓勵各省建立獨立的工業體系，每省甚至每縣都自己建造供應本地的化肥廠、鋼鐵廠、機械廠。他說：「蘇聯計劃經濟的長處之一就是全面計劃區域的專業化，設計一些大規模的專業化『定點』企業，向全國供應專業化產品，毛澤東的這種政策完全是封建社會自給自足的思想。」

那天晚上，全大隊召開批判逃跑犯的大會。一個前兩天逃跑被抓回的犯人戴着腳鐐在挨批判。那次會後，我才知道，這裏平均每週都有人逃跑，偶爾也有成功地逃走的人。大多數被抓回的逃犯都被戴上腳鐐，仍被強迫勞動。我這才明白，早上的嘈雜聲中那熱鬧的叮噹聲是逃犯腳上的鐵鐐聲。第二天下午，我們正在挑土。一排排挑着盛滿泥土的畚箕的犯人從一條臨時修成的土路上往堤上爬，肩上挑着空畚箕的犯人從土路兩側走回盛土的地方。由於用鋤頭將土裝進畚箕是較輕鬆的工作，犯人們輪流做這個工作。忽然遠處響起銅鑼聲，我抬眼望去，一個被五花大綁的犯人背上被插着一個長牌子，牌子上寫着「逃跑犯×××」。

一個幹部和另一個值班犯人牽着他敲鑼在大堤上遊行。周圍的犯人小聲說：「又是一個『背時鬼』。」

我們的小組長在說：「他是中午回伙房挑飯時逃跑的。」我們中飯在大堤上吃，寒風刺骨的露天裏吃中飯，又冷，又餓，真不是滋味。但中午回伙房挑飯菜的犯人卻多了一個逃跑的機會。

這天收工回工棚的路上，劉鳳祥告訴我，一九五七年赫魯曉夫「社會主義民主化」的風吹到中國時，勞改、勞教農場開始取消剃光頭，在犯人衣服上寫「勞改」字的做法，犯人開始有每月兩元零用錢。文革中兩元零用錢被減到一元五角，剃光頭寫「勞改」字和打人的做法又恢復了。我說：「怪不得有些老犯人都在說文革前劉少奇當政時，勞改犯人的日子好過得多。」那是一位原來是漁業專家的老犯人對我說的，文革前他去勞改隊仍在幹他的漁業專行，管理幾個大漁池，文革後他也被送來幹修堤的苦力活。老劉不以為然道：「劉少奇、周恩來、鄧小平五十年代也做了壞事，一九五七年反右派時，劉少奇、周恩來、鄧小平都是左得可愛的人物。他們那時號召每個共產黨員做黨的馴服工具，那種窒息人的創造性的味道，甚至不如文革中毛澤東鼓勵人們造反的意識形態。只不過毛澤東文革中做的壞事比劉少奇、鄧小平更多，所以人們兩害擇其輕，大家現在都同情劉少奇。」老劉的這段話令我十分吃驚，因為他所有對毛澤東的批評都像是對劉少奇觀點的間接支持，他也曾表現出對周恩來、鄧小平的好感。然而我那天才發覺，他對劉少奇、鄧小平、周恩來的好感卻是有極大保留的(「兩害擇其輕」)。

那天我們剛回到工棚，值班犯人就把劉鳳祥叫去說幹部找他有事。吃晚飯時，劉鳳祥帶着一大包東西回到工棚。坐在我們那個通鋪的角落，他把他的妻子張鐵軍帶給他的一些罐頭食品拿出來與我們這幾個「省無聯」案子的朋友分享。那天晚上，老劉給我講了他的妻子的故事。

劉鳳祥是在國民黨時代受的高等教育。共產黨軍隊打敗國民黨軍隊後，接管大片國民黨區的政權需要很多知識分子，共產黨採取了大量吸收知識分子的政策，很多青年學生參加共產黨，馬上做了縣長、局長。劉鳳祥就是那時參加了共產黨。一九五〇年才二十來歲就當上了瀏陽縣縣長，當地《建設報》的總編輯。一九五七年他被打成右派後在工廠勞動教養，一次工傷事故中右肢被機器截斷。在醫院治療時，為他治病的女醫生張鐵軍被劉鳳祥在治療中表現的剛強堅毅的男子漢氣所吸引，愛上了他。劉鳳祥經常與她討論政治問題，把自己對一九五七年反右運動，對大躍進的看法告訴張鐵軍。尤其是他對毛澤東的許多批評吸引了張鐵軍。張鐵軍完全接受了劉鳳祥的政治觀點，為他追求真理的勇氣和智慧所感動。文化革命開始後，張鐵軍被當權派打成黑鬼，受到批判，一度喪失人身自由。劉鳳祥支持張鐵軍的同事上北京告狀。這位同事在北京將張鐵軍的申訴材料交給中央文革。這些材料被轉到陳伯達(當時中央文革小組組長)手中，陳伯達當時正執行毛澤東的新政策，支持被當權派打成反革命的群眾起來造反，陳伯達親自在張鐵軍的申訴材料上批示要求地方官僚為她平反。這個批示給長沙被當權派打成反革命的知識分子和工人很大鼓舞。張鐵軍恢復自由後，成了劉鳳祥政治活動的助手。劉鳳祥組織右派鬧翻案和鼓動造反派反對當局的活動被公檢法注意後，劉鳳祥告訴張鐵軍他隨時可能被拘留。

張鐵軍馬上要求劉鳳祥與她辦理結婚登記，否則，劉鳳祥入獄後，也無法與他合法地保持聯絡。他們就在劉鳳祥被拘留前夕結了婚。劉鳳祥被拘留在公安廳看守所的近兩年中，張鐵軍以妻子的身份每月送東西和通訊。一聽說劉鳳祥被判刑，她就搬到離勞改農場較近的劉鳳祥的母親家，並買了大批物資，趕到建新農場來看他。聽了她的故事，我不由得想起宋紹文和很多人的妻子一聽到丈夫判刑的消息，馬上離婚的故事。如果妻子不離婚，子女不與「反革命父親」劃清界限，他們就會受到當局和社會的政治歧視，找工作、升學都會受到負面的影響。劉鳳祥妻子的故事成了犯人中的珍世奇聞，尤其在政治犯人中，她成了一位備受崇敬的聖人。

劉鳳祥還告訴我，他告訴張鐵軍「楊曦光與我們在一塊」，張鐵軍聽了後很高興，要他向我問好。從劉鳳祥告訴我這個消息的話語，我感覺到，他很喜歡我，把我當成一位在我們這代人中有影響有思想的政治人物來看待。

每天晚上，我都累得不想幹任何事。據劉鳳祥說，勞改隊的幹部最喜歡用沉重的勞動折磨犯人，這樣政治犯就再沒有精力來想政治問題。所以每年冬天農閑季節他們都要找類似修堤的工作來讓犯人做。但是我在十隊的一個月卻和劉鳳祥討論了不少政治問題，我們的討論大多是在收工和出工的路上。老劉告訴我，我們很快就會分手，農場當局不會讓這些同案的政治犯在一個大隊。如果是文革前同案的政治犯被關在一個隊，那一定是當局有意安插了KGB在其中，好利用同案犯之間的交流收集他們需要的情報。文化革命使勞改的管理比以前混亂，所以我們這些同案犯才有機會平安地在一塊呆一兩個月。

正如劉鳳祥所料，一個月後，我被調到內湖三大隊去了。其他「省無聯」一案的犯人也先後被分散到各個大隊，周國輝去了一大隊，畢健去了五大隊，劉鳳祥仍在十大隊。

三月份，建新農場開了一次宣判大會，大會在三大隊附近的大堤的閘口開的。這個閘口是經常宣判處死在勞改隊繼續反抗的犯人的地方。那個宣判大會上，幹部們宣佈中共發動「一打三反」運動的決定，要「嚴厲打擊反革命活動，反對貪污、盜竊和其他刑事犯罪活動。」林彪下令殺一批反革命，林彪的「殺、殺、殺，殺出一個紅彤彤的世界」的指示也被當作標語貼在會場上。

那次宣判大會當場槍殺了五個犯人，其中有多次逃跑的犯人，有在勞改隊繼續攻擊共產黨和毛澤東的政治犯。政治犯看到這幾個案例都恐怖萬分，因為被處死的罪名都是針對思想言論，而非任何具體行動。

四月初的一個晴朗的早晨，我被幹部叫出去，兩個軍人在三大隊的辦公室等我，他們自稱是省革命委員會人保組的人，要把我押回長沙，因為「一打三反運動」需要重新調查「省無聯」的「罪行」。我感覺到這次運動是針對各種當局的政敵的，我這次回長沙是「凶多吉少」。

我們坐船來到岳陽，在岳陽停留了一個晚上。我被關在岳陽市公安局看守所。從船碼頭到看守所的路上我就看到街上貼滿了強烈要求當局鎮壓「民憤極大的反革命分子」的標語。突然我看清了標語中的幾個這樣「反革命分子」的名字「雷特超、劉鳳祥」，我不由得大吃一驚，我知道雷特超是和劉鳳祥一塊被打成右派的原省公安廳的一個幹部，他們一塊勞教，又一塊在文革中被逮捕。

我懷着緊張和充滿疑問的心情進了岳陽市看守所，我急切希望知道劉鳳祥出了甚麼事。我被關進一個四五米長，三米寬的房子，擠着三十多人，地板上夜裏鋪滿了床墊，人們躺下後，再沒有插足之處。很多人是剛被判處徒刑等待押送到監獄或勞改隊去。一個滿臉沮喪和憤憤不滿的青年人告訴我，這次大鎮壓是保守派與軍人聯合起來向造反派的報復。他是個拖平板車的工人，家庭出身不好，文化革命中造了街道派出所的反，因為派出所總是歧視他的家庭。這次一打三反運動，這些共產黨的骨幹(他們文革中都是保守派)興高采烈，一夜之間就把他「攻擊污蔑毛主席和林副主席罪行」的材料整好，與公安局軍管會一起一天之內完成了逮捕判刑的整個程序，他被判處二十年徒刑。保守派抓人判刑效率之高，速度之快，令人難以置信。他告訴我，批准殺人的權力已從中央最高法院下放到省級公檢法軍管會和人保組，很多人已被處死，很多文革中的造反派都被判了十幾二十年的重刑。

我聽到這些消息，發覺自己正在經歷一次重要的政變，感覺上有點像一九二七年國民黨清洗所有激進派一樣。看樣子毛澤東和林彪已從支持造反轉為支持保守派，徹底鎮壓造反的市民了。我向周圍的人打聽雷特超和劉鳳祥的情況。一位中年人告訴我雷特超、劉鳳祥等四人已被以組織反革命組織「勞動黨」的罪名被執行死刑。我忙問判決書有甚麼內容。有人告訴我，佈告上說雷特超、劉鳳祥為首組織反革命組織「中國勞動黨」，煽動上山為匪，妄圖顛覆無產階級專政。這對我無異於聽到一聲晴天霹靂，一陣悲痛從我心中湧起，我問蒼天，為甚麼這麼優秀的政治家，這麼正直的人卻被殘酷地殺害？最可悲地是，當局像在幹一件暗殺的勾當，絕大多數人不知道劉鳳祥的政治觀點，甚至不知道他是誰。

另一件使我震驚的事是，我和劉鳳祥在一塊相處時，我從未聽他講過「中國勞動黨」，但我又隱約感到我們之間有種強烈的衝動，總在考慮地下反對政黨的可能性。但我從他嘴中得到的信息是衝突的，有時他看上去已在考慮地下政黨活動的現實性，但有時他又對這種政黨活動的可行性持完全否定的看法。記得有次他告訴我，共產黨的組織可以利用人類世代更迭來消滅政敵在歷史上的痕跡。例如即使國民黨和共產黨兩黨衝突中共產黨無理，但對國民黨從不瞭解的人從小就接受仇恨國民黨的教育，年輕一輩長大後，他們之間的人事關係就根本沒有國民黨的根基了。同樣的道理，即使右派一九五七年是百分之百正確的，但是新起的一代從小受反右派的教育，將來他們也可能完全否定右派。所以將來政治變動的希望完全在共產黨上層內部的衝突。從劉鳳祥這些觀點，我不能判斷究竟是他早已從事政治活動，只是瞞着我，還是對他的判決完全是無中生有的政治迫害。如果是前一種情形，我和劉鳳祥相處的兩個月中，我已開始捲入這個「中國勞動黨」的活動，說不定劉鳳祥正在把我發展為這個反對黨的成員。我感到一種接觸到一個可怕的殺頭罪的邊緣的緊張和恐懼。我心中下定決心，在後半生中，我一定要搞清劉鳳祥被殺這件事的真相。

但是有一點我可以肯定，劉鳳祥像張九龍(他也是在這個一打三反運動中被殺)一樣，是他們那一代右派知識分子的精華和最傑出的代表人物。他們代表了這一代人中積極反抗共產黨政治迫害的努力，他們的死給這種積極的努力打了個句號，他們失敗了，但他們是現代中國歷史的一頁，他們不能消失在黑暗中。

另一個我腦中的疑問是，如果劉鳳祥真的組織了地下政黨，那是誰出賣的劉鳳祥？這個問題自然與劉鳳祥講過多次的共產黨政權下地下政黨發展的可行性問題有關。我看到和聽到至少有數百件被共產黨判處死刑的反革命組織(地下政黨)案件，但劉鳳祥案件是我最靠近，幾乎是捲入其中的一個，我愛劉鳳祥，把他當成我的父兄。那天夜裏，我徹夜難眠，淚珠在眼睛裏滾動。我想起我的哥哥，我的舅舅，我的父親、母親。我哥哥與劉鳳祥同時被打成右派，他是因為與一個大資本家的女兒戀愛，受到共產黨組織的干涉。他那時是位共青團員，而共青團員在一九五〇年代戀愛是要團組織批准的。他所在的天津醫學院的黨組織不准他與資本家的女兒戀愛，因此他在一九五七年大鳴大放中貼了張大字報，說共產黨社會沒有戀愛自由，自然他很快成了右派。我的舅舅與劉鳳祥一樣，曾是共產黨的高級幹部，與劉鳳祥同時被劃為右派。他與劉鳳祥曾一起勞教。一九六一年，他勞教期滿後曾來過我們家，當時他與我母親談到共產黨一九五九年的錯誤，他一口咬定共產黨一九五九年犯了左傾機會主義錯誤。我想到我父親一九五七年曾反對我舅舅的觀點，一九五九年他自己也成了右傾機會主義分子，也反對毛澤東的大躍進政策。那時我媽媽勸我父親改變觀點，但到一九六二年，我母親已經完全贊同我父親的觀點，認為共產黨一九五九年犯了左傾的錯誤。到了文革，我母親又被打成「反革命修正主義分子」，遭到批判。國家的情況卻一天比一天糟糕。想起劉鳳祥那句話：「毛澤東把我們帶向死亡！」這真是我當時心情的寫照。更重要的是，劉鳳祥讓我理解了我母親、我父親、我舅舅和我哥哥，也使我理解了自己在文革中造反與他們遭遇的關係。劉鳳祥在我心目中真是聯繫這幾代人的一個關鍵人物。

我在去長沙的火車上禁不住在想劉鳳祥，我不敢想像他臨死前是怎樣面對共產黨的槍口的，我不敢想像他的母親，他的愛妻張鐵軍，是怎樣收埋他的屍體的。

一到長沙，一輛吉普車把我押送到長沙東北郊火車北站附近的六棟里，那是省公安廳看守所，國民黨時代的模範監獄。旁邊有一個勞改工廠——新生綢廠，專門紡織綢布和印刷糧票。我在一九六七年「二月逆流」時期，因為支持「湘江風雷」，被關押在這裏一個多月。這次「二進宮」，使我心中特別淒涼。

我到達六棟里後的第三天，省人保組專案組的陳嶺梅和其他兩個幹部提審我。陳嶺梅厲聲對我説：「這次把你叫回來，是讓你交代問題，徹底交待你們一伙在文革中的罪行。你知道劉鳳祥吧？他是操縱『省無聯』的反革命黑手，我們把他殺了！」他特別加重了「殺了」這兩個字的語氣。我看着他那殺氣騰騰兇狠的臉神，感到一種極端的仇恨。我在心裏說：「就是你殺了他！如果這個世界還有正義，還有真理，總有一天，你會為此受到審判的！」後來聽說陳嶺梅得癌症死去了。我是從周國輝那裏聽到這個消息的。那天我們在建新農場三大隊的外湖相遇，他在一大隊勞改。我們匆匆交換了各自知道的一些新消息，在刺骨的寒風中交換了圍巾留作紀念。

# 13 逃跑犯

我在外湖十大隊挑了近一個月的土，就被押送到內湖三大隊去了。那是個暖和的冬日的早晨，懶洋洋的太陽照在這荒涼的湖洲上，遠處的工棚和衣着破爛的犯人給人一種置身於遠古奴隸社會的感覺。一位陌生的勞改幹部押送我乘一輛敞篷汽車往北邊走。車開了大約四十分鐘，一路都是泥土砂石做成的簡陋的公路。我們的目的地是一個鄉間小鎮，這裏可以看到不少磚木結構的永久性建築，使人感覺從一個遠古的社會回到現代中國的鄉間。很久以後我才知道這是建新農場場部的所在地，它有一個使人感到荒涼的名字「茅絲鋪」。

這些天在十大隊與劉鳳祥相處的日子，聽了那麼多對毛澤東激進和極左的經濟文化政策的批評，也聽了很多他對劉少奇和周恩來右的政策的好感，我心裏漸漸生出一種怪怪的感覺，一方面寄厚望於當時還是總理的周恩來，覺得他是唯一有權而又有理性的人，另一方面從奴隸社會式的外湖到了內湖的茅絲鋪，好像冥冥中有個能支配我的命運且有理性的人在安排着這個轉變。這個看不見而又權力極大的人在我心目中竟是周恩來。我知道這是幻覺，是種不能支配自己命運又渴望理性的溫暖的幻覺。但我卻不能抑制這種幻覺。我被交給場部一位幹部。他好奇地打量我，問道：「你就是楊曦光？」看樣子他熟知楊曦光這個名字，但卻不相信我就是其人。

他確認我就是楊曦光後，溫和地對我說：「一個省只能少數人當領導，你們這麼多組織都要當領導，這怎麼行呢？」他的口氣像是在教訓我，但又好像是在對自己解釋為甚麼會有文化革命中這麼多政治組織之間的衝突，以及為甚麼要把一些政治組織打成反革命。我心中很不舒服，因為按他的解釋，政治衝突全是因為爭奪權力引起，而我那時卻相信自己是為了政見和理想而與當局發生衝突的。當然我不能說這些。但我心裏又感到安慰，他的解釋與官方宣判我為反革命的理由很不一樣，他似乎是在試圖平心靜氣地理解政治，不是站在我的敵對面，而是像一位旁觀的長者。我想起周國輝在十大隊聽到的一些消息。這些消息是從老犯人中傳來的。文革中，建新農場的幹部也分成兩大派，一派是支持「公檢法」的，另一派是支持「湘江風雷」，而「湘江風雷」是與「省無聯」同一個觀點的。建新農場的不少幹部支持「湘江風雷」，原因是這裏的幹部地位極低，他們同情向當局造反的一派。看得出來這些捲入過文革中政治派別衝突的人對我這類政治案件有些特別的理解。

走近三大隊時，一個龐大的圍牆慢慢露出它的輪廓。圍牆大約有兩人高，上面是纏繞得像荊棘一樣的鐵絲網。

圍牆的一角是一個高高的崗樓，有荷槍的軍人在那裏。

我被轉交給三大隊的稽隊長時，正是中午時分。這位稽隊長個子矮小，一臉兇狠陰險的樣子。説話好像是咬着牙巴從鼻子裏哼出來的似的，一口北方腔。他不報姓名(我是後來從犯人口中才知道他姓稽)。第一件事是要我把現金交出來，要我將行李打開檢查。接着他要我將「判決書代執行書」交給他，並問我：「你是犯甚麼罪？」我説：「『省無聯』問題。」很不情願承認自己犯了罪。他把臉一沉，厲聲道：「你沒犯罪？到這裏要老老實實認罪服法。你們就是不老實嘛，不滿意自己的地位，個人主義膨脹，要造無產階級的反。文化革命的造反派都像一九五七年的右派一樣，就是對共產黨不滿嘛？」我不敢反駁他。他的看法與剛才那位場部幹部的看法是如此不同。這位稽隊長將我的「判決書代執行書」拿走了，以後我再也沒看到這個文件。這大概是當時勞改隊拿到的關於我的判詞的唯一官方文件。

當時三大隊的大部分犯人都到外湖修築堤壩去了，每個中隊都只留下一個老弱組。我被分到三中隊的老弱組，這個組加上我共有七個人。圍牆內那時有兩排監房。我們住在北邊監房中的一間房子裏。監房之間有一個大操坪，是每天出工前犯人集合的地方。靠南邊是伙房和一個禮堂。那是幹部召集犯人開會的地方。我們這個組有兩個組長，一個學習組長負責每天夜裏組織政治學習和向幹部報告其他犯人的思想行為。另一個生產組長負責組織生產勞動。學習組長姓吳，在國民黨時代當過官。一九四九年在地方上教書。一九五九年中國農村因為「大躍進」造成飢荒時，他的學生決定組織政黨從事推翻共產黨的活動，曾上門向他請教，他引用魯迅的一句話鼓勵他們：「世上本來沒有路，走的人多了也便成了路。」這個政治組織後來被共產黨破獲，這位支持他們的老師被當成「反革命黑手」判處十五年徒刑。吳老頭長着幾根山羊鬍子，一口衡陽腔，反應並不靈敏，鬚髮都已花白，給人的印象是一個對人無惡意的書呆子。我是直接從吳老頭口中聽到他的故事的，但第二天早晨我卻因為打聽吳老頭的案情倒了楣。

那天早晨，稽隊長背着手走進監房站在已列成隊的三中隊犯人前，用眼角掃視一遍我們，怒聲道：「有些傢伙不知道自己是甚麼東西，一到勞改隊就打聽別人的案情，你想幹甚麼？還要搞反革命活動？你到了這裏，是龍給我趴下，是虎給我跪下。」他用眼睛盯我一下，從鼻子裏哼道：「給我老實一點，你這種角色我見得多啦。國民黨的將軍，江湖大盜，長沙的流子，到了我這裏，都只能規規矩矩，不能亂説亂動。」我知道被人打了小報告，但第一次這樣被人當面辱罵，我心裏感到受了極大侮辱。看看周圍的老犯人們，他們一個個低着頭，真是「是龍也趴下，是虎也跪下」的勁頭。從那以後，我再不敢輕易打聽別人的案情。組裏使我最感到安慰的是傅子庚。他圓圓的臉，還像個孩子，不會大於二十歲，個子矮矮的。他和我是這個組不屬於「老、弱」的犯人。傅子庚在這個組的原因是他腳上那副鐐銬。他戴着一副鐵鐐，走路時叮噹作響。他告訴我，他是逃跑時被抓獲，目前仍然是「有逃跑思想」的人，所以要放在老弱組。我猜這大概是因為幹部比較容易控制老弱組的人，我已經領教了這種控制的厲害。有天我和傅子庚以及另一個叫劉憨悌的老人在一塊剝黃麻皮，傅子庚告訴我這個組很多的故事。他告訴我勞改隊的政策是利用刑事犯監視政治犯，利用「歷史反革命」監視「現行反革命」。歷史反革命是指一九四九年前反對共產黨的人，「現行反革命」是指一九四九年後反對共產黨的人。他告訴我這個組的生產組長和學習組長經常向稽隊長打報告。每天晚上政治學習前和早上出工前幹部進監房時都是他們向幹部遞報告的好機會。傅子庚指着劉憨悌悄悄對我説：「吳老頭經常非常謙虛地向這位劉老頭請教對政治形勢的看法。劉老頭對他的誠意毫不懷疑，就告訴吳老頭，中國政治局勢如此糟，共產黨的朝代可能會翻邊，一邊説一邊把手掌翻過來，意思是共產黨可能垮台。不久吳老頭就把這些話全報告了稽隊長。好在劉老頭不在意，他從不隱瞞他對共產黨的批評。」我一邊聽一邊打量着劉老頭。他穿得格外破爛，長年用一塊破麻布片圍着前腰。戴一副深度近視眼鏡，眼鏡框上貼滿了膠布，不知是甚麼時候被打破的。他説話細聲細氣，地道的長沙腔，弱不禁風的樣子，但卻保持着一種清高的風度，從不主動答理人家。後來我找機會與他搭話，才知道他在國民黨時代當過縣長，做過蔣介石的秘書。一九四九年後他一直堅持反共的觀點。但他只當面向共產黨的官員講自己的觀點，沒有甚麼其他反抗行動。他的兒子受了很高的教育，在北京的共產黨政府中當不小的官，但這個兒子與老子在一九六四年的「四清」政治運動中劃清界限，政治上和經濟上都與他不再往來，可憐他孤苦伶仃一個人只能靠共產黨發給的每月八元救濟金過日子，他買了米都背不回來。文革中他還是批評共產黨的政治，這次公安局在他七十多歲時以「思想頑固罪」判他七年徒刑。從他身上我看到歷史書上所說的「前朝遺老」的形象。傅子庚還告訴我這個組那位叫袁勝的呆頭呆腦的衡陽人過去是個修鞋匠，整日勞累，養不活家口，聽説勞改隊有每月四十斤米的穩定供應，就寫了張打倒共產黨的標語，自己送到公安局，結果被判了五年徒刑。袁勝經常是夜裏政治學習時被批判的對象，因為他總是説他是因為生活過不下去才寫那張標語的。學習組長吳老頭就批判他不認罪服法，因為他認為犯罪不是因為他自己壞，而是因為這個社會沒有給他活路。

後來我才明白為甚麼傅子庚如此信任我。他告訴我與他一塊越獄逃跑的另一位犯人知道我的大名，他們都把我看成一位敢於向當局挑戰的英雄。我慢慢從傅子庚口裏知道了一些他自己的故事。傅子庚是一九五九年後大飢荒後從農村逃到城市裏開始他的扒竊生涯的。他被判了五年徒刑，逃跑過兩次，都未成功，被加刑到十年。第三次逃跑就發生在我來三大隊之前不久。那時傅子庚被關在「小號子」裏。我看見過那個小號子，那是在圍牆內一排監房的東頭。我們住的監房是敞開的門，大約有六乘三米大，上下兩排通鋪，能住十幾個人。小監房只能住一個人，每天門是鎖着，條件比看守所還差，食物也比看守所還少。凡是犯了監規的人就被關進小號子，以示懲罰。傅子庚被關在小號子半年。他的一位朋友利用送飯的機會給他送進去一把小鐵鍬。他利用這把鐵鍬用三個月時間挖成了一個地洞。這個地洞直通四公尺外的圍牆外面。一天半夜，傅子庚終於挖通了這個地洞，他沒法準確估計時間，就在離天亮不久時逃離了三大隊。第二天一早，看守軍人發現了這個地洞，馬上乘車追蹤，在建新農場北面抓獲了他。傅子庚在講這段故事時面帶笑容，他萬萬沒想到這竟是最後一次他向這個世界上的人講述他逃跑的經驗。

我雖然早就放棄了逃跑的企圖，還是時常情不自禁地考慮逃跑的可能性。這可能是由於判刑對我的打擊太大，勞改隊的生活條件出人意外地差。有天我們在種水稻的水田裏清理排水溝，冬末春初水田裏的水已全部放乾，田裏種的紫雲英正在慢慢地長起來，顯現出一片新綠。我們站在溝邊的田埂上用鐵鍬將排水溝兩邊的草鏟到溝底，然後站在溝底將雜物鏟到田埂上，並把溝加深。

勞動中間，有抽一支煙的休息時間。吳老頭招呼大家抽根煙。我坐在離吳老頭不遠的田埂上，問他建新農場三大隊北邊是甚麼地方，他告訴我是二大隊，二大隊過去是一大隊。「再過去呢？」「是錢糧湖農場。」

「錢糧湖農場離我們多遠？」

「那可就不清楚了。」

遠處的主幹路上有一輛牛拉的木輪車在慢慢移動，我從來沒見過這種運輸工具，也忍不住問吳老頭：「那牛拉的車是做甚麼用的？」吳老頭看去有點不耐煩：

「那是運肥料的牛車，趕車的是『自由犯』。」

「甚麼是自由犯？」

「就是那些可以單獨勞動，不要幹部監督的犯人。他們多半是快滿刑的人，案子不重，又表現好的。」

「我們不是也沒有幹部監督嗎？」

「我們這是老弱組，都是跑不動的人，所以沒有幹部跟着。等大隊人馬修堤回來後，你會回到強勞力組，這些組天天都有幹部跟着，早一年甚至還有武裝持槍監督犯人勞動。」他的語氣好像是說：「你能和我們在一起沒有幹部監督，真是天大的福份！」

我忽然聽到汽車引擎的聲音，循聲看去，有一條砂石鋪成的公路穿過三大隊的田地。我又忍不住問：「這條公路是從哪裏來到哪裏去的？」

「從華容縣來到岳陽縣去。」

汽車的聲音消失在它揚起的塵土中，我想着卡車車廂的樣子，又在走神，如果我能趁司機不注意爬上了那車廂，並用甚麼東西把自己掩藏起來，我不就有機會逃出去嗎？

第二天早晨出工前集合時，稽隊長站在犯人隊列前，狠狠盯我一眼，厲聲說：「有些傢伙逃跑思想不死，成天打聽如何逃跑的路線。我警告這些企圖逃跑的反革命分子，傅子庚腳上的鐵鐐就是你逃跑的下場！」

我大吃一驚，顯然我昨天與吳老頭的對話已被一字不漏地報告到稽隊長那裏去了。從此我發覺我受到特別的監視，我成了一位有逃跑思想的危險犯人。有次我被人從勞動工地叫回三大隊幹部辦公室，接受長沙來的人保組的人訊問有關文革中的事情。訊問完後，稽隊長命令值班犯人押送我回勞動場所，我不能單獨行走，因為我有逃跑思想。

修堤任務完成後，一個早春二月天，傅子庚又被關進小號子。那時三大隊所有犯人都從外湖回來了。我幾次到伙房去挑飯或打熱水時，經過小號子門口，他都在門上的圓孔裏與我打招呼。他小聲說：「這回小號子裏全是水泥地了，味嘮的！」不久農場在三大隊附近的大堤「閘口」外的湖灘上開了一次「宣判大會」。那是個充滿春天氣息的日子，田裏的綠肥(紫雲英草和油菜)差不多蓋住了棕色的土地，天氣十分潮濕，到處是那種南方鄉下春天的氣息。閘口是建新農場西邊圍住洞庭湖的大堤上的一個大閘門。灌溉內湖七個大隊的水就是由這個閘門調節。二月底三月初，堤外的湖洲還沒被水淹沒，宣判大會就在那漸漸變綠的湖洲上召開。老犯人告訴我每年的宣判大會都在這裏開，每次宣判會都在春耕生產大忙季節前開一次，總要殺一兩個犯人，以起到殺雞儆猴的效果。用當時的話來說是「抓革命，促生產」。但那年春天與往常不同的是，會場上臨時搭起的木台上貼滿了一個新的被稱為「一打三反」運動的標語。

內湖七個大隊的一萬多犯人黑壓壓地坐在湖洲上，四周站滿了荷槍實彈的士兵，十米遠有一挺機槍直指人群密集處。我坐在人群中，看着各個大隊的幹部站在隊列的後方，用仇視的目光掃視犯人，心中在猜想誰是今天被加刑的倒霉蛋。我還在想，當我舅舅、我哥哥及劉鳳祥被打成右派後，第一次參加這類勞改隊的宣判大會時，他們對自己政治犯的身份和對自己的政治觀點會有什麼感想。出入意外地，當農場軍管會幹部宣佈將死刑犯押上來時，其中一個竟是傅子庚。傅子庚與另一個稍微比他年長的年輕人各被兩個軍人拖上台，他們都被上了死綁。傅子庚背上插的罪名標牌是「反革命逃跑犯」，另一位的是「反革命重新犯罪」。我從未聽過「反革命逃跑犯」的罪名。從那軍人宣讀的判詞我才知道傅子庚被指控三次越獄潛逃，並且在監房內「散佈反革命言論」，攻擊「共產黨」。另一位被指控為攻擊毛主席和共產黨而被判處死刑立即執行。又一次看到如此熟悉的人被判死刑，而且罪名主要與思想言論有關，我不由得感到一陣恐怖。看得出來，對傅子庚判死刑是特別針對勞改隊那段時期頻繁的逃跑事件。特別是大部分犯人從外湖回來後，三大隊的圍牆裏腳鐐聲不斷，那都是逃跑失敗被抓回來的犯人的腳鐐響聲。有位老犯人告訴我，當時三中隊就有十個犯人「在逃」，他們是成功的逃跑者。

傅子庚那天臉色灰白，看得出他也被這一違反常規的判詞嚇得魂不附體了。文革前從未聽說只因逃跑而被加刑的。一般逃跑被抓回來的人只是補足刑期而已，只有在逃出去後重新作案的才會經過法院加刑。

那次宣判大會後，我被分到強勞力組。這個組都是身強力壯的漢子。到那個組的第二天早上出工前，稽隊長把一位犯人叫出隊列，他陰沉着臉，從鼻子裏哼道：「給我跪下！」那個犯人爭辯道：「我沒犯事呀！」稽隊長吼道：「你甚麼意思？你企圖組織逃跑，以為我不知道，給我捆起來！」幾個組長馬上找來繩子，把那可憐的犯人按倒在地捆起來。接着稽隊長下令把這個犯人的被子衣服全寫上大大的勞改字樣。

「一打三反」運動在建新農場開展起來了。每天夜裏的政治學習時間，我都聽到各個監房裏犯人批判犯人的吼叫聲和被批判者挨打的聲音。牆上貼滿了標語：「徹底交代逃跑思想」，「徹底交待三盼反動思想」，「徹底交待餘罪」，「坦白從寬，抗拒從嚴」，「認罪服法，重作新人」。

動員開展「一打三反」運動的全大隊大會上，一位姓劉的教導員作了一個動員報告，他說：「你們中有些傢伙對亡國共產不甘心，對無產階級專政恨之入骨，日夜盼望美帝國主義、蘇聯修正主義和蔣介石反動派復辟。還有些傢伙賊心不死，企圖逃跑，以回到社會上興風作浪。你們中還有些傢伙有不少餘罪沒有徹底交代。在這次運動中，你們要徹底交待三盼思想、逃跑思想，徹底交待餘罪……」

我所在的新組的批鬥對象有兩位，一位是個十六七歲的農村孩子，他聽到他的父母和爺爺(都是「貧下中農」)說國民黨時代農民的日子比共產黨時代好得多。他自己又有一九五九年挨餓的悲慘經歷，所以對國民黨產生了極大的好感。他用小刀在木柱上刻了不少國民黨的青天白日徽。這些手刻的圖樣被人發覺後，他被判了十年徒刑，判刑時他才十五六歲。到了勞改隊他舊習不改，還是在木柱上刻青天白日徽章圖象，被幹部視為「反改造分子」，成了第一個被批鬥的對象。

第二個批鬥對象是個叫劉桂農的高個子，他三十歲不到的樣子，講一口湖南茶陵話。像傳統的鄉下農民那樣，在光頭上纏着一條毛巾，很少說話。他看去是那種非常老實、本份、反應遲鈍的農民。但是批判他的小組會後，我才知道，他曾經成功地逃跑出去，是那種「大智若愚」，做「扎實事」的「老實人」。

我們的學習組長是一個邵陽的中學的教員，因組織反對共產黨的政治組織，被判處十五年徒刑。他那段時間正在爭取得到幹部的信任，經常向幹部打小報告，鬥爭其他犯人不遺餘力。那天晚上政治學習開始後，稽隊長站在我們小組的監房門口，陰沉沉地說：「劉桂農前年逃跑出去七個多月，重新犯罪被抓獲後，一直不徹底交待他的新罪行，態度極不老實，你們組以前對他的批鬥太溫和了，是不是有人同情他呀！」稽隊長說完就到別的組檢查去了。剩下的批鬥會由學習組長主持。大家都知道稽隊長的話意味着今天要對劉桂農動武。

學習組長向劉桂農吼道：「劉桂農站出來，給我跪在地上，你今天如果不交待你的罪行，我們絕不讓你過關！」劉桂農並不反抗，跪在地上慢慢述說，他去年逃跑出去後扒了一百二十元、四十七斤糧票的過程。周圍的監房已響起用扁擔打犯人的聲音。我們小組也有人站出來叫道：「劉桂農，這些事我們早就知道了，你還用它們來對付我們呀！」學習組長站起來，「今天我們不給他一點顏色看，他是不會徹底交待的。」劉桂農仍一聲不響。學習組長找來一捆繩子，一邊動手捆他，一邊嘮叨：「你今天是不見棺材不流淚，要頑抗到底了！我讓你知道甚麼是吊半邊豬的味道。」不到十分鐘，劉桂農的一隻手一隻腳被吊在監房內的樑上，學習組長和生產組長把繩子扯緊，劉桂農另一隻腳和手也離了地，疼得他像被殺時的豬一樣大叫。才幾分鐘，劉桂農就嚷：「我交待，我交待！」那一夜劉桂農交待的扒竊的金額上升到近一千元，糧票上升到數百斤。第二天，稽隊長指令他留在監房裏寫交待，他哭喪着臉說：「我不識字。」我被指定替他記錄。後來我才知道，劉桂農根本不是文盲，他假裝不識字是一種不留下親筆招供的手法。我聽他講了一天他的故事，一邊聽一邊記錄。他原來是鄉下一個農民，後來替生產隊出外做生意，學會了偽造提貨單到國營工廠冒領商品。後來又學會了扒竊。兩年前他被判十年徒刑來到三大隊。他勞動十分賣力，從不多說話，受到幹部的信任，還當了生產組長。前年秋季摘棉花季節，他趁棉樹長得最高的時候從棉田裏逃走了。由於他每天摘棉的產量最高，質量最好，還是生產組長，沒有人懷疑他會逃跑，都以為他回監房了。直到天黑時，大家才肯定他已逃跑，但那時也追不上了。他告訴我，他逃跑出去後的半年都是靠扒竊為生。他一件件講他扒竊的過程，其中一件特別使我吃驚。有天他在火車站找「魚」。看到一位年輕的婦女帶着一個大包袱在等火車。他趁機扒了她的錢包。他在廁所裏將錢包的錢點了一下數，出來時發現那婦人已發現丟了錢，正在到處尋找，猶如熱鍋上的螞蟻。他不禁起了惻隱之心，走過去問她出了甚麼麻煩。他又假裝幫她找了一陣，然後慷慨「解囊」，將扒來的錢的大部分假裝贈送給她。他假裝與她同路，又在一塊坐了一天火車，到了目的地的城市後，他倆已如膠似漆。同居了兩夜後，他們才戀戀不捨地分手。劉桂農奉行「兔子不吃窩邊草」的原則，每次有了很多錢都要回家一趟，送給周圍的朋友、熟人不少禮物。所以家鄉的幹部群眾對他都十分好感，他也從未在家鄉出過麻煩。

幾天後，我才體會到劉桂農不但扒竊和逃跑是「做扎實事的老實人」，而且還很有政治手腕。劉桂農被學習組長「吊半邊豬」後不久的一天早晨，稽隊長就在集合出工前把這位學習組長叫出隊列，把他臭罵一通：「你這個反革命分子，人不知自醜，馬不知臉長，以為可以輕易騙取我們的信任，你才當了幾天學習組長，又在反改造了。」接着當場撤銷了他的小組長頭銜。後來有位同犯告訴我，肯定是劉桂農打了他的小報告，說他抱怨肚子吃不飽。這位「反革命」以後再沒有那樣積極批判「同犯」了。而劉桂農還是那樣從不說話，對人仍然十分厚道，但做出來的事卻扎實得很。

# 14 賓師傅

我差一點下決心殺死賓師傅，我後來的好朋友。我從建新農場被「人保組」押回湖南省公安廳看守所後與賓蘭庭師傅同住一個號子。文革中「二月逆流」時我因支持「湘江風雷」被保守派抓起來坐牢時，正好就是關在這個公安廳看守所。四年後重進這個看守所，心情特別淒涼。四年前我和被關的造反派朋友們相信不久就會平反，我們在監獄裏絕食抗議，要求與當局談判，不到一個半月我們就被釋放了。

而這次我是被毛澤東、康生、江青、周恩來等人親自點名以反革命罪被判十年徒刑的囚犯。我回長沙的路上到處貼着林彪的口號「殺、殺、殺，殺出一個紅彤彤的新世界」，到處是判處死刑立即執行的佈告，上面的名字上劃滿了代表已執行死刑的紅叉叉。劉鳳祥已被殺害，而黨團員和保守派還貼出了「強烈要求人民政府鎮壓民憤極大的反革命分子楊曦光、張家政」的標語。我坐在押送我去公安廳看守所的車上看到這幅標語時，第一次感受到死的恐怖。我想起了一九五〇年代初的鎮反運動。那時很多國民黨官員和地方紳士就是當局根據這類呼籲，以「民憤極大」為由，不經任何法律程序而執行死刑的。

一走進陰森可怖的「模範監獄」，我就聽到死鐐的「叮噹叮噹」響聲。那響聲時時提醒周圍的人，有同類正在清醒地不可抗拒地等待着自己的末日。

我一走進二十三號，就看到靠窗的木床上一位白髮老人坐在被窩裏。這個木床佔了整個房間的一半，大概可躺三四個人的面積。後來我知道他叫賓蘭庭。我對他的第一個反應，是想到他可能是當局派來監視我的。因為我當時懷疑自己也會馬上被判死刑，在人世間的日子已不久了，而監獄當局總是把死刑犯與其他犯人隔絕開來，並派一個他們較信任的犯人去監督他，以免他自殺或出其他意外。

賓蘭庭從床上爬起來給我讓鋪位時，我才發現他個子矮小。他臉型長，看去很古怪，是那種比較難看的中國人。他臉上是那種典型的世故中國人有意裝出的麻木表情，看去似乎呆滯，實際上卻使人感到臉後有臉，後面的臉一定是一種複雜、警覺和提防的表情。他的穿着不像工人，不像幹部，而像鬧市區的市民，這類人的背景最為複雜。我由於有種「臨死前的偏見」，對周圍一切安排都會猜疑為與自己的死刑有關，所以對賓蘭庭沒一點好印象。

安頓好鋪蓋後，我躺在床上回想起自己短短的一生，少年時代一些美好的景象甚至歌聲、氣味都浮現在我腦海中，在死亡的威脅面前，我產生一種對世界的美好印象，我強烈地希望活下去。人間的一切，哪怕是痛苦都那麼值得留戀。

第二天，人保組那個最可恨的陳嶺梅和另一位老幹部模樣的人提審我。陳嶺梅殺氣騰騰地告訴我：「我們把你調回長沙是要你進一步交待你和你的同伙的罪行。今後你不能與家屬直接通訊，你需要甚麼，告訴我們，由我們轉告你的家屬。」我深感自己處境的危險，以前，每月家屬都能給我送一次東西，我每月可給家裏寫次信。到勞改農場後，我被告知，家屬每年可與我見一次面。我基本上每月都能收到家裏的一封信。但到此地後，這種通訊完全被切斷了。而且我被與其他犯人隔絕，只受一人監視，看來把他們所要的信息都拿到手後，我就會被處死。我已碰到很多「罪行」比我輕的人被處死。開始懂得對於中國的政治罪而言真是「提起千斤，放下四両」，同樣的事，可判死刑也可釋放，完全根據政治形勢的需要。如果政治局勢不穩，當局要借政治犯的人頭來「殺雞儆猴」，那我這種大膽向現政權和官方意識形態挑戰的人完全夠資格判死刑。

回到監房，我開始認真考慮如何對付將臨的災難。第一個念頭就是趁未釘死鐐前越獄逃跑。我仔細觀察周圍的環境，設想逃跑的計劃，利用每次提審的機會仔細考察環境。我曾設想弄彎或銼斷後牆鐵窗上的鐵欄桿，但始終找不到合適的工具。最後我決定從天花板上破洞逃跑。我相信我能從號子後牆的鐵窗上爬上天花板，然後通過屋頂爬到院子裏，再設法越過院牆。這個計劃最大的障礙自然是賓蘭庭。最好是有麻醉藥能使他有幾個小時不能干預我。如果真要打死他，聲響可能就會驚動看守士兵。我想到有的塑料有毒性，是否能用弄碎的塑料對他下毒。

局勢的急劇變化才使我這些可怕的念頭消逝。長沙當局開了兩次大的殺人大會，每次處決近百名犯人，其中一半以上是政治犯(包括我最好的朋友劉鳳祥)。四月的一天我又聽到廣播，通知市民明天在東風廣場開宣判大會，這個大會將判處六十多名反革命分子(政治犯)死刑。模範監獄處於長沙北部市區，旁邊有汽車電氣廠、體育館、東風廣場、長沙鐵路貨運北站以及一個生產綢緞和印刷糧票的勞改工廠(名為「新生綢廠」)。當時每個單位都有高音喇叭，我們經常能聽到這些單位高音喇叭中通知一些重要事項的有線廣播。國民黨時代，這裏是郊區，四九年以後才變成城區。四人幫垮台後，這個監獄被改為居民居住區，大概是當局認為此處太靠近鬧市區，監禁不太安全的緣故。

但是第二天一早，我沒有聽到死鐐的聲音，一切都有點反常。往常，宣判大會那天清早五點鐘，看守所就是一片死鐐聲。看守們忙着把「死鐐」換成「死綁」，準備執行死刑。將近九點鐘，外面的有線廣播突然宣佈，宣判大會被取消了。不久，一個那天早上將被執行死刑的政治犯從後窗「打電話」告訴我，他的死刑被改為十五年徒刑。中共中央「一打三反」運動中將批准死刑的權限下放到省一級，所以很短時間內地方的保守派與地方當局配合，利用這個機會迅速行動，殺了很多政治犯。但預計那次後來被取消的宣判大會的前夜，中共中央突然把殺人審批權收回北京。這樣大批政治犯才免於一死。我想可能中共中央發覺地方當局已迅速將殺人面擴大到他們發動的「殺人遊戲」不需要的程度。

這時我才鬆了口氣，至少肯定死的危險已暫時過去了。那時我與賓蘭庭的深厚友誼已開始發展起來，漸漸地我作出判斷，他並不是當局派來監視我的人，而是偶然與我關在一起而已。

賓蘭庭有很多我們年輕人看不慣的怪癖。他每天總要打十幾次嗝，每天要做一次氣功，做氣功時也要打嗝。他的嗝長而粗，像要把整個胃都吐出來一樣。嗝首先從胃到嘴，嘴慢慢鼓起，很久嘴巴才張開，長長地吐出一口胃氣。我真不懂這究竟是氣功的一部分還是一種胃病。

大概是因為年近六十的緣故，他的屁極多，而且每次打屁，他要輕輕抬起屁股，讓那個大大的屁從屁眼衝出。

每天我和他都做兩次操，我是做新式的體操，他做老式的氣功。早上一次，午睡後一次。

我教他怎樣用紙和飯做象棋，於是下棋成了我們的經常娛樂，他很少下贏我，但他極有耐心，很少發氣。他發脾氣時，眉頭微皺，保持着説理的語調，像個小有脾氣的孩子。

他對歷史極有研究，看了很多明清兩代的野史和正史。他也喜歡講春秋戰國的歷史。有天他給我講「急流勇退」的故事。這是戰國時期秦國客卿蒯徹的故事。秦國當時是中國西部一個文化落後的國家，但國王很謙虛，經常用外國長於治國的布衣為相(即所謂客卿)。有天秦王請外國人蒯徹進宮，聽他講治國之道，蒯徹開始給他講王道(用仁義之道治國)的道理，教他如何愛護人民，「君輕，民貴」，「社稷民為本，民以食為天」。國王聽不進，聽着聽着打起磕睡來。蒯徹看秦王打瞌睡了，心中暗喜，改講「霸道」，中國的「霸道」很像歐洲名著《君主論》中的理論。這套理論強調普通人民不懂治國興邦的權術，公眾輿論往往喜歡對治國興邦不利的政策，所以國王必須不擇手段地玩弄權術，會講假話，要陰謀，對小民要「威之以法(這裏的法是指對不服從當局的施以嚴苛的處罰)，法行則知恩」。秦王聽後大喜，馬上重用蒯徹為宰相。

蒯徹為相後，一天一個他養的外國食客來看他，告訴他，他離死期不遠，他聽後大驚，問為甚麼他會死，此人問蒯徹，秦國歷史上客卿宰相都是怎麼死的，蒯徹一一回答，這些客卿宰相都是在改革成功時得罪了貴族保守派，國王一去世，新國王在保守派的壓力下就將他們處死。蒯徹回答完這些問題，不寒而慄，忙問食客，他應該怎麼辦，食客告訴他，應該「急流勇退」。在他推行新政最成功，權勢最大時，就應該退出政治，將自己的權位讓給一個可以執行自己的政策的人，而自己去過悠閑的享樂生活。蒯徹採納了他的意見，在其權勢最盛時，向秦王推薦這位食客接其位，自己退出政治去過他的安樂日子去了。

「漢朝開國功臣韓信是不懂急流勇退而遭殺身之禍的例子，」賓蘭庭說這話時在號子裏背着手來回走動，背誦着韓信臨死時留下的警句：「狡兔死走狗烹，敵國滅謀臣亡。」當時正是林彪權勢最盛的時候，而也是林彪離死期不遠的時候，我看着賓蘭庭念這個警句的神態，心中忍不住說：「好個聰明的老頭兒！」他從不直接談論政治，但中國人在專制政治下歷來喜歡「借古諷今」，稍有頭腦的人都會知道，他所講的歷史故事都與當今的政治有關。

我至今不知道賓蘭庭具體是因為甚麼事坐牢的。但從他講的故事，我猜想，他一定是因為被指控為「借古諷今」，攻擊「朝政」之類的罪名而坐牢的。

賓蘭庭實在是位政治鬥爭的觀眾，他並未直接參與政治，頂多只是當一個客觀的評論員而已。賓蘭庭經常說：「文化革命這場戲真是精彩，只是對我們當觀眾的來說，『票價』實在是太貴。」

賓蘭庭有天透露了自己為甚麼對政治產生了觀察的興趣。他告訴我一九四九年前他在長沙鬧市區開一間修錶店。他的顧客大多是國民黨社會的大官、富商。當時他並不太關心政治，他說：「那時共產黨在大部分城市可以說是毫無影響力，大家都不感到共產黨的存在。」可是一九四九年共產黨突然佔領了長沙。他的大官顧客們都從他的櫃台前消失了。不久他看到各種各樣的佈告，才知道他的很多顧客(其中有些已是他的私人朋友)在鎮反運動中被共產黨殺害了。賓蘭庭講到這裏，臉上還透出一種使人心寒的恐怖，儘管事過境遷將近二十年了。「佈告上沒有任何罪證和犯罪事實，只有被判死刑者在國民黨時代的官銜，真是太可怕了。有時一天幾十張佈告，上面全是執行死刑的紅叉叉。這就是改朝換代呀！這就是改朝換代呀！」

回想從建新農場回長沙時一路看見的死刑佈告和那些要求當局將我和其他人判處死刑立即執行的標語，我完全理解他的恐怖心理。回想文革前，我心目中的一九四九年的革命是那麼美好和神聖，那時我的父母和家庭是這場革命的受益者，我們全家人都充滿着征服勝利的自豪感，今天我才看到了革命的另一面，多麼殘酷，多麼沒有人性，沒有理性，這是千萬人的生命和鮮血堆砌起來的一場災難啊！

秋天時節，窗外淅淅瀝瀝下起雨來，這是最容易引起人愁絲萬縷、傷感滿懷的時候，這種種情緒往往激起萬千回憶。賓師傅(自從我知道他是修錶的「小業主」後，我就稱他賓師傅)這種時候往往回憶起四九年前的生活。他父親是鄉下的紳士，他在長沙讀中學時，每年回去，鄉下的宗族祠堂總有一桌酒席替他「洗塵」，地方上的紳士、族長和長輩都會來。賓師傅對這種鄉村地方的宗族祠堂及紳士勢力極有好感。他說：「中國歷史上這種宗族祠堂和紳士結構往往把政府的權力隔開，使地方相對於政府有一定獨立性。」他話不再往下講，但我能理解，他要說的另一半是：「共產黨把地方紳士和祠堂宗族勢力完全消滅，把地方完全置於政府的政治控制之下，使人民完全沒有獨立於政府的地位。」賓師傅喜歡回憶地方祠堂禮節的細節，那種津津樂道反映出他對共產黨社會不講禮儀的狀況十分不滿，儘管他從不直接表示這種不滿。

有兩次他直接表示了對共產黨社會的不滿和對國民黨社會的留戀。一次是他看到《湖南日報》(這是當時當局給我們的唯一閱讀物)上說湖南東部盛產茶油的農村茶油豐收的消息時說：「我們家鄉解放前每年產茶油八十萬斤，而解放後年產量不到解放前的三分之一。誰都知道把茶樹分給私人就會增產，但誰都不敢這麼說，說了也沒用。」另一次他看到《湖南日報》報道赤腳醫生的消息，忍不住說：「這還不是把以前的地方中醫都打成土豪劣紳，趕的趕，關的關，殺的殺。結果鄉下缺醫少藥，又來搞赤腳醫生。」他對國民黨軍隊的印象比對共產黨軍隊的好。他經常說起他中學時代在家鄉碰到的一個國民黨軍隊的營長，那營長能講一口極好的英語，十分有禮貌。而後來他碰到的共產黨的軍官連中國字都不太認識。

他倒是經常正面讚嘆毛澤東的能力。他和我講起明史時說，明太祖朱元璋開國時把前朝的地方紳士勢力完全消滅，從下到上完全換人，這種朝代是最穩定和壽命長的，而國民黨的朝代是極不穩定的。我問：「為甚麼？」他輕聲細語道：「國民黨就是把舊朝代的基層組織和紳士階層完全保留下來，沒有像共產黨那樣徹底改朝換代。毛主席是了不起，他就把國民黨的社會基礎完全消滅了，從上到下完全換人。」他不再往下說，但我可以體會到，他的這一套改朝換代理論是想說明，共產黨朝代的穩固不是因為它的開明，而是因為它的殘酷。

儘管對共產黨朝代的殘酷心寒，但賓師傅卻有一種中國老一輩人中相當普遍的犬儒主義。他總愛說：「只要一個國家不打仗，有幾十年總會發展起來的。中國人對改朝換代的災難印象太深，大家都說『寧為太平犬，不為戰亂人』。」

他對毛澤東政治的批評相當間接，有次我告訴他，我在勞改農場碰到很多因為批評毛澤東而被判刑的人。他說：「當家三年狗都嫌。」他鏡片後的眼睛正盯着他手裏的一枝筆，仔細端祥，就像他在修隻複雜的錶一樣。

賓師傅雖是個政治的旁觀者，有些觀察卻很像是個局內人。他有天在看一篇批判劉少奇的文章時，樣子像在設法處理他的顧客的手錶一樣，自言自語道：「沒有三五年，劉少奇這條線的人怕是揀也揀不清，加上還有文革中新出現的反對勢力。」他的口氣聽來像是他正在毛澤東的位置，運籌帷幄，把政治當作他的專業技術問題一樣。

那段時間，報紙上天天在吹捧林彪，把他說成是毛澤東的當然接班人。一天賓師傅看着《湖南日報》上林彪和毛澤東的照片，若有所思地問我：「你知道康熙皇帝傳位的故事嗎？康熙有十幾個兒子，他最喜歡十四王子。十四王子為人厚道，胸懷經世之才。康熙也很喜歡四王子，四王子很懂韜晦之計，人也很聰明，但就是心地尖刻，所以康熙對他不放心。」賓師傅那對不輕易流露感情的眼睛在他那老花眼鏡後眨動着，一副與世無爭的神色。

「康熙皇帝留下遺囑『傳位十四王子』。他駕崩後，人們打開遺囑，卻看到『傳位于四王子』，十字被人偷偷改成于。四王子一接過王位，馬上把其他王子監禁，一個個把他們弄死。他就是清史中的雍正皇帝。」我聽得懂他的借古喻今的潛台詞：「你應該明白毛澤東傳位給林彪是怎麼回事了吧？」

我和賓師傅在一塊住了十個月，第二年開春前，「一打三反」運動已經過去，我也被押回建新農場，離開時，我們已成了無話不說的知己。一九七八年我出監獄後在長沙他所在的鐘錶修理行看到了他，我還請他到我們家來做過一次客。他沒有被判刑，林彪事件後他就被釋放了。他是高級鐘錶技師，鐘錶行需要他，他又回鐘錶行重操舊業。他到我家來做客時還保持着國民黨時代的禮儀，見了我父親畢恭畢敬地行了個鞠躬禮。

賓師傅的修錶作坊於一九五六年被強迫公私合營，他的私人房產第一層被政府強佔開了一個書畫店，第二層他一直保持着私產權，作住房用。那是長沙繁華的五一路上的一幢臨街房子，我去那裏做過客。做客時，賓師傅告訴我，和他情況類似的一個小業主，後來一直堅持開一家私人童裝店，文革中政府沒收了他的房產，說他抗拒社會主義，因而把他趕到大街上，露宿街頭。後來這個小業主不明不白地死在大街上。

我一九八〇年最後一次見到賓師傅時，共產黨正在退回私房。我問他：「您是否有興趣再自己開店呢？樓下的臨街鋪面真是做生意的黃金地皮呢。賓師傅搖搖頭，他説他已經決定從五一路搬走，把這幢樓的二層也讓給政府，條件是政府分給他兩個單元郊區的公寓房子。他的兒子馬上要結婚，需要一套獨立的房子。這真使我感到意外。賓師傅是那種工於心計，精於計算，看重財產、技術和事業的人，結果在共產黨執行開明政策的時候卻對財產和事業完全失去了信心。我想起賓師傅在六棟里給我講韓信的故事時的神態，我知道這種決定不是輕易做出的，他一定借古鑑今，對中共這個朝代的演進想了很多，他的舉動説明他對這個政權已完全沒有信心，但又無可奈何。

# 15　余總工程師

一天下午我正在地上做俯臥撐，才做到第二下，賓師傅小聲說：「有人來了！」哐噹一聲鎖響，盧所長將一個矮矮胖胖的人關進了號子。他抱着一大堆被子和行李，放在床上後又轉過身敲門，原來他還有一箱書放在門外。盧所長讓他把書搬進來後重重地關上了厚實的門。新牢友看去很像電影中的資本家，白白胖胖的，上唇留着一撮鬍子，肚子大得翹起來，走起路來像隻大企鵝。但他的目光炯炯有神，樣子十分精明。那時的中國，一般老百姓中很少能看見他那樣的胖子，大多數人都瘦得很，尤其是在牢房裏，根本看不到他那樣的胖子。只有高幹和有特權有地位的人才可能如此胖。我和賓師傅都不由自主地對他產生了幾分敬畏。他的胖說明了他身份的不凡，他一定是那類老百姓稱之為大腦殼的有地位的人。

他從一包行李中取出幾個瓶子問我道：「我靠牆睡好不好？」意思是靠牆方便放他那些瓶子和書。他的聲音聽去十分溫和、渾厚，地道的長沙城裏話。好幾天後我才知道，那些瓶子裏裝着他家裏人送來的豬油、葡萄糖和蜂王漿。我們也知道了他的名字——余裕一。

老余是那種長於言談的人。他每天都有一些故事告訴我們。他的第一個故事是他在長沙街上一家麵館看到的一場衝突。

「那天我在一家麵館吃麵，我旁邊一張桌子旁坐着兩個北京人模樣的紅衛兵，穿着舊軍裝，戴着紅衛兵袖章。他們各要了個酸辣麵。等麵送來時，他們又要求換肉絲麵，吃完麵後，他們起身就走。服務員上前攔住要他們付賬。其中一個高個子紅衛兵用手打了一個響碰，傲慢地問『付甚麼賬？』」

「你們吃了肉絲麵，要付錢呀？」

「肉絲麵？哦，我們是用酸辣麵換的肉絲麵呀？」

「可你們也沒有付酸辣麵的錢？」

「我們沒吃酸辣麵怎麼要付錢呢？」

「麵館的服務員急得罵起人來，『你們痾屎橫霸蠻？』那個紅衛兵大怒道：『這整個天下都是我老子打下來的，我的老子打蔣匪幫時，你還不知道在哪個女人肚子裏呢？』服務員也不示弱：『不怕家窮，只怕子不肖，你老子有這種崽只怕也會死不瞑目。』那兩個高幹子女把嘴一抹就跑了。麵館的人聽得出他們肯定是北京老紅衛生局兵，也沒人敢去追。可惜那時長沙的造反派還不成大氣候，要不然，造反派可會給這些高幹子弟好看的。」

老余講這個故事慢聲慢氣，十分溫和，但聽得出他對保守派紅衛兵的不滿和對造反派的同情。第二天，他又給我們講他自己的一個故事。「過苦日子時(老百姓都將一九五九–一九六一年稱為過苦日子)，頭髮夾子、膠鞋、茶缸都買不到，買甚麼都要排隊，一碗放了幾粒米和糖精的甜開水都要賣一角五。我們雖算是高級知識分子，有高薪，但有錢買不到東西也要挨餓呀。每次發了工資，我就給我兒子和女兒一些錢，讓他們在上學放學的路上看到排隊就去排上買些東西回來。他們有時買回一個茶缸，幾斤水果糖。有天我兒子回來給我一疊火車票，我問他這是給誰的，他說：『好長的隊呀，我排了兩個小時才給我們家一人買了一張票。』我生氣道：『我們又不要出差，買火車票幹甚麼？』『您不是說不管甚麼，看見長隊就去排，能買多少就買多少，把手上的錢用光為止，我今天把您給我的一百元錢都用光了呀！』」老余的故事還沒講完，我們都笑得前仰後合。後來我聽這類笑話多了，發覺老余的笑話都是政治笑話，笑完後，聽者能慢慢體會他對共產黨社會的諷刺。後來我也發覺，很多這類政治笑話不一定都是真人真事，而是老余根據當時的社會現象編出來的。

比如他告訴我們，有個高幹剛解放時沒看見過打籃球，他第一次看到籃球賽時，馬上大怒，下令停止比賽，並且要機關負責娛樂的幹部馬上去買百十個籃球來，他還教訓他的部下：「這太不像話了，十幾個人搶一個球，好像我們社會主義連球都不夠給大家玩的，給他們一個人買一個球，讓他們玩個夠，知道我們社會主義的優越性！」我想起來，我在左家塘聽過這個故事，而其中的主人公不是共產黨的高幹，而是一九三〇年代山東省主席韓復渠。老余有天說，共產黨剛接管長沙時，聽說交通規則是行人汽車全部靠右，一位高幹大怒道：「這怎麼行，行人都靠右了，那左邊誰走呢？」旁邊有懂交通規則的告訴他，對面來的人靠右對我們來說就是靠左。這位「大腦殼」好不容易明白了「行人靠右」意味着兩邊都有人走，但還是怒氣衝天，「共產黨是左派，怎麼能讓人們全靠右走呢？不行！要改過來，行人全靠左！」

我聽了老余這些故事，一邊笑一邊想，他坐牢一定與講這類政治笑話太多有關係。但是後來我才發覺，老余坐牢的原因比這複雜多了。老余告訴我，他是四十年代中在美國耶魯大學拿的土木工程碩士。他回國時正當抗戰結束，大家都想幹一番大事的時候。程潛與蔣介石競選總統失敗後，回到湖南，決心幹一番大事。他成立了建設廳，從美國和國內的名牌大學羅致了一批高級知識分子，準備在湖南建設公路、水利工程和工業企業。老余就是這批知識分子中的一個。

老余對程潛十分尊敬，他告訴我程潛回湖南做的第一件事就是三七減租，使地主收的地租從百分之五十降到百分之三十或百分之二十五。老余說，程潛比蔣介石更器重知識分子，重視建設事業。新成立的建設廳完全由留美回國的年青人掌握，程潛對他們委以重任。「那時的省政府只有四個廳：教育廳、建設廳、警察廳、稅務廳。哪像現在一百多個廳局，光是工業就有輕工業廳、重工業廳、第一輕工業局、第二輕工業局。程潛時代的省政府的規模不到現在省政府規模的百分之一！」老余告訴我們程潛是位有魄力的人，他要擴建和整治長沙市的馬路，特別是把八角亭商業中心的麻石路都改成柏油路，這需要搬遷一些商號，觸及一些商人的利益。很多受到影響的商人給程潛偷偷送去金條。程潛一律拒收，到一九四九年前終於完成了一些重要道路的整修。

程潛是國民黨時代的最後一任湖南省主席，一九四九年共產黨兵臨城下時宣佈起義，幫助共產黨和平奪取了湖南。他手下的建設廳和老余這批知識分子也跟着他進入了共產黨省政府的「水利電力廳」。五十年代湖南的很多大型水利工程和電力工程都是由這批人設計的。文化革命中林彪宣稱「湖南和平解放不和平，國民黨的殘渣餘孽在湖南有深厚的基礎。」因此程潛及其部屬成了文革打擊的一個目標。我碰到老余前，程潛在我心目中是個老朽無能的國民黨官僚。從老余那裏我才知道，程潛是位對地方建設極有貢獻的政治家。

老余有很多水利工程和土木工程方面的書籍。我告訴他，我希望修完高中的數學。他很高興，馬上和我一起訂了個學習計劃，從對數開始。每天學兩小時，直到我們分手。老余很強調邏輯思維的重要性，記得第一堂課他給我講的故事是工字梁的來由。他告訴我工字梁是由一個少年最先想到的。他在紙上畫下一根受力的橫樑，他發覺一根橫樑受力時這根梁的上部被擠壓，而下部受到拉力，但在中間的一條線上樑不受任何力的影響。所以去掉樑的中部不會減少樑的受力能力，但卻能減少樑的自重。老余強調工字樑的發明完全是一張紙、一枝筆和邏輯思維的結果，後來的實驗只是驗證了這個邏輯思維而已。他強調邏輯思維的重要性主要是因為他不喜歡毛澤東的「實踐論」。那個時代，毛澤東的實踐論是所有學生和知識分子必須遵從的哲學原則。老余告訴我，有天他在一個學校教物理課時，一位成績極差的學生知道他不會騎自行車，站起來為難他：「你講力矩、力臂、平衡講得玄乎其玄，你能不能在自行車上示範一個平衡給我們看看，毛主席說的實踐出真知嘛！」老余說：「我就告訴他，理論之所以重要，正是因為它能預見不能實踐的事。比如沒有人能舉起地球，但我卻能用杠桿原理證明，只要有足夠長的力臂，任何小孩都能用一個杠桿舉起地球。我也告訴他工字樑的發明過程。發明工字樑的人沒有做過實驗，他只是用一枝筆一張紙進行邏輯推演。」

老余當時還在計算各種輸送液體的管道橫斷面在不同徑流系數下的最佳形狀。那是我第一次明白微積分用來求極值在工程技術中的效用。文革中，大家都忘掉了數理化的功用，一心只考慮政治，而且所有學校都在批判文革前的口號「學好數理化，走遍天下都不怕」。但從老余的工作，我漸漸明白了數理化的巨大價值。老余經常拿出一個又大又厚的本子出來看，有時還在那本子上寫些東西。在我再三追問下，他告訴我，那是他文革前就開始寫作的一本書，這本書是關於一種固體比重儀的設計。老余在另一個號子裏時完成了這本著作。老余的固體比重儀是一個形狀像對數曲線的容器，其中盛着液體。人們只要將被測的固體投入這個容器，就能立刻從刻度上讀出它的比重來。就像人們用液體比重儀測液體的比重一樣。從老余對那本書的態度，看得出他在上面花了不少心血，對其抱以厚望。當時，毛澤東的哲學思想統治了所有人的活動，當局的政治目標成為主宰一切日常生活瑣事的準則，所以老余講起他的業務來，總少不了涉及政治。一天他向我詳細講解「徑流系數」的定義，他舉例説：「全國農業的模範，大寨大隊三次修壩蓄水，但每次他們都不測量周圍山坡的徑流系數，不計算最大徑流量，結果一下大雨，壩就被山洪沖垮，浪費大量人力、物力，還要全國人民學習他們這種不科學的蠻幹方法。」

我正在認真聽老余的講解，門鎖大響，那響聲是如此突然，在此之前，我們沒有聽到任何動靜。往常開門前，總有一些腳步聲。一位軍人大聲喝斥道：「出來，快，不准拿任何東西！」兩排監房間的走廊裏是其他號子裏的犯人，他們也被同時趕出號子。每個號子門口都是軍人，走廊的一頭是荷槍實彈的軍人。我們站在走廊裏，軍人們走進號子，接着是一片噼里啪拉的聲音，原來軍人在突擊搜查號子。後來我才知道，每一年或兩年，有一次這樣的搜查，主要目的是搜查違禁物品，對政治犯主要是企圖發現反對當局的文字，以作為罪證。近一個小時後，我們回到號子，號子裏就像遭了一次搶劫一樣，衣服被子被丟在地上，所有的角落都被搜查過，老余那些裝豬油的瓶子不見了。後來我們聽說「一打三反」運動後，六棟里加強對犯人的管理，豬油也不准家屬送了。

「我的書呢？」一聽老余的那淒慘聲音，我知道一定是他那本著作不見了。老余馬上開始用雙拳捶門，一個軍人走過來怒聲喝道：「甚麼事？」

「我的一本著作手稿不見了。那是我辛辛苦苦幾年來的心血呀，那是本技術書，除了水利工程專業，沒有任何別的東西呀！」

那軍人冷笑一聲：「你還想搞『技術第一』，走『白專道路』呀？死了這條心，老老實實改造你的反動世界觀吧！你所有時間都應該學習毛主席著作，反省自己的反動思想，那些資產階級知識分子的東西對你，對社會毫無用處！」他啪地一聲扣上了號子門上小圓孔上的木蓋。賓師傅小聲說：「秀才撞上兵，有理講不清！」老余卻扒在門上嚎啕大哭起來。

賓師傅和老余都從來不知道勞改隊是甚麼樣子，所以很喜歡聽我講我在建新農場三個月的經歷。我告訴他們建新農場是甚麼樣子，多少犯人，犯人每天做甚麼工作，吃甚麼。他們很有興趣聽到這些事。我又告訴他們，我在勞改隊碰到的不少老犯人都留戀劉少奇，文革前劉少奇當政的時代，犯人的日子好過得多。那時犯人的零用錢是二元而不是文革中的一元五角。每個大隊有小賣部，犯人可以自己買東西。而現在卻只能通過幹部買東西，小賣部也撤銷了。使我感到意外的是，老余卻很不以為然，他說：「劉少奇有甚麼好的，一九五七年他打右派也是急先鋒，根本就不懂管理國家，他居然還說機械化不適合中國的農業。現在的農業機械化雖不好，機械化水平越高，農民反倒越窮，但如果讓私人管理，機械化一定適合中國大多數農村。」我忙問他：「你一九五七年也受過波及嗎？」「是呀！我一九五七年被劃成極右分子。原因就是我關心台灣的國民黨政府，在國民黨開代表大會時，託我在海外的朋友發過賀電。」他告訴我，自一九五七年以後，他根本不敢向人提起台灣，一聽到有人在講與台灣和國民黨有關的事，馬上走開躲得遠遠的。

有天晚上，老余和我講起他們幾位從美國回來的同學抗戰勝利後一起議論時局。他們都對二次大戰後共產黨陣營的發展深感憂慮。「我告訴我的同學，當年如果日本人與德國人密切配合進攻蘇聯而不進攻中國，德國人也向東打，而不向西打，那蘇聯就會被消滅，整個世界就再不會受共產黨威脅了！」他的口氣使我大吃一驚，因為從他的話聽得出，他是寧願希特勒稱霸世界，也不願看到共產主義在世界上發展。老余像是自言自語地說：「幾十年前，好多人都在說共產赤禍的可怕，今天看起來，實在比當年想像的還可怕！」他停一停，「哪怕按斯大林的意思，一九四九年國民黨、共產黨以長江為界，各治半邊天下，我們也不會像今天這麼慘！」

老余有時也學究氣得有點過份。他會為「蚊子是否能聞到人肉的氣味而追尋人的蹤跡」而想半天。經過好多天的觀察，他終於得出結論：「蚊子是能聞到人的肉香氣而跟蹤而至的」。當他大聲將他的研究結果告訴我和賓師傅時，我們都忍不住笑出聲來。

但老余也很會講愛情故事，他花了三個晚上給我們講他在北邊大號子裏從一個判死刑的政治犯口裏聽來的隔壁新生綢廠(勞改工廠)的愛情故事。

這個故事裏的男主人公叫劉家進，是一個地下政黨，「中國民主黨」的成員，被判處二十年徒刑。被抓以前他是個機械技工，判刑後被送到新生綢廠做紡織機的保全工，專門負責修理，保養和改進紡織機器。女主人公叫王白蘭，是五十年代長沙一個「黑」社會圈子的歌手。這個圈子裏的人大多是國民黨時代上層社會人士的子女。一九四九年後長沙很少有一九四九年前的文化娛樂生活，這些年輕人在五十年代初經常聚會，有時跳舞，有時唱歌，很多舞蹈(例如倫巴、探戈)和歌曲(如《好花不常開，好景不常在》)都是當局禁止的。所以這個娛樂沙龍不久就被當局指為「黑社會圈子」，參與的年青人很多都被判刑，王白蘭也被判五年，在新生綢廠織布。新生綢廠是個女犯集中的地方，劉家進這樣的男犯人極少。他這樣瀟灑的男子漢，自然成了女犯們注意的焦點。那是五十年代中期，共產黨在監獄裏實行一種所謂「牢頭制」。少數被當局認為表現好的犯人被任命為「牢頭」，牢頭直接管理小組的犯人，而幹部只管理「牢頭」。王白蘭這個組的牢頭是個與姦夫一塊謀殺親夫的女人。她被判死刑緩期二年執行，後被減為二十年徒刑，她姓孫，大家都叫她孫二娘。這個組的女人們在吃飯、睡覺前都要議論劉家進一番，有的罵他「鬱實鬼」(意為對女人的調情沒有反應的笨男人)，有的在嘟噥：「別看他小白臉，真的上床可不一定行！」只有兩個人在這種議論中一聲不響，一個是白蘭，她真是愛上了家進，她當然不會附合這些議論。另一個是孫二娘，她是牢頭，自然是一本正經，不參與這類議論。那時新生綢廠的糧食定量不高，女犯人大致可以吃飽，男犯們卻吃不飽肚子。白蘭注意到家進每次中午吃飯時，飯總是很快被吃得一粒不剩，於是每天總是留下一點飯包在紙裏，趁人不注意放進家進的工具包。家進吃了好多天這種飯，終於發覺「狐狸精」是白蘭。白蘭有次生病，兩天沒出工，家進急得像熱鍋上的螞蟻，被孫二娘看在眼裏。第二天孫二娘把家進叫到一邊，告訴他：「白蘭是為你得的病，你要不要去看看她？」家進着急道：「我怎麼能去她的監房呢？」孫二娘盯着他，十分關懷地說：「我明天讓白蘭在我的號子裏呆一個小時，你可以去那裏看她。」原來牢頭屬於「自由犯」，一個人有一間小號子，住得離車間較近。第二天家進假裝檢查機器遊走到孫二娘的小號子裏，推門進去，果然白蘭在那裏。兩人大喜，抱作一團。自此以後，白蘭每月總要「病」一次。他們倆發生第一次肉體關係後的第二天，孫二娘遊蕩到家進身邊(牢頭那時是不做體力活的，她的任務就是監視其他犯人的工作)，問他最近機器為甚麼老出毛病？家進忙答：「沒有老出毛病呀！」孫二娘反而高聲道：「做事老實點，專心點，不要東想西想！」她的指責聲甚至蓋過了機器聲，引得其他女犯們伸過頭來，以為發生了甚麼大事。第三天，白蘭又沒有出工，家進不知道出了甚麼事，也不敢問。快吃中飯時，孫二娘走過來對他耳語道：「今天下午兩點鐘到我小號子去，白蘭在那裏等你。」家進左思右想，想不出出了甚麼毛病。「孫二娘昨天兇，今天一副關懷的樣子，不會出事吧。」「是不是那次做愛有甚麼後果了？也不會這麼快呀！」家進思索半天，中飯都不知道是甚麼味道。還不到兩點，家進就遊走到孫二娘的小號子邊。推門進去，不見白蘭，卻是孫二娘面帶紅潤笑吟吟地坐在那裏。家進忙問出了甚麼事。孫二娘笑道：「甚麼事也沒有，只要你陪我玩一會。」說完抱住家進就要脱他的衣服。家進反抗道：「這怎麼行？」「怎麼不行，你與白蘭行，為甚麼與我不行？你不要聲張，聲張出去可沒你的好處！你也不要應付我，應付我，你下次就不能在這裏會白蘭了！」家進這才發覺上了圈套，但是啞巴吃黃蓮，有苦説不出，只好強打精神滿足了孫二娘。從此之後家進幾乎每月要與兩個女人各幽會一次。他心裏充滿了對白蘭的負疚，但又無可奈何，也不敢把真相告訴白蘭。

家進困在這進退兩難的境地，心中十分痛苦。終於有天白蘭告訴他她已懷孕時，他把孫二娘的詭計也告訴了白蘭。他問白蘭怎麼辦。他願意做任何白蘭要他做的事。白蘭前思後想，也找不到擺脱羞辱的辦法：如果要家進拒絕孫二娘則意味着他與家進的幽會到此為止，如果不拒絕，則他們卻會因為這種三角關係而窘迫不堪。白蘭最後告訴家進，三天後再告訴他，她要他做甚麼。三天後，家進收到白蘭的一個字條，要他與她及他們的孩子一塊去死。那是個淒風苦雨的日子，人們發現新生綢廠圍牆的電網上掛着兩具屍體，後來的消息告訴人們女屍中還有一個不滿月的胎兒。

老余講完他的故事，我忙問這是真事，還是人們編出來的，他說：「我不知道，我也問過那位被判死刑的政治犯，他也不知道是真是假，這個故事已在新生綢廠流傳了很久。但是他能肯定有一點是真的，五十年代末期，牢頭制度就在監獄裏被廢除了，牢頭制度肯定曾造成過很多悲劇和黑暗，雖然這個故事中的悲劇並不一定是由牢頭制度造成的。」

我離開六棟里回建新農場時，老余還在那裏。我後來一直沒有見過他，不知道他是被判刑了還是被釋放了。他被關在六棟里的直接原因，對我來說也一直是個謎。但是他教給我的數學知識，他教給我的對工程技術價值的理解能力，至今使我受惠，他那渾厚溫和的長沙話，他那許許多多故事，及他對共產主義的敵視，在好多年後還時常浮現在我腦海裏。

# 16　劉震宇

初夏的一天早上，犯人列隊出工時，三中隊的管教向犯人宣佈：「被念了名字的今天不出工，留下來，有事情。」他念了七個人的名字，其中一個是我。這正是插完早稻後的中耕季節，農活不是很緊張。我對田間勞動毫無興趣，尤其受不了田間耕作的勞苦，有幸不出工自然覺得是件好事。其他犯人不少都用羨慕的目光看着我們這些留下來的犯人。其他犯人出工後，我發現每個中隊都留下了六七人。一位姓楊的大隊管教命令道：「所有留下辦學習班的都過來集合！」

楊管教向集合攏來的二十幾個犯人宣佈：「從今天起政府組織你們辦五天學習班，這個學習班叫認罪服法學習班。你們中多數不認罪服法，有的不斷申訴，不承認自己犯下的罪行。政府不惜代價，讓你們不出工，集中五天時間來教育你們，這說明政府對你們仁至義盡，也體現了政府勞動改造犯人，讓你們成為新人的政策。」

楊管教命令我們拿各人自己的小凳子，接着我們這二十幾個犯人被帶到新修的小監房後邊的一間空屋裏。楊管教坐在一張簡陋的辦公桌後邊，要值班的犯人給我們每人分配了幾張寫字紙，然後要求我們每人寫自己的犯罪事實及我們對自己的罪惡的認識。我對這種「認罪服法」學習的目的和程序感覺模糊，我不太明白，我應該做甚麼。憑自己的直覺，我們是政治犯，我是在文革中向當局挑戰，批評現行政體而被判刑的，他們大概希望我改變這種敵對的態度。於是我在寫我的「犯罪事實」時反覆強調自己是在共產黨教育下長大的，但是在文化革命中卻忘記了黨的教育，個人主義膨脹，走上了犯罪道路。這是我坐牢前大多數中國人熟悉的接受批判時爭取過關的一般方法，說明自己與共產黨有關係，雖然因為個人主義犯了錯，但是願意悔改，因此應該得到諒解。

楊管教坐在那裏讀我們寫的「認罪服法書」。他讀了我的以後，把兩頁紙往桌上一擲，厲聲道：「楊曦光，你還是死不認罪！你哪裏只是一點『個人主義』，你是有政治野心，要推翻無產階級專政。你不承認這一點，怎麼可能承認你的反革命罪行呢？你必須承認你有仇恨無產階級專政，妄圖推翻無產階級專政的反革命本性。」他的話使我大吃一驚，原來「認罪服法」不是爭取求得諒解，而是要承認自己本性兇惡，不可諒解，所以判刑懲罰是應該的，我們只能服從這種懲罰。我本能地不能接受這種「認罪服法」的洗腦，但也明白，當局是會盡可能施加壓力來迫使我們「認罪服法」的。

楊管教又在讀另一份「認罪服法書」。那是一位戴眼鏡的小個子小學教員的認罪書。他講話細聲細氣，樣子非常馴服。楊管教厲聲對他道：「你寫反動標語是因為你那天有病，手發抖寫錯了字嗎？根本不是嘛！你仇恨共產黨和毛主席，你的這種反革命本性遲早會暴露出來的嘛！可能你那天是有病，但病只是外因，你仇恨共產黨、毛主席是內因，外因沒有內因是不會起作用的，這是毛主席的哲學思想。你要再反復讀毛主席的《矛盾論》，好好理解外因與內因的關係。」

這天夜裏，二十幾個犯人又坐在那間房間裏，按照楊管教對各人的「認罪書」的批評，重新檢查自己的認罪態度。那位小學教員在昏暗的燈光下發言，承認自己對共產黨、對毛主席刻骨仇恨，因為他一九五七年被打成右派。正是這種反革命本性使他在寫毛主席語錄時把「國民黨反動派」六個字寫成了「共產黨反動派」，犯下了滔天反革命罪。所以黨和人民政府判他七年徒刑是完全正確的，而他自己是罪有應得。他的認罪服法發言被楊管教認可，他成了我們中第一個過了「認罪服法關」的犯人。

第二天，我們改在禮堂裏學習。上午由楊管教主持學習會，讓劉震宇「交待」他的罪惡。劉震宇是個小個子年近五十歲的人。五月份的天氣，還穿着對襟的棉衣。勞改隊每年發兩次衣服，一次是秋末冬初，發一次藍棉布面子的棉衣棉褲，裏面是次等棉花，衣服背上、褲子兩膝都印着黃色油漆的「勞改」字樣。另一次發衣服是春末夏初，發白粗布的襯衣襯褲。上面用紅漆印着勞改字樣。所有家裏不能提供衣服的犯人只有兩種衣服穿：棉衣和襯衣。所以他們春天與秋天都穿棉衣，夏天穿襯衣。劉震宇五月份還穿着勞改棉衣，説明他是屬於那類，家裏無人或不向他提供衣服的人。他的勞改棉衣很舊，很整潔，還有幾塊補釘，説明他與一般「勞改油子」不同。一般勞改油子從不補衣服，而且故意把棉衣弄破，然後每年秋天都能得到新棉衣，因為幹部一般是視需要而發衣，看到誰的衣破得不能穿了，就發新的。劉震宇下巴上有幾根稀稀拉拉的鬍子，講一口常德腔的長沙話。他平時在三大隊的犯人眼中是個從不與幹部對抗也不引人注目的人。既不因對抗政府而引人注目也不因「靠攏政府」而引人注目。但我聽一些犯人説，他經常向法院寫申訴，要求複查他的案件。這大概是當局選擇他作為不認罪的典型的原因。

劉震宇開始「交代」他的「罪惡」。他講話輕聲慢語，有時拉着「嗯」「啊」的長音，很像當時一般幹部講話的腔調(官腔)。他大概原來是位共產黨政府的幹部。「我的主要問題(注意不是「罪惡」)，嗯——，是一九五七年的右派問題，我一九五七年的右派問題，嗯——，主要是我的一些錯誤言論，這些言論問題在一九五七年就由組織上作了結論，嗯——，文化革命中，我的一本私人日記，嗯——，又被紅衛兵抄出來，成了我的罪狀……」「你又在胡說八道！」楊管教打斷他的話，將隨身帶的一疊材料打開，厲聲道：「你的右派言行不是一般的『問題』，你的反革命日記也不是一般的『私人日記』。讓我來念兩段你的日記，看看這個日記都記了些甚麼『私人的事情』。『一九五七年一月，今天看到《內部參考》上赫魯曉夫反斯大林秘密報告的摘要。這個報告真是大快人心，暴露了迫害狂和暴君斯大林的殘忍，社會主義政治極其黑暗的一面，中國也要像蘇聯一樣，鏟除斯大林產生的土壤。』斯大林是偉大的馬克思主義者，劉震宇你知不知道這一點，你攻擊偉大的馬克思主義者為迫害狂和暴君，還認為中國也有產生斯大林的土壤，你是不是含沙射影，惡毒攻擊毛主席。你攻擊社會主義政治黑暗，你是不是在明目張膽地反黨反社會主義？」楊管教越講越激動和氣憤，臉皮緊繃，眼色極其嚴厲，一隻手抓起那疊材料在空中搖動，「這就是你的『私人日記』，這哪裏是私人日記！這明明是你站在極端反共的立場上對世界大事、國家大事發表你的極右觀點，你這樣的極右派，黨和人民不應該批判你？不應該將你清除出革命隊伍？你的反革命日記一九五七年沒有被人民發覺，直到文化革命中才被紅衛兵抄家抄出來，這是你的反革命罪行的徹底暴露，你這樣的極右分子，反黨，反社會主義，反毛主席的反革命分子不應該判十五年徒刑？」劉震宇低垂着頭，撅着嘴，楊管教又翻開那疊材料，用嘲笑的口氣說：「你劉震宇並不是甚麼正人君子，你不要把自己打扮得那麼漂亮，看看你的日記就知道，你的靈魂多麼骯髒。『一九五六年十一月二日，這已是出差在外的第二個星期了，我真不明白為甚麼人類要遵守一些虛偽的道德規範，如果夫妻長期分開在兩地工作，妻子有了新的男朋友，丈夫有了新的女朋友，他們怎麼不能各自作樂一番呢？這並不妨礙夫妻團聚後仍舊是好的夫妻。』你看看，你看看，劉震宇你多麼無恥！」我聽了這兩段日記，心裏暗暗吃驚，想不到看去已毫無思想，在勞改隊十分馴服的劉震宇還是個如此有思想的人。劉震宇當時穿的那身勞改服，加上他那幾根山羊鬍子和他那低眉順眼的樣子，看去就像個無知和馴服的老農民，沒人會把他與那日記的作者聯繫在一塊。特別使人吃驚的是，那日記中的政治觀點與一九七〇年代初的社會上流行的官方意識形態是如此格格不入，當時，很多與劉震宇持同樣觀點的人被判處二十年甚至更長的徒刑，有的人甚至遭殺害，按當時判刑的一般標準，劉震宇因為這日記被判十五年徒刑並不算最重的。但看得出，劉震宇不服判決也有理由，這日記畢竟是一九五七年寫的，而不是一九六七年寫的。一九五七年這種日記中的觀點可能就不像一九六七年類似的觀點那樣與當時的官方意識形態衝突得如此尖銳。我正在想着劉震宇的案例，楊管教看到劉震宇還是滿臉不服氣的樣子，就宣佈：「劉震宇，我們總有辦法讓你認罪服法的，今天夜裏全大隊開會批判鬥爭你，你好好考慮考慮你的罪惡，老實接受批鬥。」我不明白楊管教怎麼會在這二十幾個人中選擇劉震宇作為重點批判對象。劉震宇也許是遵守監規最好的犯人之一，他唯一的問題就是不斷地向法院申訴，要求複查他的案件。也許勞改隊當局不喜歡這種犯人，要將他作批鬥的重點。

那天下午我們仍在禮堂學習，這次是由一位叫高志明的年輕人「交待」他的罪惡。高志明瘦瘦高高的，大大的眼睛，講一口岳陽話。「我在高中讀書時就開始了文化革命，我那時不十分積極參加文化革命，卻花了很多時間讀馬克思、恩格斯、列寧的書。我們幾個同學在一起組織了一個馬克思主義研究小組。由於我思想反動，我寫了一篇文章妄圖證明列寧主義是反馬克思主義的。我思想反動，使我發現很多列寧的著作與馬克思的著作不相容……」「你不要在這裏繼續放毒，散佈你的反革命思想，你不要講你的反革命觀點，你要深挖你的反革命罪惡的根源。」楊管教打斷高志明的話，儘管高志明說話細聲細氣，一副自卑的樣子。楊管教打着官腔批判高志明：「你們就是有反革命野心嘛！馬克思主義還要你們研究幹甚麼，共產黨、毛主席對馬列主義早研究好了，你只要遵照執行就是了，學習就行了，還要研究甚麼？你要研究就是不相信黨，不相信毛主席，想另搞一套嘛。你們用馬克思反對列寧，就是打着紅旗反紅旗嘛，列寧主義的中心就是無產階級專政，你就是仇恨無產階級專政嘛。高志明，你出身於反動的地主資產階級家庭，從小就仇恨無產階級專政對你父母的壓迫，這就是你犯罪的根源！」

我聽了楊管教的這番批判，心中暗暗好笑，看他那副得意的樣子，他看去還自認為政治水平十分高呢。由這種人來批評有頭腦的知識分子，除了壓服，戴帽子外，大概不會有任何正面的效果。

那天晚上在禮堂開全大隊八百犯人的大會，批判不認罪服法的劉震宇。可憐的劉震宇縮着脖子低着頭站在台上顯得更矮小了。照例是值班犯人帶頭唸毛主席語錄「劉震宇(毛的原文是敵人)不投降，就叫他滅亡！」「凡是反動的東西，你不打，他就不倒！」幾百人跟着呼喊，把個可憐的劉震宇嚇得直哆嗦。接着是幾個犯人發言批判他，兩三個小時的批判大會後，劉震宇已是滿頭虛汗，臉色蒼白了。

這次批判大會一個星期後，大隊又開過一個動員雙搶(搶收早稻，搶插晚稻)的大會，大會上大隊長表揚劉震宇有很大進步，劉已表示認罪服法，不再上訴。接着劉震宇就被派去守瓜棚，當「自由犯」去了。自由犯有的守菜棚，有的守瓜棚，他們都獨自住在監房外田野上的草棚內。沒有幹部監視他們，行動相當自由。夠資格當自由犯的人都是幹部信任的人，幹部相信他們不會逃跑，不會搞當局不喜歡的活動。所以劉震宇得到自由犯的身份說明當局已十分信任他了。我聽到這消息後產生了兩個猜測，也可能劉震宇從來就沒有逃跑思想，也十分遵守監規，他只是想遵循合法程序申訴，所以幹部雖批判他不認罪，但並不妨礙信任他當自由犯，另一種可能是，劉震宇本來就當過共產黨的幹部(一九五七年前)，也許勞改當局對當過共產黨幹部的人從來就比較信任。不管是甚麼原因，總之劉震宇當了自由犯，這是當時勞改隊犯人中的最高地位。他的行為比以前更加馴服，經過那次批鬥大會後，他見人就低下目光，一副順從和自卑的樣子。他也再沒有申訴過，直到一九七八年中共為所有右派分子平反。這大概是勞改當局改造政治犯思想最「成功」的例子之一。

# 17　復舊和斬草除根

一九七二年的春天，捲着紫雲英和油菜花香悄悄來臨了。中國南方的春天像突然上演的話劇，充滿着勃勃生機。無窮的能量通過潮濕撲鼻的綠葉香味使人心醉神怡。我根本記不起一九七〇年春天的美麗了。我只記得那個春天到處響着「殺、殺、殺，殺出一個紅彤彤的世界」的口號，到處都是判處死刑的佈告，天在我心目中總是慘黃而陰暗，泥濘的地似乎到處躲藏着死亡，儘管我知道一九七〇的春天不會比一九七二年的春天更多雨。

一九七一年的春天雖使人感覺社會已恢復了秩序，但是到處是「階級鬥爭」、「專政」的口號，我感覺不到那個春天撲鼻綠葉香味的沁人心脾，卻記得那個春天的濕冷。

一九七二年的春天給我的印象卻十分美好。林彪於去年九月份死於蒙古，中國政治正在發生微妙的變化。很多老幹部復職了，以前被視為走資派的陳毅(前外交部長)也在報上恢復了名譽。勞改隊犯人的零用錢恢復到文化革命前的每月二元，三大隊的圖書室也恢復了。圖書室有一個報刊雜誌目錄，從這個目錄可以看到，有幾十份期刊、雜誌將復刊，犯人被允許用自己的錢訂這些雜誌。我訂了三份雜誌：《國外科技動態》、《中國科學》和《學習與批判》。當然是用我父親郵匯給我的錢(勞改隊的零用錢只夠買手紙、牙膏、牙刷)。從報上可以看到周恩來越來越活躍，而江青、張春橋這些左派卻很少露面。我想起劉鳳祥的一句預言：「文化革命與其説是毛澤東的勝利，不如説是周恩來的勝利，隨着社會秩序的恢復，周恩來會越來越主動，而毛澤東會越來越被動。」這種微妙的政治變化給我們三大隊帶來了一位復職的老幹部「關教導員」。原來那個惡狠狠的劉教導員被調走了，而這位新來的關教導員據説是文革中的「走資派」。他講一口地道的東北話，一聽就知道是一九四九年南下的幹部，這些幹部比那些只會講本地話的一九四九年後當上幹部的人顯然資格老得多。關教導員經常向犯人保證改善伙食，每月殺次豬吃次肉，看一次電影。用這些犯人喜歡的事鼓勵犯人安心工作。這在文革中是被批判為「物質刺激」的修正主義路線。犯人們最大的物質要求大概就是每個月多吃幾餐肉，多看幾場電影。特別是自從一九六六年以來，勞改隊有好多年沒有電影了(社會上那段時間也沒有電影)，一九七二年一些老電影片又在勞改隊放映，每個月放一次，每次放電影前後，電影片成為犯人們的一個主要話題。放映前的幾天，不少犯人真是「望眼欲穿」。人們不但感到秩序的恢復，也感到理性的恢復。這種微妙的變化特別集中表現在報紙的宣傳上，報紙上文章的語調十分像一九六二年的報紙。像一九六二年一樣，報上的文章總是有兩個意義相反的句子聯在一起，比如「我們應該突出政治，但是也要把業務工作做好」，「我們應該走群眾路線，但是也要發揮專家的作用」，「我們應該強調教育為無產階級政治服務，但是也要重視教育質量」……看得出，「但是」後面的句子在作者心目中比「但是」前面的句子更重要。他真正要強調的是「但是」後面的句子，「但是」前面的句子只是一句不得不接受的口號。一九六二年是我從小學畢業考入初中的那年。那年中國正在從大躍進後的混亂和飢餓中恢復過來，一切都在「向右轉」，農村在搞「包產到戶」，工廠裏在推行「工業六十條」，強調「利潤掛帥」，「業務第一」，「物質刺激」，「專家路線」，教育界在改變招生政策，以前入學要看「家庭成份」，出身不好的人不能進好學校，一九六二年改為以考試成績為唯一的錄取標準。長沙一中成了全國的重點中學，很多右派都被請回一中以提高教學質量。省委大院中我的很多同齡少年那年都因為成績不好沒有考上一中。我是極少數考上一中的高幹子女之一。我的班上沒有一個高幹子女，我的同學大多是工程師、醫師和教師的孩子。後來有兩個高幹子弟從高班留級到我們班，我才有了兩個高幹子弟同學。比我們高一年級的學生進中學時的錄取標準完全是看家庭出身而不看考試成績。那年我的數學老師、生物老師、外語老師都是右派分子。他們剛被學校當局從勞教營請出來。記得第一天上課，我們的班主任告訴我們，大躍進以來的教育質量比五十年代初低得多，而五十年代的教育質量又比一九四九年前低得多。所以學校要重新重視教學質量，恢復長沙一中大躍進前百分之九十七的升學率(一百個高中畢業生中有九十七位考取大學，而且大多數考取全國的名牌大學)。

一九七二年的春天，周圍發生的變化使我想起一九六二年的一切，一九六二年的氣味，一九六二年的天空，一九六二年我們家住的省委「榕園」旁那百花齊放的花園和漂亮的房子。不同的是，一九六二年我從來不認為那種環境是多麼美好，直到文化革命中，我剛坐牢時，我還覺得那麼舒適的生活環境使人感到物質的滿足導致精神上的空虛和缺乏刺激。十年前的我從不知道中國社會的下層是甚麼樣子，總是幻想有一天能像小說中在社會上闖蕩的主人公一樣，經歷社會底層富於刺激的生活。十年後的一九七二年，那美麗的花園，榕園邊的洋房，安靜的校園對我來說已是可望不可及的人間天堂了。現在周圍全是穿着破爛棉衣，衣上印着「勞改」字樣，光着頭的勞改犯人，黑洞洞的牢房，裏面是十幾人共睡的大統床，充滿着汗臭和低級劣等煙草的刺激味。在經過革命的騷動，有過被剝奪社會地位的痛苦經歷，受盡侮辱和羞恥後，秩序和理性的恢復對我來說像是雨後的陽光。我像所有參加過革命的舊日貴族子弟一樣，在秩序和理性恢復時，感到深深的歉疚——為我過去革命的狂熱，但又為自己父母和家族在革命中被顛覆的身份而悲憤。這場「革命」沒給任何人帶來好處，但卻使我家破人亡——父親被關在「毛澤東思想學習班」，母親被逼自殺，兄妹被趕到農村勞動。

有兩件事特別激起這種對革命顛覆我家庭的身份的悲憤。一件事是第一次恢復放電影後放的電影《英雄兒女》，那是一部關於朝鮮戰爭的電影，有不少頌揚共產黨幹部家庭的情節。這類電影和作品是多年來沒看到了。自文革以來，共產黨幹部在文藝作品中往往是走資派的反面形象。另一件事是我從一位犯人朋友手中得到幾本莎士比亞的劇本，除了《哈姆雷特》外，我最喜歡的竟是《麥克佩斯》，其中有一段描寫王子在「麥克佩斯」政變後被顛覆身份的悲憤感。

新來的關教導員也助長了我的這種情緒。關教導員對我特別關照。他來三大隊不久就把我調出了強勞力組，讓我去做一些稍微輕鬆的工作(例如去種棉花而不是去種水稻)。後來又把我調到基建組，不但工作輕鬆一些，而且可以學習建築、設計房屋的技術。但是我畢竟不再是文革前充滿優越感的高幹子弟，而成了一個造反的思想家，或者按我的罪名來説，一個地地道道的「反革命」。我從來不認為我與其他反革命有甚麼本質的差別，我不喜歡關教導員的「階級路線」。關教導員對那些「出身好」的犯人明顯地比對那些「出身不好」的犯人好得多。這不是關教導員的脾氣，而是當時得勢的周恩來派的政策。不少犯人都因周的右的政策而得益。那個春天，我們組有兩個犯人被釋放了。他們都是犯了「攻擊毛主席和林副主席」的「罪」，並且都是出身好的人。其中一個小名叫周「流子」。他進勞改隊前是個鄉下的初中學生。他不喜歡他村裏的「造反派」。「甚麼造反派，全是些『造飯派』，平日都是些好吃懶做的傢伙，專門跟生產隊長過不去，文化革命中，搗亂成了好事，他們也成了英雄。把我們公社的社長、黨委書記又鬥又打，還下放到我們村來。但管起生產來，還是這些老幹部行！」周「流子」給我舉過很多例子，證明老幹部比那些文革中爬上去的新幹部正派，能幹。我這個「造反派」聽了他的話雖然感到不舒服，但也不得不承認，農民支持保守派可能並不完全是盲從，而是有他們的政治傾向性。周「流子」是因為罵毛澤東、林彪和江青而被判刑六年的。他一直不服，經常與勞改隊的幹部吵架，也被當作「反改造分子」鬥爭過幾次。一九七二年春天，當幹部把他叫出去，大家都以為幹部又要找他的麻煩了，想不到他回來就清理行李，告訴我們，他被無罪釋放了。他是個「出身好」的人，三代都是「下中農」。

在大多數犯人眼裏，關教導員是個心腸好的幹部，他經常在吃飯時間進監房來，看犯人們對飯菜有甚麼意見和要求。但有一次我卻看到他的兇惡的一面。那是一天夜裏雷「大炮」又在「放炮」的時候。雷「大炮」姓雷，但原名不是大炮。因為他成天兇罵共產黨，所以犯人都叫他雷「大炮」。久而久之，連他本來的名字也忘了。雷大炮個子矮小，講一口我不大容易聽懂的郴州話。我第一次注意到他是早晨官方的有線廣播播放新聞時。雷大炮站在廣播對面的走廊上，指着喇叭在説甚麼。喇叭裏正在廣播通過毛澤東思想學習班培養教育幹部的消息。我一邊吃飯，一邊注意聽雷大炮的「評論」：「你吹甚麼牛，你們共產黨的高級幹部全是國民黨培養出來的。數一數你們共產黨高級幹部中有文化的人，誰不是國民黨的大學、中學培養出來的？」他的口音在我聽來十分不動聽，但是他的思路似乎非常清楚。他的神態有點神經質，旁若無人的樣子，根本不理他人的反應。他用手指着廣播喇叭，聲音時高時低：「你就是會搞殖民主義，你建的勞改隊就是殖民主義，毛澤東思想學習班也是殖民主義。你把整個中國變成了殖民地。中國現在就是一所大監房，所有的中國人都在坐牢……」他的聲音低下去，我聽不清他下面的話。

每天早晨，雷大炮都在對着播音喇叭兇罵。罵的內容一般都與廣播中的內容有關。有天夜裏，雷大炮又在大罵共產黨，聲音大得被崗樓上值班的士兵聽見了。不久關教導員進來了。他怒目圓睜，與平時和藹的樣子絕然相反，一開了監房的鐵門的鎖，馬上大聲命令：「值班犯人，拿繩子來。」兩個犯人把繩子拿來後，關教導員命令道：「把他給我捆起來！」接着他親自動手，把雷大炮上「死綁」。雷大炮毫不反抗，嘴裏卻還在兇罵：「共產黨殺人不眨眼，屠殺無辜……」關教導員把繩子結兩個套，套在雷大炮兩個手腕上，用力把他一推，他像小雞一樣跪倒在地上。關教導員順勢把雷大炮的雙手反在他背後，然後把兩根繩子穿在吊在脖子後面的一個繩套裏，他死命拉緊繩子，把雷大炮的雙手從後面往他的後脖子拉，關教導員滿臉仇恨，臉因而變了型。我心裏萬分難過，看到雷大炮毫無反抗的身體慢慢因不支倒在地上，兇罵的聲音也突然停止了。我看着關教導員那副殺氣騰騰的樣子，心中為他的失態難過和替他害羞，我實在不理解他為甚麼如此仇視一個毫無反抗能力的人。我甚至懷疑他的仇恨是故意裝出來以顯示他的「立場堅定，愛憎分明」，但從他眼睛中可怕的恨火，我不得不承認這是一種我不能理解的真正的仇恨。

接着有幾天，雷大炮沒有出工，幹部把他留在號子裏進行審訊。一兩個有病留在監房的犯人告訴我們，整個審訊過程中，雷大炮從頭到尾罵不絕口。從他的兇罵，一個病號犯人聽出來，雷大炮的父親是國民黨時代的官僚，一九五〇年代初鎮壓反革命運動中被共產黨鎮壓。文化革命中郴州的保守派為了防止出身不好的人造共產黨的反，成立「貧下中農法庭」，把出身不好的人統統用活埋、槍殺等辦法殺害，雷大炮的哥哥為了抵制這場大屠殺，把出身不好的年青人組織起來，互相通風報訊，四處逃亡。文革後，秩序恢復時，他哥哥被當局逮捕，以「反革命組織罪」判處死刑立即執行。聽到他哥哥的死訊後，沉默寡言的雷大炮突然開始不停地攻擊和批評共產黨。於是他被判刑十五年，到了勞改隊。

幾天後，建新農場開宣判大會，這又是一個以殺人威嚇犯人在春耕農忙季節拼命工作的大會。雷大炮這次已被真正上了死綁，他的臉上沒有任何畏懼，嘴巴還在不停的動，一定還是在繼續攻擊共產黨。死刑判決書果然證實了雷大炮的家世。宣讀判決書的幹部滿臉殺氣地唸道：「其父是國民黨反動官僚，在鎮反運動中被我人民政府鎮壓。其兄在文化革命中因組織反革命組織被我人民政府鎮壓。他對我黨和人民政府有殺父殺兄之仇……」這張判決書等於是公開表明了要把這些仇恨共產黨的被殺害者的後代「斬草除根」。這種無人性的屠殺政策，使我生出一種莫名的恐懼與仇恨。我第一次感到可以理解雷大炮對共產黨的仇恨。

雷大炮和他哥哥在文化革命中經歷的那場大屠殺在

中共的官方文件中被稱為「郴州道縣事件」。三大隊有四五位道縣事件的活證人。一位是我同一個組的姓何的農民。他平時極其老實，對人總是低眉順眼，笑臉相迎，對上司的命令總是絕對服從，從不反抗，像一個順從的奴隸。但他像沒有魂，行為呆板，所以大家都叫他「何呆子」。瞭解他的犯人告訴我，他的父母、兄妹在道縣事件時全被「貧下中農法庭」殺害。殺害的手段極其殘酷。民兵用槍逼着他父親親手挖洞活埋了他的兩個弟弟一個妹妹，最小的只有五歲。然後命令他父親給自己挖洞，跳下去，再由民兵活埋他。何呆子的祖父是小地主，所以他全家都成了「階級敵人」。城裏造反派把共產黨組織衝垮後，很多支持共產黨的「保守派」就跑到鄉下，動員支持共產黨的人組織了「貧下中農法庭」，屠殺「階級敵人」，以防止他們與城裏的造反派聯合起來反對共產黨。這個「道縣事件」發生在一九六七年八、九月保守派在城裏失勢的時刻。據官方的統計，大約有兩三千「階級敵人」在這場大屠殺中喪命。何呆子是他家族中唯一活着逃過這場大屠殺的。由於受了極大刺激，何呆子每隔一兩個月會發一次瘋。有天夜裏，我上廁所時，突然聽到有人在廁所大聲吟唱，像和尚做道場時念佛經，我定睛看去，何呆子手執一根木棍在那裏上下舞動，口中念念有詞，接着又轉過背前後走動，邊走邊揮舞木棍，唸經的聲音時高時低，「大道，蒼天，不殺，不負。神天有眼，道行，道歸……」我走過去輕聲道：「何呆子，你該去睡覺了。」他一反平常對人和順的態度，根本不理睬我，直管念他的，舞他的。我斷定他在發瘋，只好回監房去向其他人求助。瞭解他的人都說，這是因為他被大屠殺嚇瘋了，每個月總要發次瘋，沒辦法治，讓他去，一兩小時後他自然會恢復的。第二天早晨，我一醒來就注意何呆子的床，他已經起來了，表情與平時一樣，和順與謙卑，臉上再沒有昨夜的殺氣。我猜想，何呆子一定是在發瘋時講了甚麼當局認為是「反革命」的話而坐牢的。

另外一位「道縣事件」的證人是這次事件中的一個殺人兇手。他小名叫邱「寶」，看去只有二十歲的樣子。邱寶健壯得像頭小牛。有天在監房外邊的養豬場勞動時，看到公豬和母豬正在交配，來了「神」，褲子都勃起來，他站着不好意思，只好蹲下去，周圍的犯人都大笑起來，向他起哄：「邱寶，站起來呀，又不是大便，蹲着幹甚麼呀？」「邱寶，又不是要你配種，你來甚麼『神』呀？」……，邱實三代貧農出身，道縣事件前，愛上了他同村的一家地主的女兒。這女孩子一家受盡了出身好的人們對他們的歧視和欺壓，發誓長大了絕不嫁給出身好的人，只嫁給地主的兒子。女孩子長到十八歲，如花似玉，周圍不少「貧下中農」的兒子都來求婚，全被拒絕，並被告知非地主的兒子不嫁。道縣事件時，幾個過去求婚被拒的貧農的兒子衝到這個地主家，當着女孩父母的面，輪姦了這個女孩，然後把全家殺死。文革後秩序恢復後，這幾個殺人犯被逮捕，判了三至五年的徒刑。邱寶就是被判刑的一個。如果輪姦婦女的是地主子女，一定會被判無期徒刑或死刑。我和幾位老者聽完一位與道縣事件有關的犯人講完這個故事後都不停的嘆氣。一位地主出身的犯人忍不住小聲說：「這就是共產黨法律的『階級性』，『法律是為統治階級的利益服務，為無產階級政治服務的呀』！」

一九七二年的復舊給我的印象是如此複雜，既是秩序和理性的恢復，又是共產黨無理性的野蠻政治迫害和階級歧視、階級壓迫的恢復，那個春天既充滿着溫暖和明媚的陽光，又充滿着「斬草除根」和屠殺的血腥味。正因為我有了從社會上層到最下層的經驗，我懂得了「復舊」和秩序的價值，我不再像一九六二年「復舊」時那樣不懂得珍惜復舊的價值。但也正因為這從上層到社會最下層的經驗，我也更明白了這秩序的殘酷與黑暗的一面，懂得這「理性」的野蠻的一面，我在珍愛復舊的價值的同時，卻更加仇恨這殘酷的「秩序」。

# 18　宋導演

宋紹文是一九七二年政治犯和刑事犯分編分管後從十大隊調到三大隊來的。這次分編分管後，一至五共五個大隊專關反革命犯(政治犯)，六至十共五個大隊專關刑事犯。通常同案犯是不能在一個大隊的，但是可能因為可容納政治犯的大隊從十個減為五個，我們這兩個「同案犯」被關到了同一個大隊。老宋(我這樣稱呼他)比三年前我在左家塘看到他時更像一個勞改犯了，講話不再完全是那種上層社會的書生腔，語言中夾雜着一些下層社會的俚語。他原來膚色白嫩，現在已經變得又黑又粗，加上那身勞改服，沒有人可以從他的外表看出他過去是那種拿高薪的高級知識分子。他過去是劇作家，也當過導演和話劇演員，每月工資三百來元，相當於一位省委書記的工資水平。加上住房、用汽車等方面與他的等級相應的無形收入，他過去屬於中國的特權階層。不少犯人因為他過去的職業而稱他為宋導演。

我第一次看到宋紹文是一九六七年一月底。他那時被湖南省話劇團的當權派和保守派打成反革命修正主義分子，受過無數次批鬥。而他一直支持和同情造反派。一九六七年「一月革命」中造反派佔了上風，他就從省話劇團的軟禁室逃出來，在造反派朋友中躲藏。有天夜裏，他躲到長沙一中造反派學生的一間辦公室，我正好也在那裏，因此碰到了他。他那時穿一身很考究的衣服，講話有時熱情而激昂，聲音卻細聲細氣，一看就是那種很有地位的人。

他愛人梁器之也坐在旁邊，她看去很漂亮，但我那時並不知道她是省花鼓劇團有名的女演員，長沙上層社會有名的美人。宋紹文正在向一中的五六個造反派朋友講敍他被打成黑鬼的故事，一口地道的長沙話。

「我被打成黑鬼是因為我所在的湖南省話劇團的國民黨背景。省話劇團的前身是國民黨文化部的演劇六隊。我抗日戰爭時參加過國民黨青年軍，到滇緬邊界參加過遠征，演劇六隊一成立，我又參加了演劇六隊，專門為抗日軍人演出，鼓舞士氣。演劇六隊有不少人參加了地下共產黨，所以解放後整個演劇六隊很快就成了共產黨的湖南省話劇團。文化革命一開始，省話劇團的領導、名演員、名導演全成了反革命修正主義文藝黑線上的人物，我也成了黑鬼，被批鬥過無數次，失去了行動自由，被軟禁在機關裏。

「去年(一九六六年)十月毛主席、中央文革小組支持被當權派打成反革命的造反派平反後，話劇團被迫害的人組成了省文藝界紅色造反團，支持『湘江風雷』，為『黑鬼』平反。造反派逐漸得勢後，我就從機關裏逃出來，機關裏的保守派到處追捕我，我是兩三天就搬一個地方，在造反派朋友家裏躲藏。」

宋紹文那天夜裏告訴我們，他預見保守派馬上會利用軍隊的支持對造反派進行報復，重新把造反派打成反革命。我當時正和一些造反派學生張貼大字報，提醒人們軍隊與保守派觀點相同，他們捲入文化革命後(當時毛澤東正命令軍隊捲入文化革命)，保守派在軍隊支持下重新大規模迫害造反派的局勢馬上會出現。由於我對政局的看法與宋紹文非常一致，他留給我很好的印象。那天與宋紹文交換觀點的中學生都很尊敬他，像尊敬老師一樣。宋紹文當時是被保守派「通緝」的「反革命」，那晚的見面也是在一種緊張、秘密的氣氛中度過的，在場的學生都在出主意怎樣幫助他找到可靠的秘密地點躲過保守派的搜捕。

幾天以後，全國性的大規模鎮壓就開始了。每個省有名的主要造反派組織都被打成「反革命組織」，湖南的「湘江風雷」被打成反革命組織，保守派帶着軍隊抓人，長沙有幾萬人被逮捕，像我和宋紹文這種支持「湘江風雷」，但並不是「湘江風雷」成員的學生和知識分子都被關進了監獄。那是我第一次坐監獄。我和宋紹文都被關在「省公安廳看守所」——「模範監獄」，但不在一個號子。我們於一九六七年二月四日被關進去，三月中，我和所有學生都被釋放，宋紹文大概是六、七月份，毛澤東支持所有被打成反革命的造反派平反後才被放出來。我後來碰到一個曾與他關在一個號子裏的中學教員說，宋紹文非常勇敢，在號子裏絕食了三天，抗議軍隊的無理逮捕。他後來被士兵強行灌食物，最後腳上釘了鐐，手上戴了手銬。一九六七年夏天，宋紹文出了監獄後，又支持造反派中的激進學生貼大字報反對周恩來，因為周恩來是二月份直接指揮軍隊逮捕造反派，把他們打成反革命的主要保守派首領。宋紹文雖然不是「省無聯」的領導人，但因為他所在的「文藝界造反團」參加了「省無聯」，他自己又直接參加了「省無聯」反對周恩來的活動，所以他被以「反革命黑手」的罪名判了十五年刑。

由於我對宋紹文的這點瞭解，我相信他是有自己頭腦的人，雖然聽到他那個中隊的犯人(我們在同一個大隊，但不在一個中隊)說他是個「積極分子」，我總認為他的「積極」是表面上的，他這種人心裏總不會真正認罪。從一些小組長傳來的消息也說明當局並不信任他。這消息是由一個小組長告訴他的好朋友，而他又告訴他的好朋友，最後傳到我耳裏來的。宋紹文所在的二中隊中隊長召集過一個二中隊所有犯人學習組長的會議，會議上中隊長特別問宋紹文所在的小組長：「宋紹文最近講了些甚麼？」小組長想了半天說：「宋紹文摘棉花時指着葉子都掉光了的棉桿說：『這些棉花桿都成了光桿司令！』」二中隊隊長從鼻子裏哼一聲說：「他可能是對共產黨把他這造反派的『司令』變成『光桿司令』不滿吧！」

一九七三年初，復舊正是高潮時，我在一個下雨的休息日子去宋紹文的號子去看過他一次。他睡上鋪，我爬到他床上，上鋪只有他一個人，其他犯人都在下面下棋、打撲克和做別的事情。

「老宋，你注意沒有，江青最近灰溜溜的，而批判『極左』，周恩來卻是『眾望所歸』，得意得很呀！」我壓低聲音，用只有我倆聽見的聲音問他。老宋的反應比我預期的要遲鈍得多，他「嗯」了一聲，眼睛裏沒有過去那種分析政治形勢時的敏銳。我又輕聲說：「我最近看完了范文瀾寫的《中國通史》。毛澤東現在玩的權術很像歷史上帝王在『后黨』和『朝官黨』之間玩平衡術的手腕。」我看看老宋的反應，他眨眨眼，眼神裏似乎有了一點火花。我想他一定明白「后黨」是指江青、姚文元、張春橋這幫原來中央文革小組的人，而「朝官黨」是指周恩來派。看到老宋眼裏有了點火花，我又解釋：「毛澤東在后黨與朝官黨之間見風使舵，看見后黨太強就抬朝官黨，而看見朝官黨勢太盛就抬后黨。目前朝官黨勢太盛，毛澤東很可能會支持后黨反擊朝官黨。」我知道老宋在文革中是支持毛澤東，反周恩來的，我這樣直呼「毛澤東」，對毛澤東算是很不尊敬了，老宋能接受嗎？但我一轉念，他也是有知識懂歷史的人，我的討論是不帶褒貶的客觀分析，他應該能懂吧。老宋向我靠了靠，面色由麻木轉活躍，十分有興趣的樣子：「那江青他們可能反擊嗎？」我馬上解釋：「以往的經驗，凡是江青不活躍，很少公開露面的時候，她一定是在策劃甚麼大行動。這次我看她和毛澤東最好打的政治牌就是清查『五·一六』問題。周恩來清查『五·一六』時那麼活躍，林彪垮了以後，他把清查『五·一六』運動推得很遠，好多造反派因此受了打擊和迫害」。「是的，去年外調我的人多得不得了，都是查造反派與『五·一六』的關係。」老宋看來在一九七二年與我一樣有很多外調的經驗。我輕輕嘆口氣，心裏感到沉重，不知如何解釋對江青正在策劃的陰謀一半是喜一半是憂的心情。我知道自己已不是當年的造反派，經過復舊的秩序，讀過很多世界歷史後，我已是一個政治上對一切革命反感，而懂得保守派的價值的人。但我很懷疑老宋也能理解我這種心情。我試着用他能理解的造反派的感情向他解釋：「這兩派由於捲入了為被打成反革命的造反派平反的問題，因此與歷史上的后黨、朝官黨又不同，平反問題與人權問題有關，造反派也很像法國革命時的第三等級、英國革命後的『輝格黨』，而周恩來支持的保守派就很像英國革命後的圓顱黨，這兩黨要能共存政局才會穩定下來，一派壓一派總會留下動亂的禍根。」老宋看去對歷史沒有興趣，對我的評論沒有多少反應。他打斷我的話，問我家裏的情況。我告訴他，我母親在文革中被逼自殺後，我兩個妹妹就沒有了家，我父親被關在「毛澤東思想學習班」，一個妹妹下放到湖南西部的山區去了，另一個妹妹跑到山西去投靠親戚去了，哥哥也被開除公職趕到鄉下去了。老宋告訴我，梁器之與他離婚後不久，他老母親就因為又氣又急而去世。他的兒女中有一個女兒被法院判給他，其他都屬於梁器之。這個女兒最近有了男朋友，女兒曾來農場看過他。

大約一個星期以後，我發覺有甚麼事情不對頭，幹部看我的眼色似乎比以前嚴厲，特別是對我非常關照的關教導員，見了我，眼色也變得十分嚴厲。我憑自己勞改的經驗，感覺到這一定是因為有人打了我的小報告。這會是誰呢？思前想後，很可能是宋紹文。事態的迅速發展終於證明了我的判斷。兩天後的一個夜間，中隊長把我叫到監房內的值班室。我走進值班室時，關教導員已經坐在那裏，陰沉着臉。關教導員以審訊的口氣問：「楊曦光，你最近有甚麼反改造行為要向政府交代呀？」我回應道：「我天天出工，沒有反改造呀！」關教導員把臉一沉：「楊曦光，你不老實，你以為我們不知道，你在犯人中散佈反革命言論，以古諷今，攻擊黨中央無產階級司令部和毛主席。」我身上冒了冷汗，看樣子宋紹文把我與他的談話一字不漏地報告了當局。

我心裏直罵：「這個該死的宋紹文，想不到你是個這樣的傢伙！」這種罪名要加刑真是容易得很。很多人比我講的話溫和得多，都被判了七年、十年的徒刑。我也知道，只有宋紹文一個人聽到我的話，如果他們找不到另一個證人，我又一口咬定沒有講過這類話，他們也不容易加我的刑。我於是一口咬定我從未講過攻擊無產階級司令部和毛主席的話，心裏卻恨死了這個宋紹文。關教導員看起來聲色俱厲，但卻不像要找證據加我的刑。他惡狠狠地把我訓了一個多小時，然後由中隊長給我上了一副土銬子，宣佈我被「戴銬反省」。這是屬於比戴腳鐐和關小號子輕一點的處罰。戴銬反省有兩種，一種是雙手反銬在身後，另一種是雙手銬在身前，前者比後者更令人痛苦，因為無法自己吃飯，睡覺時也極不舒服。而後者的麻煩卻是大便時要人幫忙擦屁股。戴銬反省無疑是種精神上的羞辱和打擊，對我們這些對迫害和歧視非常敏感的犯人來説，一副手銬已足以使很多勞改朋友用驚懼的目光看我。文化革命中我被關在左家塘時，被抓出去批鬥遊街過無數次，但精神上並沒感到這次「戴銬反省」的壓力，因為文化革命中那麼多人被批鬥，使人不覺得孤獨。而這次戴銬反省是在秩序恢復，當局似乎越來越理性的時候，很少有人受到這種懲罰，因此一旦一個人受到這種懲罰，一定會感到比文革中挨批鬥更大的壓力。

幸好同組的犯人都十分同情我，早上洗臉、每餐吃飯時，以及大便時都有人來幫忙。「戴銬反省」的第三天，全大隊犯人被召集開大會批判鬥爭我。批鬥大會開始時，由大隊楊管教宣佈我的罪行，他首先列舉我的階級背景：「反革命分子楊曦光出身於反動的地主資產階級家庭，其父是右傾機會主義分子，其母在文化革命中畏罪自殺，其兄其舅是反黨反社會主義的右派分子。反革命分子楊曦光對我黨和社會主義制度刻骨仇恨，惡毒攻擊和反對無產階級司令部和老一輩無產階級革命家，書寫反動文章《中國向何處去？》，妄圖推翻無產階級專政，重新建黨，重新建國，重新建軍。……」

我一邊聽楊管教的宣佈，心中湧起仇恨。我開始懂得為甚麼「雷大炮」和「沈子英」如此仇恨這個政權。我戴着手銬站在操坪的前台，看看黑壓壓的犯人是如何反應，他們像歷次批判會一樣，面色麻木，但每當他們跟着值班犯人的呼喊舉起手來附和「打倒反革命分子楊曦光」時，我卻感到這種麻木也是對被批鬥者的一種壓力。值班犯人看我頭還抬起，就走過來狠狠地把我的頭壓下去。在羞辱感最嚴重時，我心中有過那樣的念頭，如果我有一支槍在手中，我會開槍把主持批鬥我的人打死的。

很多人經過這樣的批鬥會後，精神發生錯亂，黃文哲就是一個例子，但我的經受能力比黃文哲強得多。特別是一兩週後犯人們知道我被批鬥的原因後，都改變了批鬥我時的麻木態度。我的手銬被取下後，很多犯人對我都比以前熱情得多。大家都相信我不是KGB，因此有更多的犯人向我講他們的真正觀點。我因而不後悔自己待人的誠懇和坦率，我為此付出了代價，但也得到大量收獲，像宋紹文那種人是不可能像我一樣瞭解到各種各樣犯人的想法和故事的。這些故事只會講給我這種坦誠的人聽。

宋紹文檢舉我後不久就被幹部「任命」為二中隊的值班犯人，他每天不用出工，而是在監房裏監督生病未出工的犯人，以及幫助幹部在幹部不在時監督犯人。宋紹文把他當年在國民黨青年軍和文化革命中造反的熱情都發揮到值班上，他嚴格貫徹幹部的意圖，對犯人中犯監規的事嚴厲督察。勞改隊伙食差，吃不飽是個普遍的問題，因此很多犯人都自己自製了煤油爐子，自己向老百姓買些蛋或肉，沒錢的犯人偷一些農場生產的蔬菜回到監房後趁幹部不在時炒菜吃。有些油滑的值班犯人對這種「違反監規」的事睜一隻眼閉一隻眼。而宋紹文卻是嚴格執行監規，對這類活動「毫不留情」。他把所有的犯人的煤油爐子都搜查出來交給幹部，弄得二中隊的犯人叫苦不迭。大家都稱他為法家。因為那是一九七四年，報上正在批判儒家，歌頌「法家」，犯人就把這種嚴格執行監規的人稱為「該死的法家」。一個二中隊的犯人見了我只搖頭：「宋紹文真是演戲的本色不改，總有點『職業病』。」他是譏諷宋紹文在裝「假積極」，但我卻不這麼認為，我認為這是他的個人氣質，他有一種要「熱情、積極」的個性傾向，不管這種積極是當年熱血沸騰抗日也好，還是文化革命中轟轟烈烈造反也好，還是值日時不折不扣的積極也好，宋紹文有種要轟轟烈烈，全力以赴，充當英雄的本能的衝動，也許人類社會中的革命和各種極端的社會運動都與這種人類的本性有關。

宋紹文不久就因這種積極被建新農場給予減刑兩年的獎勵。但是他沒有紅多久就遇到了麻煩，由於他得罪了太多的犯人，二中隊的犯人聯合起來檢舉他陽奉陰違，幹部們不願觸犯眾怒，於是將他犧牲，首先撤掉了他值班犯人的職位，接着召開批判大會批判過他一次。批鬥大會是在二中隊召開的，我們其他中隊的犯人沒有參加。但據二中隊的犯人說，批判宋紹文犯人們高興，所以犯人不是應付，而是十分「積極」。批判大會後宋紹文日子很不好過，因為犯人和幹部都不喜歡他。

我再沒有與宋紹文打過交道，很多年後我聽說他在四人幫垮台後被釋放，因為整個「演出六隊」平了反，他在文化革命初被打成黑鬼的事也平了反。但是令我奇怪的是，一九七九年中國的民主運動中，他又捲入了長沙學生的民主運動。長沙的學生運動領袖梁恒後來在紐約告訴我，長沙大學生為他們選舉人民代表的權利示威和絕食時，宋紹文曾找過他，向他建議一些與政府鬥爭的策略。聽到這個消息後，我更加肯定我對宋紹文的判斷：他是有某種追求轟轟烈烈和英雄主義的精神病，正像偷竊狂和露陰嗜是精神病一樣。

我在建新農場碰到過因患偷竊狂和露陰嗜病而被判刑的犯人。當局從不把他們的毛病當精神病，而將他們當作刑事犯。有個有露陰嗜的犯人，平時工作、生活都非常正常，道德品質也極好，只是見了女人就要脱褲子。因此被判刑二十年。由於工作努力，被減刑五年，從監獄轉到建新農場來了。在牢裏由於沒有見過女人，他一切正常，一滿刑見到女人又脱褲子，又被關起來。直到他兒子也出現同樣的症狀，也被判刑，當局仍沒認識到這是種精神病。

# 19 黃文哲

一九七一年夏忙季節過後，是犯人們望眼欲穿的一個短暫的農閑季節。炎夏的餘熱還未完全散去，水稻田裏的水溫中午時分還有點燙腳。剛插下的水稻漸漸加深了綠色。一天早晨我所在中隊的湯指導員走進監房的鐵門吹響集合哨後宣佈：「今天不出工，政府今天對犯人進行分編分管。」

很多天後，我才明白所謂分編分管是將反革命犯(政治犯)與普通刑事犯分開來管理。七大隊新調來我所在的三大隊的姚寶(他的全名叫姚希賢，姚寶是他的外號)告訴我，三大隊現在成了現行反革命隊，專關現行反革命分子，一大隊和二大隊成了專關歷史反革命的大隊。四、五兩個大隊也是專關現行反革命的大隊。七大隊的反革命犯大多轉到我們三大隊來了，而三大隊的刑事犯也轉到七大隊去了。一位老犯人告訴我，分編分管是文化革命前勞改隊的規矩，文化革命後，這個規矩就被搞亂了。

從七大隊轉到三大隊我這個小組來的現行反革命犯有三位，姚寶是一個，另外兩個叫戴雷和曹國。一兩週後，我逐漸知道了他們三個人的一些情況。姚寶是一位前國民黨高級將領的三姨太的兒子，他操機械流子的職業，在江湖上遊蕩，精通焊工和鉗工技術，經常接地下私人企業的機械活做，或承包一些國營工廠內朋友轉包給他的機械活。他的罪名是「反革命攻擊污蔑」。

戴雷的小名叫「驢子」，這不但因為他個子矮小，而且因為他體力極好，往往能像驢子一樣，挑起二百多斤的擔子。曹國正好相反，個子高大，但卻從不做重活。他從不說話，冬天幹部發給他的棉衣棉被他拒絕接受，丟在一邊，而且拒絕幹活。大概是因為他罪名本來不重，加上他從不說話，行為反常，幹部在推搡他幾次強迫他幹活失敗後，終於聽之任之。他高興時幹點輕活，不高興時蹲在一邊看別人幹活。戴雷最瞭解曹國，總是不聲不響地關照他。他們兩人都是寫反革命標語罪。

姚寶是個棋迷，他有一副塑料象棋，每天晚飯後政治學習前總要找人下棋。他的對手之一是我們小組隔壁的另一個小組的黃文哲。黃文哲也是從七隊來的「現行反革命」，高高瘦瘦，看去十分老練。

那些天，湯指導員在中隊犯人大會上訓話時，鼓着他那對大眼珠說：「這次『分編分管』後，很多犯人換了環境，這是你們改過自新的新起點。不管你以前表現多麼壞，現在都可以重新做起，靠攏政府，立功贖罪，爭取減刑。」

近一年的勞改經驗告訴我，所謂「靠攏政府」就是向幹部打「小報告」。犯人們給這種行為取了很多名字，如「KGB」，「遞條子」，「滔老倌」等等。但由於幹部對犯人的情報有極大的需求，所以不少犯人暗中從事這類KGB的活動。其主要方式就是「遞條子」。我開始根本不知道「遞條子」是怎麼回事。在一些老犯人的指點下，我慢慢發現每天幹部進監房和監視犯人勞動時，總有人趁其他人不注意靠近幹部「遞條子」，即送交情報。其他犯人瞭解「條子」的內容的唯一途徑是通過幹部。當幹部批判某個犯人並指控他犯了監規時，被批判者才會知道，他被人「遞了條子」。

湯指導員在十月份的另一次犯人大會上果然有了新的收穫。他對着話筒惡聲惡氣道：「五組(黃文哲所在的組，我是在六組)有些傢伙反革命氣焰十分囂張，有個頑固不化的反革命分子至今還在盼修(蘇聯修正主義)，盼蔣(蔣介石)，盼美(美帝國主義)復辟。有人宣揚封(封建主義)、資(資本主義)、修(修正主義)的毒素，在犯人中講《封神榜》、《西遊記》，把個五組搞得烏煙瘴氣。五組組長李早平也與反改造分子同流合污，把伙房多發給他們的一缽飯私下分吃了。好大的狗膽！」

坐在四中隊監房前大坪裏的犯人們鴉雀無聲地聽着訓話。我心中暗罵，這又是哪個想減刑的傢伙遞了條子。

第二天晚上，我們就聽到隔壁五組開鬥爭會的喧鬧聲。被鬥爭的是一個叫楊國昌的犯人，罪名是他有「三盼思想(盼望蘇聯修正主義、美帝國主義和蔣匪幫在中國復辟)」。鬥爭會由學習組長李早平主持，我們聽到隔壁李早平悶聲悶氣的華容腔：「今天晚上鬥爭反改造分子楊國昌，楊國昌你站出來！」我想起楊國昌那圓圓的臉，他不到三十歲，是那種心直口快的人。那天晚上我們六組是在學習《湖南日報》批判林彪的文章。透過敞開的前門，我可以隱約聽到隔壁的鬥爭會開得不順利。被批鬥的楊國昌死不承認有「三盼言論」，坐在五組監房門口的湯指導員陰陽怪氣地說道：「楊國昌今晚反改造氣焰如此囂張，怎麼沒有人出來壓壓他的氣焰？靠攏政府的人都到哪裏去了。」這是通常幹部示意應該動武打被批判者的口氣。湯指導員像往常一樣，說過此話後就故意離開五組，那意思是說，你們可以動手放肆打，我只當沒看見。隔壁響起了拳打腳踢的聲音，有人在叫：「跪下。」但聽得出來打得並不厲害，楊國昌是個不討犯人厭的人。

第二天，一中隊的犯人中就流傳着一個消息：黃文哲是這次遞條子的KGB。

我這才注意到，黃文哲有好多天沒有與姚寶下象棋了。我悄悄問姚寶，黃文哲是個甚麼樣的人。姚實說：「他是個好人，在七隊時從不『滔老倌』，還是七大隊有名的『反改造分子』，經常挨批鬥的、冰凍的豆腐不進油鹽的角色。」「那他怎麼現在成了『滔老倌』

了？」「天曉得共產黨又把他改造成甚麼『新人』了。共產黨真有本事，可以把人變成最親近的人都不認識的人。」姚寶皺着眉頭，用手抓着後腦皮，若有所思。「他是甚麼事進來的？」我問。「他是一個叫『民主黨』的地下組織的成員，被判了十年刑。也許他認為要改變他的政治策略了。」

這些天，我們經常聽到幹部在會上表揚黃文哲，説他勞動積極，撿棉花質量好，產量高，説他一改在七隊的惡習，靠攏政府重新做人。五組的犯人們卻把他恨之入骨。那正是剛開始收摘棉花的季節。洞庭湖上這塊湖洲土地肥沃，棉花樹長得近一人高。摘棉花是可緊可鬆的活，如果每天要摘七八十、上百斤棉花，又要保持棉花中沒有葉子，那就非得用兩隻手同時快捷和細心地摘，而且雙腳要走得很快，不怕棉枝掛破皮膚和衣服。這樣一天下來，人非常疲勞。但要慢慢撿卻要舒服得多。我在撿棉花時，碰到幾次黃文哲，他正是那種每天摘七八十斤棉花的姿態，好遠就聽到他碰撞棉枝的聲音。他雙手摘棉，走得極快，不久就消失在棉枝中。每天收工時到曬坪稱棉花，黃文哲的產量總是在前三名以內，質量也總是二、三級。

收棉花的季節裏，三大隊的三個中隊合起來開過一次學習毛主席著作報告大會。那天晚上由黃文哲向全大隊幾百犯人們介紹他學習毛主席著作改造反動世界觀的經驗。

大會開始時天已全黑下來了。犯人們拿着自己的小木凳列隊後在大操坪裏坐下來，黃文哲就着馬燈燈光看着他的發言稿，向我們講述一個驚心動魄的故事。

「一九六二年印度反動派在中印邊境挑起武裝衝突，蔣匪幫在台灣叫囂反攻大陸，蘇聯修正主義背信棄義，撕毀條約，從中國撤走專家，停止援助。我出於反革命本能，認為這是復辟資本主義的大好時機，於是參加反革命組織，利用三年自然災害給黨和人民帶來的困難，妄圖顛覆無產階級專政⋯⋯。」

這是那種我不熟悉的「認罪服法」態度。如此自然地把對現政權的敵視和顛覆它的陰謀向公眾宣講也使我感到意外，我不明白當局是如何使姚寶稱之為有政治頭腦的人如此大膽地把心中最隱秘的東西向他的敵人和盤托出，而且是用這種「認罪服法」的態度。

不久，五組傳出風聲，李早平向幹部提出不願幹組長了，理由是，全組所有人都是「反改造」，只有黃文哲一人是靠攏政府的，他沒法管理這個組。李早平是華容縣一個農民，也是「攻擊污蔑」罪進來的。當時的政治氣氛，發牢騷，講文革前的小説故事，念唐詩都可以算「反改造」，黃文哲把五組所有人的重要言行都報告給幹部，當然只有不説話的人才不是「反改造」。接着李早平告訴我，五組的大多數人都向幹部「遞條子」，指控黃文哲思想反動。黃文哲在五組完全孤立了。當時正是林彪事件之後，毛澤東正在利用大多數共產黨員對文革的不滿，把文革的罪責往林彪身上推。

不久，一次一中隊犯人大會上，湯指導員批評黃文哲：「有個反革命傢伙把五組搞得烏煙瘴氣，指責別人都是反改造，只有他一個人是好的，其實呀，他是最大的反改造！」第二天夜裏，五組開會批鬥黃文哲。這次沒有任何幹部示意打人，楊國昌就帶頭動手打黃文哲。周圍被黃文哲打過小報告的人一擁而上，把個黃文哲打得頭破血流。

接下去的幾天，我們都看到黃文哲又變了個樣子，出工掉在最後面，做事懶洋洋，不洗臉、不刷牙，一身又髒又亂。看得出他已有點精神失常。幹部問他：「怎麼啦，黃文哲？」半天沒有回答，問幾次後，他才懶懶地答道：「我想不通！」

黃文哲被批鬥後的第四天深夜，我突然聽到一聲驚悸的叫聲，好一段時間後，隔壁有人大叫：「打死人了呀！打死人了呀！」我和六組的人圍到五組門口，看見楊國昌床上一片血跡，頭被打開一個窟窿，腦漿和血混在一塊。

第二天一早，幹部進監房吹集合哨時，李早平馬上報了案。湯指導員陰着臉，橫眉怒目道：「誰幹的？」這時黃文哲自己慢慢走出隊列，大聲道：「我！」「你用甚麼打的？」黃文哲轉身走入監房，從床底下取出一把十字鎬。黃文哲馬上被關入「小號子」。「小號子」座落在三隊監房大院的東北角，那裏有一個很高的崗哨樓，共有六間極小的監房，沒有窗子，六面都是水泥。小號子是專門用來懲罰不順從的犯人或所謂「重新犯罪」的犯人。每天的口糧標準極低，八両米飯，蔬菜也極少。特別是在黑暗潮濕、狹小的小號子中的單身囚禁，正常人也會精神失常。

姚寶以前是黃文哲的好朋友，看到他這樣倒霉，十分難過。一天他借口給黃文哲去送些他要的衣物，和一位送飯的犯人一起到小號子門口去看黃文哲。姚寶回來後告訴我，黃文哲又變得與在七隊一樣，見人就罵共產黨。姚寶再三勸他小心點，他也毫不在乎。

黃文哲很認真地告訴姚寶：「共產黨政權險象叢生，毛澤東和共產黨的日子不多了，姚寶，你耐心等着吧！」姚寶看着他瘦削下去的臉和叮噹作響的腳鐐，心中覺得好淒慘，再三告誡他：「你要好好保重自己呀！」

一個月後，湯指導員在大會上宣佈：「黃文哲在小號子裏在被子衣服上書寫反動標語，攻擊偉大領袖毛主席和共產黨，這小子活得不耐煩了，他馬上就要到閘口去啃草皮了！」

黃文哲是在每年兩度的全農場宣判大會上被處死的。處死時，他被武裝士兵拖上台，全身死綁，背後插着一個又長又窄的白色標牌，上面的黑字是「反革命殺人犯黃文哲」。「黃文哲」三個字上有一個大大的紅叉。一位胖胖的幹部宣佈了判決。「判處死刑，立即執行！」最後這兩句響亮而威武。黃文哲馬上被拖下台。我看到他被拖到台右邊後方的一個草坪上已挖好的洞前。他被按下跪在洞前，面朝洞，兩聲沉悶的槍聲響起，是由一個士兵站在他身後用手槍射擊的。他應聲栽倒在洞裏。我再看不下去，黃文哲在大會上介紹學毛主席著作經驗時那聰明理智的神態和他被批鬥後那副喪魂落魄的樣子輪番在我眼前轉，還有那倒霉的楊國昌的屍體，我要問自己：誰應該對這些悲慘的事情負責呢？

# 20 黃眼鏡

黃啟龍是位中等個子的中年人，戴一副深度近視眼鏡，上唇和下巴留着不加修飾的稀稀拉拉的鬍子，看去有五十多歲的年紀。人們都稱他黃眼鏡。他面部表情似乎呆滯，嘴經常半張着，唾沫不時從嘴裏掉出來。黃眼鏡是那種犯人們喜歡的人，看去與世無爭，不食人間煙火，對勞改隊的事似乎置身事外。犯人們為分派工作任務的定額，為好工具，為飯菜爭得面紅耳赤時，他卻似乎對這些世俗利害毫無興趣。有的犯人一心靠攏政府，只想減刑，另一些犯人一心跟政府搗蛋，與那些靠攏政府的人為難，而黃眼鏡對此卻像個清靜寡慾的道士，從不捲入。

黃眼鏡並不是對一切事都清靜寡慾，他對寫作有種狂熱的嗜好，幾乎已經成了精神病。他經常裝病，拒絕出工勞動。我有次被留下來外調時，我看到了他瘋狂寫作的味道。那時犯人們都出工去了，他坐在他的床上，把臉湊近稿紙，奮筆疾書，旁若無人。黃眼鏡同組的人告訴我，他每天都要寫幾頁，有時幾乎通宵寫作，不寫作就不舒服。

黃眼鏡的小說極受犯人歡迎，喜歡他的小說的犯人，把他的小說抄下來，因此他的一本小說往往有兩三個版本在三大隊犯人中流傳。我看到的他的第一本小說是關於一個西南聯大學生與一位妓女戀愛的故事。那個故事發生在抗日戰爭時期的重慶，情節曲折，引人入勝，敍述細緻感人。這部小說味道很像張恨水鴛鴦蝴蝶派。我只看到這本小說的前八章，黃眼鏡的所有手稿及其抄本就被幹部抄走了。他寫小說時廢寢忘食，好像世界上只有他小說中的那些角色，自然極易被幹部發覺。幹部沒收黃眼鏡的手稿後，在犯人大會上批評了他。那天大隊楊管教說：「有些傢伙在監內繼續寫黃色小說。」但是黃眼鏡沒有被批鬥，大概是因為他的小說沒有任何政治色彩。

黃眼鏡第一本在勞改隊寫的小說被幹部沒收後，使他傷心不止，這激起他極大狂熱，希望重新把這本書寫出來，他於是又熬夜寫作，不到三個月，他把這本書又寫了一個版本。這時幹部知道他是個「寫作狂」，相信他神經不正常，加上他的小說沒有甚麼政治傾向，所以也就睜一隻眼閉一隻眼，不太管他的寫作。

黃眼鏡也寫電影文學劇本，他的電影文學劇本與小說味道完全不同，我看過他的三個電影文學劇本。那是我第一次看到的浪漫主義的中國文學作品。從小學二年級起我就養成了讀小說的嗜好，但所看的全是現實主義作品，直到中學我才偶爾讀到莎士比亞的浪漫主義作品。但因閱世不深，總覺得莎氏作品中的那些微言大義的對話太不現實。黃眼鏡的電影文學劇本大多是一些虛構的二次大戰前後發生在北歐的故事，味道極像莎氏劇本，充滿着微言大義的對話，嬉笑怒罵，荒誕不經，看去極不現實。但我在閱歷了人間滄桑，看盡了生離死別之後，開始能理解這些看似浪漫、荒誕和朦朧，但卻比現實更真實的東西。有時，會忍不住動手摘錄下「人啊——一半是天使，一半是野獸」這類的句子。

黃眼鏡的零用錢全買了紙筆。他的熱心讀者幫助他將練習紙裝釘成漂亮的像本書樣的本子，黃眼鏡的作品就寫在這些本子上，在犯人中流傳。

黃眼鏡據説是因為發神經時觸犯了政治禁忌到勞改隊來的。我並不知道他發神經的詳情。他看起來十分正常，他可以控制自己絕對不談政治，他所寫的文學作品中也不涉及任何政治問題。但是我終於看到了他的精神病發作的情形。那真是如山洪暴發，來勢兇猛，不可阻擋。

那是一九七一年十月份。林彪事件發生後一個月，勞改幹部召集了一次犯人大會，傳達了上面關於林彪事件的指示。我們被告知林彪企圖謀害毛主席，失敗後逃往蘇聯時機毀人亡。大會上幹部佈置，所有犯人停止一天的工作，留在監房內清理所有毛主席語錄和著作以及一切文字資料，把有關林彪的內容都銷毀掉。

勞改隊關着很多因反毛澤東、林彪而被判刑的人。這些犯人拿着判決書，要求幹部澄清判詞中關於「反對林副統帥」的字句。這些犯人往往被幹部大罵一通：「你們的罪惡是反毛主席，反共產黨，你休想利用林彪事件為自己翻案！」很多犯人都為林彪垮台暗暗高興。而黃眼鏡卻有不同的感想。他恨死了毛澤東，他為林彪勇於謀刺毛澤東而振奮，為這次謀殺失敗而惋惜。

一天早晨出工時，犯人們分三個中隊齊集在監房內的空坪上。犯人從一個窄小的監房門魚貫而出。出來一個犯人，就向站在門外的值班幹部報個數，輪到黃眼鏡出門時，他不報數，一走出監房門就狂奔，見到犯人就大叫：「你看林彪起來殺毛澤東了，我們要造反起來響應呀，此時不響應，還等到何時呀！趕快起來配合林彪，殺死毛澤東呀！」

勞改幹部驚慌失色，馬上命令其他犯人把黃啟龍捆起來。幾個「靠攏」政府的犯人馬上拿來繩子把黃眼鏡捆在監房外的一根旗桿上。這根旗桿上有面紅色小鐵片做成的旗子，每到收工時刻，旗子升上去通知散佈在農田裏的犯人收工回監吃飯。捆他的時候，黃眼鏡對幹部大罵不止：「你們這些毛澤東的爪牙，不要執迷不悟，不要再為毛澤東賣命了，你們看，林彪都起來造反了，你們快快醒悟，不要再為毛澤東蒙蔽了！」

黃眼鏡被捆在旗桿上一上午，整個上午他幾乎都在不停地破口大罵毛澤東、共產黨。一有犯人從旁經過，他就呼籲他們起來造反，響應林彪謀殺毛澤東。一有幹部走近，他就大罵這些「毛澤東的走狗」。中飯前，黃眼鏡逐漸清醒，恢復正常，並安靜下來。

幹部讓犯人王醫生檢查黃眼鏡的病情。這位王醫生是位好心人，他冒着「為反革命辯護」的罪名的危險，一口咬定黃眼鏡是精神病發作。「他不能控制自己的言語、行動。」他說。幹部們平時對黃眼鏡那副呆頭呆腦的樣子頗無惡感，加上他們自己對林彪事件也丈二和尚摸不着頭腦，所以對黃啟龍這次精神病發作沒有作任何處分。

一九七一年共產黨對涉及「反動」政治言論的精神病人一律作反革命處理，即使醫生極力證明這類人發表與政治有關的言論時是精神病發作，但當時的公檢法軍管會總是一口咬定這是反革命分子裝瘋賣傻，所以這類精神病人總是被判處重刑。

我被宋紹文檢舉挨批鬥後，戴着手銬在號子裏「反省」。黃眼鏡有天在犯人都出去後，到我的號子裏來看我。他一口衡陽腔的長沙話，嘴角流露出難得的笑意。他坐到我床上，一反平常呆滯寡言的樣子，表情豐富地與我聊起天來。

「楊曦光，你不曉得我的野心有多大，我心目中的我自己是個像曹雪芹那樣在世時窮困潦倒，身後才成大名的人。」黃眼鏡第一次向人透露他的「野心」，看來是因為對我的批鬥和我手上的銬子使他確信與我交談的安全。

「你不要看我這副潦倒樣子，」他好像怕我不相信，又補充道：「我父輩、祖輩也是清末民國初年的名門望族呢！」

「楊曦光，我看過你的《中國向何處去？》，我也看到過大街上批判你的父母和家庭的大字報和漫畫，你的家庭的故事是本小說的好素材，你有空應該動手寫點東西。」

聽了黃眼鏡的話，他那留着山羊鬍子，目光呆滯的臉在我看來突然變得聰敏起來。我搖搖手銬，說：

「等這該死的玩意兒弄掉了，我是會寫點東西的。你看到過《參考消息》上登的有關日夫科夫醫生和古拉格群島的消息嗎，等到中國的赫魯曉夫時代來臨時，中國也會有我們的《日夫科夫醫生》和中國的《古拉格群島》。而今天對我們來說，最重要是像你一樣保持着創作慾望。」

黃眼鏡用手抹一把他那從嘴角流下的口水——他神情專注時就會流口水，給我講起他的身世。

「我這個人甚麼都做過，做過工廠的採購員，做過列車的乘務員，做過各種雜活。我喜歡這些工作，因為使我可以仔細觀察社會。但我的真正工作還是寫作，一九五九年我出版過一本寫工廠生活的小說，一九六五年我寫完了一部描寫良家婦女墮為娼妓故事的小說，交給出版社，已列入了出版社計劃。文革一開始，我的書不但不能出版，我也成了『小鄧拓』和『文藝黑線人物』。

「人家說我，作品就是命，命就是水，這話一點都不假。聽到出版計劃被取消的消息，真像是聽到晴天霹靂。我沒日沒夜地思考這突發的政治事件，得了精神分裂症。

「我後來從預審我的過程中才知道我發神經時發生的一些事。有天我在街上看大字報時，突然對周圍的人群高喊：『你們曉得嗎？毛澤東會是千古罪人，毛澤東是秦始皇，比秦始皇還惡，毛澤東快死了，毛澤東快點死呀！』

「我馬上被送進了公安局。後來造反派得勢時，造反派為所有文革初期打成反革命的人平反，我也被平了反。我從看守所一出來就參加了造反派，造反派失勢時，我又被逮捕，判了十五年刑。」

我想起我初中的一位患精神分裂症的同學：「這種精神分裂症自一九六四年以來就相當普遍。我表哥告訴過我軍隊裏一九六四年貫徹階級路線時，一位出身中農的士兵得了精神分裂症，槍殺了他的排長的故事。工廠裏也有類似的事情。我初三時的一個同學叫諶守達，他的家庭是小資產階級。他成績很好，對升高中上大學抱着很高期望。一九六四年高中、大學招生強調階級出身好，他發覺自己沒有希望上大學，精神壓力極大。有天早晨他的鼻子突然腫大，說話開始顛三倒四，後來他被送到醫院，被診斷為精神分裂症。一年後諶守達才完全康復。」

「文化革命中，他又因為出身不好被保守派紅衛兵打得遍體鱗傷。那時造反派出現了，他也有了勇氣反抗，他帶着血衣跑到北京向中央文革小組接待站告狀，接待站的人給他批了個條子，支持他批判血統論，並責成地方政府賠償他受迫害的損失。」

黃眼鏡若有所思。我又補充道：

「一九六四年以來，中國因政治原因引起精神分裂症的案例一定和一九五九年大躍進後的水腫病例一樣普遍。」

「我看到毛主席語錄中毛的畫像，突然想到，現在我理解為甚麼當年人們如此仇恨列寧。」黃眼鏡總是像在若有所思，不太注意別人講的話。

他的話使我記起我的鄰組的老孫頭，老孫頭過去是京劇團唱黑頭的演員，文革前屬於高級藝人，每月兩百元的薪水，他講一口北京話，圓圓的臉，高高的額頭，一臉福相。傍晚飯後，他常應大家的請求，唱幾曲林沖，或武松的片斷。

「你曉得我們鄰組的老孫頭嗎？」我問黃眼鏡。

「嗯。」

「有次盧國安好奇地問他：『你好端端幾百元薪水的日子不安心過，哪根腸子快活要到勞改隊來尋開心呀？』老孫頭拉着京劇道白的腔道：『說來話長——，我們早就沒有舒服日子過了，文化革命後期下放到農村，工資減了事小，戲也不准唱了，每天背着鋤頭修理地球。』盧國安打斷他：『那也比坐牢好呀。』老孫頭回答：『我恨不過呀，張口就罵起毛主席他老人家來，一打三反運動一開始，軍宣隊的負責人把我找去問我怎麼攻擊毛主席的，我也是竹筒倒豆子，痛痛快快地告訴他，如果我碰到毛主席，我要這樣——』他邊說邊咬着牙，伸出雙手勾着手指頭，像要抓甚麼東西一樣，聲音也變得狠狠地：『我就把他的雙眼挖出來！』當時我、盧國安和另一個在場的犯人都忍不住笑起來。」

黃眼鏡也笑起來。那時的中國，對毛澤東的這種仇恨心情大概是非常普遍的。看看勞改隊那麼多因為「惡毒攻擊毛主席」而判七八上十年刑的人就知道這種仇恨心情的普遍性了。像我這種文革前上層社會的人，這時候對毛澤東也是有着刻骨的仇恨。我的母親被逼得自殺，父親和自己都被關起來了，哥哥被開除公職，弄到鄉下勞改，妹妹被下放到邊遠的山村，我們真是家破人亡。整個中國被毛澤東和共產黨搞得生靈塗炭。每次我看到毛澤東的像，就像看到一個殺人魔王的像，他那大而高的額頭在我眼中成了妖怪的特徵，他的臉色充滿着一股殺氣，顯得十分陰暗而兇狠。其實毛的畫像本身與這些印象完全不沾邊，但政治迫害卻使我們這些政治犯心目中的毛澤東畫像成了一切罪惡的來源及仇恨的對象。我完全能理解為甚麼一些受迫害的黑七類的子女都用侮辱毛畫像的方式來發泄對他的仇恨。自一九七〇年以來，毛澤東就完全改變文革中支持出身不好的人造反的立場，他重新與周恩來聯合，強調階級路線，迫害出身不好的人。

我的被批鬥，使我和黃眼鏡成了推心置腹的朋友。勞改犯人最喜歡的季節是農閑時的雨雪天。冬天農閑季節如果下雨下雪，則農場沒有活可幹。冬閑時農場幹部總是命令犯人修堤壩，這種工作一遇下雨，因泥土稀爛無法進行。每逢這種時候，犯人們就可以撈到休息。南方春節前後是雨季，在這段時間，犯人有時可以一連在監房內休息三四天。這種休息天，除了半天政治學習外，犯人們無所事事，很多人在補衣服、打撲克、下象棋、看書。還有兩項最受歡迎的活動，那就是聽講書和寫自傳。

有兩類講書人，一種是不識字但過去在茶館聽過很多書的人。他們講的多半是《封神榜》、《西遊記》、《三俠五義》、《火燒紅蓮寺》等等。另一種是一些墨水喝得多的人講現代中國和西方的小説。黃眼鏡是後一種説書人。他喜歡講張恨水的小説，講《茶花女》，《笑面人》，《九三年》等等。

有天黃眼鏡在基建組講茶花女，他坐在通鋪下層中間靠牆的地方，五六個犯人有的靠牆坐着，有的半躺在床上聽他講書。我還是一九六二年剛上中學時看過《茶花女》的話劇，但從未看過原作。那個話劇上演不久，《人民日報》就登出文章批判那個話劇，説是資產階級毒草，宣揚「愛情至上」。我那天興致勃勃地坐在黃眼鏡旁邊，聽他的茶花女版本。

「在中世紀的法國有位外省貴族的兒子在巴黎讀書，他每年都要代表父親出席國王舉辦的一個大型宴會。有次宴會上一位大貴族將當時巴黎有名的高級妓女茶花女帶來了，很多人給茶花女送去盛開的茶花。這位公子馬上跑出去買來茶花獻給茶花女。他們就此結識了。」

黃眼鏡講書時鬍子一顫一顫的，不時取下眼鏡來擦一擦。他的故事與我從話劇中看到的很不一樣，想必是他加上了自己的創造。但我喜歡黃眼鏡的茶花女更甚於我看到的那個話劇。下面就是黃眼鏡講的茶花女故事。

這位貴族公子與茶花女墮入情海後，同居了一段時間，兩人如膠似漆，對月發誓：「不能同生，但願同死。」由於沉溺於愛情，這位貴公子的學業荒廢了，他父親從外省趕到巴黎茶花女的豪華住宅，要求見自己的兒子，被茶花女拒絕。這位老貴族多次約見茶花女，不見不走，終於用他愛子之心感動了茶花女。茶花女答應幫助他逼迫兒子回學校發奮讀書。

茶花女斷絕了與貴族公子的關係，為了迫使這公子下決心集中心思念書，她正式宣佈接受一個追求她多年的大貴族的求婚，將與他公開舉行婚禮。那位貴公子聽到這個消息後，悲憤欲絕，於是帶着一支手槍去參加婚禮。他在婚禮高潮時開槍打死了新郎後，又朝自己開了一槍。茶花女看到自己的愛人倒在血泊中後，馬上匆匆回到家裏，決定履行她與貴公子「不能同生，但求同死」的誓言，服毒藥自殺並留下絕命書，說明自己一直深愛着貴公子，與大貴族結婚是為了迫使公子專心念書，不料公子自殺身亡，所以她也自殺以實現但願同死的誓約。

誰知公子只是受了重傷，並沒有死去，他被送到鄉下父親家去養傷，幾年後回到巴黎，知道了茶花女的絕命書，於是找到茶花女的墳墓，寫下請人將其與茶花女葬在一起的遺書，然後開槍自殺，死在茶花女的墓前。

受黃眼鏡的作品的啟發，也因為《日夫科夫醫生》和《古拉格群島》的政治影響，使我覺得文學是在中國搞政治的一個手段，一九七四年我開始寫一個名為《同時代人》的電影文學劇本。黃眼鏡很喜歡這個劇本，我們倆交流作品，漸漸成了莫逆之交。我是黃眼鏡小說的忠實讀者，我看到他的最後一本小說有點像後來的傷痕文學。他的小說都是現實主義的，而他的電影文學劇本都是浪漫主義的。這本小說又是部現實主義的作品，寫的是兩位出身不同的青年的戀愛悲劇。

男主人公五十年代中期是湖南省軍區的青年軍官，他結識了一位高中女學生，與她陷入了情網。這位叫王軍的軍官出身革命幹部的家庭，正受到上級的器重，仕途前程無量。他的頂頭上司知道王軍與地方女學生戀愛的事後，通過當地黨組織調來這位叫玉珍的女孩子的檔案來看，發覺她父親是位仍在勞改隊的歷史反革命分子。他馬上制止王軍與玉珍接觸，並替王軍找了一個共產黨員女朋友。王軍在上級軟硬兼施的壓力下與這位女共產黨員結了婚。玉珍因成份不好，考不上大學，失業在家，只好嫁了一位她不喜歡的街道幹部，為的是使後代有個好成份，不至於像她一樣永無出頭之日。

一九五九年王軍被打成彭德懷反黨集團的爪牙，受到政治處分並被復員回山東老家。他倒霉後，他的黨員妻子馬上與他離婚，他帶着他的兒子即將離開長沙。在長沙街上他碰巧碰到了他昔日的女友。他們互相瞭解了對方的情況後，無限傷感。當晚玉珍希望王軍把他的兒子留在她家住一夜。第二天玉珍送王軍父子上火車，上車前她將一件通宵織成的毛背心送給王軍。火車開動後，王軍讓兒子說聲「阿姨再見」，兒子堅拒不說。等車開動後，父親問兒子為何如此固執，兒子說：「她不讓我叫她阿姨。」「那叫甚麼？」王軍大感吃驚。

「她讓我叫她媽媽。」兒子說着拿出一個信封，說是「她讓我開車後交給你」。信封裏裝着一疊現金和一疊糧票。當時正是大飢荒來臨的時刻，這些錢糧對一個被解職還鄉的人來說真是雪裏送炭。王軍手裏拿着這些錢糧，望着遠去的女友的身影不禁潸然淚下。他問兒子「你叫媽媽嗎？」「叫了。」

「她說甚麼了？」

「她抱着我哭了，說我是個好孩子，然後把我親了又親。」

王軍看着兒子酷像自己的臉龐，忍不住抱着他，在他那印滿玉珍親吻的臉上吻起來。

這本小說感情寫得十分細膩，情調極其傷感，灰暗。我那時還從未看過一九四九年後出版的色彩如此灰暗的小說。看完後我已滿臉是淚了。

黃啟龍應該是一九八三年滿刑，但毛澤東死後，他於一九七八年下半年被釋放回家。那是盧國安在長沙到我家來聊天時告訴我的。他說黃啟龍的改判書上說他的確有罪錯，但量刑過重，所以提前釋放。後來我又聽人說黃啟龍一直在要求當局為他平反，恢復他原來的職位，但一直沒有結果。

# 21　勞動黨員

我記不得侯湘風是甚麼時候到三大隊來的了，可能是政治犯與刑事犯分編分管時來的，也可能是那之後單獨從看守所押送來的。這種單獨押送來的犯人不引人注目，往往是犯人出工時進了監房，第二天早晨，隊伍中就多了一個犯人。

但侯湘風是位鋒芒畢露的知識分子，大概在他來三大隊後不久就引起了我的注意。他臉上輪廓分明，面善，是屬於那種可稱得上英俊的中國人。他看去三十歲左右，行為舉止好像個剛出大學門沒有甚麼社會經驗的人。我住的監房離他的監房只隔着兩個監房，勞動時也經常隔得不遠。只要是中耕水稻、中耕棉花等不太繁重的勞動，他總是一邊做事一邊與身旁的犯人高談闊論，從美國總統尼克松訪華到北極圈上的極光，從法國大革命時的羅伯斯比爾到中國春秋戰國時的大政治家管仲，古今中外、社會和科學，無所不談，而且多是些普通中國人不太熟悉的事。有時他也與其他犯人為某一知識的準確性發生爭論，但結果往往是別人承認他的看法是對的。犯人們譏笑地稱他為：「天上的事知道一半，地上的事全知。」他對此譏笑也不大在乎。

他在我們中隊監房的走廊裏碰到過我很多次，他總是點頭打招呼，似乎早認識我。我那時已是有了點勞改經驗的人，在與他交流之前，就從其他犯人口中對他的案情作了側面的瞭解。有個犯人告訴我，侯湘風肯定是因政治組織問題坐牢的，因為幹部對他的態度十分惡劣，對他與其他人的接觸也非常注意。有經驗的犯人從這種態度的差別可以看出侯湘風的案子是類似張九龍那一類的案子。這類政治犯往往有結交朋友的本能傾向，而他與其他政治犯的朋友關係與建立一個政治組織的差別是很難區別的。一九七二年我從一個老政治犯口裏聽到一個可怕的故事，那是發生在文化革命開始後不久(一九六六年初)。有幾個因組織地下反對黨被判刑的犯人在勞改隊成了好朋友。他們原來的政治組織雖不同，但他們的觀點和意識形態卻非常接近，他們勞動時及當幹部不在監房時，經常在一塊交談。幹部從一些打小報告的犯人那裏得知這種親密的關係並且瞭解到談話的內容是與交換他們的政治觀點有關，所以開始懷疑這些政治犯在繼續發展他們的政治組織及政治關係。但是「關係」是種看不見、摸不着的東西，他們之間的關係及思想交流肯定是某種政治組織的基礎，即使沒有物證能被用來證明這種關係。而按中國一九五〇年代初頒發的《懲治反革命條例》，這種政治關係本身就可以被視為

「犯罪」，如果政治思想交流涉及推翻共產黨的內容，這「罪」可以判處死刑。所以對這類「政治犯罪」的處理是極為可怕的。當時處理這件事的勞改幹部是極有經驗的人，從他們破獲無數次勞改隊的政治組織經驗，他們知道政治犯被判刑後，由於無處申訴，有着強烈的「樹黨強訴」的傾向。所以他們相當肯定這些人是在談論政治組織和反對共產黨的事。但他們又沒有任何物證。所以他們把這幾個政治犯分隔開來，戴上腳鐐，逼迫他們承認他們之間的思想交流與反共政治活動有關。這些人沒有承認。當時正是紅衛兵出現後向全國發展的時候，紅衛兵也到建新農場來了，他們在幹部的指引下，毒打「不服從管教」的犯人。當紅衛兵聽說這幾個犯人在勞改隊還在搞反共政治活動和「反革命串聯」，他們把這幾個人打得死去活來，用皮帶，用木棍，邊打邊逼他們承認他們企圖發展反共的政治組織。有一個人受不住毒打，終於承認了。不久這幾個犯人就被判處死刑，立即處死了。我聽了這個故事後，想起我與張九龍和劉鳳祥在看守所的思想交流，如果有一個有經驗的勞改幹部注意到我與張九龍和劉鳳祥的關係，那我不也會處於與這些被殺害者同樣的悲慘地位嗎？我不寒而慄。自從我聽到這個故事後，我對與其他政治犯的思想交流就比以前謹慎多了。不久，我又從另一個犯人陳三才口中得知，侯湘風是與劉鳳祥一個案子的。我聽了一驚。

我一直沒有放棄搞清劉鳳祥案情的企圖，於是我對侯湘風開始格外留意。

我又在走廊裏碰到了侯湘風，那是幹部還沒進監房的一個早晨，犯人們都在忙着打水洗臉，刷牙，吃早飯。這次我回應了侯湘風的點頭招呼。他看來對我的回應十分高興，他問道：「楊曦光，你好吧？」我點點頭。監房裏的官方安裝的高音喇叭裏正在播送官方廣播電台批判林彪的文章。我問侯湘風：「你認識劉鳳祥？」他答道：「我和老劉是好朋友。」我又問：「老劉一九六九年認為毛澤東會象『劉邦殺韓信』一樣殺掉林彪，而現在官方卻在說林彪企圖謀殺毛澤東，你怎麼想？究竟是林彪先想殺『毛』，還是『毛』先想殺『林』？誰是最先主動者？」侯湘風毫不猶豫道：「當然是『毛』先想殺『林』，老劉的預測是對的，林彪只是不願坐以待斃，而企圖反守為攻。」

我不敢與侯湘風久談，我知道很多雙「靠攏政府的」眼睛在盯着侯湘風這種政治犯。但我憑直覺，侯湘風不是那種靠攏政府的人，從與他的交談，我相信他仍保持着他的政治頭腦和政治人格。劉鳳祥慘遭不測，但他仍親切地稱他老劉，對他的觀點如此尊崇。

林彪事件後，報紙上曾經批判林彪的極左路線。那時周恩來非常活躍，在他的推動下，林彪事件以前就開始的清查「五．一六」運動在更廣和更深的範圍內向前發展。「五·一六」是毛譯東、林彪和江青一九六六年發動文革時於當年五月十六日發出的一個黨內通知的簡稱。文革中有一個北京造反派的小組織以「五·一六」命名，其主要觀點是反對周恩來。但一九七二年的清查「五·一六」運動中，「五·一六」成了文革中造反派的代名詞，所有在文革中造過反的人都成了「五·一六」。我因為文革中參加激進的造反派，也成為清查「五·一六」運動的目標。不少人來建新農場找我調查文革中發生的與我有關的人和事。

有天一個來找我的「人保組」成員告訴我：「毛主席已下了指示，『解放前最大的反革命是國民黨，解放後最大的反革命是五·一六』。凡是文革中衝擊黨和政府機關，攻擊黨和社會主義制度，參加打砸搶，進行階級報復，組織反革命組織，妄圖顛覆無產階級專政的都是『五·一六』。」從他的口中我得知很多比「省無聯」溫和和曾經批判過「省無聯」的造反派都在這個清查「五·一六」運動中受到迫害。

那段時間，我經常在出工前被幹部告知留在監房裏等待外調。有次我被外調後，從辦公室回到監房裏，發現侯湘風也在監房裏，他沒有出工。我看看周圍沒有旁人，就問他：「你也有外調？」「是的，與文化革命造反的事情有關。」「這次迫害造反派，表面上周恩來十分積極，但發動者卻是『老毛』。」我把剛聽到的毛澤東關於「清查五·一六運動」的指示告訴侯湘風。侯湘風很注意地聽「毛主席的指示」，手裏拿着剛在看的一份《湖南日報》，若有所思的樣子。我說：「『清查五·一六運動』這個名稱取得好微妙，『五·一六通知』是老毛發動文革的第一個重要通知，現在這個運動反『五·一六』說明老毛要迫害他過去支持過的人。按『五·一六』的罪狀，所有造過反的人都可以算『五·一六』，但『五·一六』實際上是個並不著名的幾十個人的北京學生組織，大多數人都不瞭解它，所以當權派可以按他們的喜好任意將他們不喜歡的人指稱為『五·一六』。加上『五·一六』是反周恩來的，老毛也可以用反『五·一六』來討好周恩來。」侯湘風答道：「毛澤東文革時說造反派是革命派，現在又將造反派稱為『五·一六』，說是最大的反革命，這真像一九二七年四·一二政變前蔣介石支持共產黨，那之後他又反共一樣。清查『五·一六』運動是老毛從支持造反到迫害造反的轉變。」侯湘風又悄聲告訴我，最近很多造反派都被當「五·一六」抓起來了，有的人受到嚴刑拷打，被打得死去活來。我問他怎麼得到這些消息的，他說是一位犯人家屬來建新農場看望時帶來的消息。

不久我就從其他犯人家屬帶來的消息證實，清查「五·一六」運動抓了很多造反派，但被抓的人大多關在「毛澤東思想學習班」，很多人受到嚴刑拷打。

我證實這些消息後的一個多月，有天晚上，三大隊幹部全部進了監房，宣佈開全體犯人大會，有重要事情。會上劉大隊長宣讀了毛主席的最新指示，這指示說「禁止打罵和虐待犯人，我支持犯人抗議法西斯式的虐待。請將這一指示直接傳達到每個犯人。」這種毛指示使所有犯人吃驚。因為毛澤東歷來站在壓迫犯人的勞改幹部一邊，從來沒有支持過犯人反虐待，更不用說將幹部的行為稱為「法西斯式的虐待了。」中共歷史上，大概沒有任何領導人講過如此同情犯人，指責勞改幹部的話。我注意着侯湘風的反應，看到他回頭在看我，露出一個會意的微笑。我在心裏想，這次大概是周恩來在清查「五・一六」運動中迫害造反派太殘酷，引起民怨沸騰，毛澤東又利用這種不滿來打「民意牌」，用這種指示來表示他對被迫害者的支持，對周恩來的官僚體制的不滿了。毛澤東文革中在與劉少奇的鬥爭中就多次玩弄這種政治手腕。我一邊在想，一邊在聽。大會很快結束，劉大隊長除了傳達毛主席的指示外，沒有任何解釋，看得出來，大概是上級強令盡快傳達到犯人，但他們自己卻不理解為甚麼毛澤東「長犯人的志氣，滅幹部的威風」。他們臉上顯出種種疑惑不解但卻故作鎮靜的表情，再不像傳達其他上級指示那樣趾高氣揚，高聲粗氣。

那天的犯人大會的氣氛是如此奇怪，幹部和犯人的動作和表情都怪怪的，沒有幹部的大聲訓斥聲。散會時，犯人拿起他們的小凳子時響聲零落，有些犯人離開了坐處，有的還站在那裏，不知道這個會是否在沒有訓斥聲時就真的結束了，還有人還坐在那裏，丈二和尚摸不着頭腦的樣子。不懂事的年輕人看去有點飄飄然，臉上似乎喜形於色。年老有經驗的人顯得比平時更謹慎。他們大概看出幹部的情緒有點不對頭。他們的判斷果然不錯，三中隊的楊管教突然吹響哨子，高聲命令三中隊的犯人集合。

集合後他厲聲道：「反革命分子侯湘風，你得意甚麼？(大概楊管教看見他對別人微笑)你不要又錯誤地估計形勢，以為你的反革命本性可以求得一逞。豎起你的狗耳朵聽着，林彪這樣的大人物妄圖顛覆無產階級專政復辟資本主義都沒有得逞，你這樣的托派想興風作浪也是痴心妄想。」楊管教的話令我十分吃驚，雖然他將侯湘風與林彪比以及他給林彪戴的帽子使人感到牛頭不對馬嘴，但他將侯湘風稱為托(洛茨基)派眼中閃起的仇恨使我發覺，侯湘風的確十分受幹部注意。托派是當時當局用來形容共產黨內部的政敵以及意識形態與共產黨接近的政敵。劉鳳祥、雷特超一九五七年前都是共產黨內級別相當高的幹部，他們的意識形態中有支持蘇聯赫魯曉夫的傾向，這大概是他們被楊管教稱為托派的原因。楊管教大概非常注意侯湘風的檔案，否則他不會知道侯的

「托派」背景。從楊管教咬牙切齒的語氣，我可以感覺當局對這些曾經與共產黨有關的政敵特別仇恨。從楊管教的這次發作，我也看出他敏感到侯湘風對毛澤東指示背後的複雜政治比他懂得多，而他卻因為不瞭解上層的政治而感到困惑。這大概是他對侯湘風參加大會時那種與他人交流眼神時表現的自信嫉恨的原因之一。我想起老劉的話：「政治鬥爭中就是『棋高一着』。」看樣子侯湘風這類政治犯就是比壓迫他的楊管教「棋高一着」。要是老劉活到今天，又不知會想出多少政治「高着」。

這次楊管教訓斥侯湘風之後，我間接地從官方證實侯湘風是與劉鳳祥同一個案子的。懸在我心中關於劉鳳祥案子的種種疑問不斷在我腦子裏出現。特別在老劉被殺兩三年後，我想起「勞動黨」一案中只有劉鳳祥是與「省無聯」一塊被判刑。那是劉的第一次被判刑。那時「勞動黨」一案的其他人都沒被判刑。為甚麼會有這種區別呢？從我對老劉的瞭解，他一定是這一伙人中的領袖人物，為甚麼他第一次被判刑時當局根本不知道他與「勞動黨」(如果它的確存在的話)有關呢(判決書中根本未提「勞動黨」的事，只有他與「省無聯」的關係)。為甚麼當局那時把這個領袖人物放過了，而後來又在「一打三反」中判他的死刑呢？我決心要找機會問問侯湘風。

一天傍晚，晚飯後政治學習前，我看到侯湘風在走廊裏坐在他的小凳子上拉胡琴，他拉的是《春江花月夜》，這曲子本來並不淒慘，但被他拉出來卻變成了一種淒惋動人的曲子。我在他身邊一個上面有蓋可作凳子的犯人的洗臉桶上坐下來，靜靜地聽他的演奏，我低聲問他：「和老劉一塊被判刑的有幾個人？」「四個，雷特超，他一九五七年被打成右派前是省公安廳的一個中級幹部，另外兩個是一九五七年的學生右派。他們在新生開關廠勞教時是好朋友。」侯湘風在認真拉他的《春江花月夜》，目光似乎在凝視着前方甚麼地方。一邊低聲回答我的問題。「你是甚麼時候被判的呢？」我回頭看看侯湘風背後的窗子，確定走廊邊的監房裏上下兩層床上靠窗子都沒有犯人。沒有其他人能聽見我們的對話。「我被判過兩次刑，第一次是老劉被殺後不久，我被判處死刑立即執行，但宣判那天卻又突然被宣佈取消宣判大會，我又在六棟里被關了兩年，然後被判十五年到這裏來了。」我想起了在六棟里時聽見高音喇叭宣佈開宣判大會，後來又宣佈取消那個宣判大會的事。「你大難不死，必有後福呀！」我想開個玩笑，使氣氛輕鬆點，但我們都笑不起來。「老劉被從建新農場轉到六棟里馬上被上了腳鐐，他拼命敲門，撞門，大叫冤枉，當然沒有人理他」。侯湘風眼裏流露出一絲深深的淒切，他的《春江花月夜》也顯得更加如訴如泣。我一邊聽，耳邊響起了一九七〇年六棟里的叮噹作響的腳鐐聲——那個「紅色」恐怖多麼令人心寒。「甚麼地方出的鬚鬚呢？(黑話：事情怎麼敗露的呢)」我問。「你知道張家政嗎？」他不回答卻反問我。「當然」。「雷特超曾插手『湘江風雷』，我們的一些人也控制了不少造反派出版的小報。雷特超被當局注意是由於與張家政和一個『〇〇七』密件有關。」他的《春江花月夜》有點不太平滑了。他的眼睛在注意在操坪裏走過的犯人。有幹部從圍牆的大門進來，政治學習就要開始了，我趕緊站起來回到自己監房去。心裏一直在默默念着那個數字「〇〇七密件，〇〇七密件」。這數字我似乎聽見過，但卻想不起來是在哪裏和從誰那裏聽來的。

不久我被調到農藥組。這個組大多是年紀比較大的，因為給棉花打農藥屬於比其他下田的工作輕鬆得多的活。農藥組只有兩個年輕人，除了我之外，是一個叫鄧祥生的。我們倆各負責使用一台二衝程汽油機帶動的噴藥機械。因為背這種機器很要體力，也需要機械知識，所以有文化的年輕人被指定使用它們。其他老頭子都是使用簡便的手動農藥機，那種機器有個像自行車打氣筒的氣筒，用手打氣，容積小，重量輕。那時，中國剛開始自己大批製造這種二衝程小汽油機，質量不好，經常出毛病。為了讓使用這種機器的犯人掌握修理汽油機的技能，建新農場在五大隊辦了個學習班，把這些使用汽油機的犯人集中在那裏，互相交流經驗和學習。我和鄧祥生單獨去的五大隊，沒有幹部跟隨我們。那時幹部已經肯定我們沒有逃跑思想，所以讓我們當了三天「自由犯」。我自到五大隊來，那是第一回嘗「自由犯」的味道，走在通岳陽城的公路上，沒有幹部跟着，路兩邊是一望無際的水稻，時常可以碰到路過建新農場的農民，簡直像已不在勞改隊了一樣。但我們衣服上的勞改字，剃光的頭仍然是勞改的標誌。

到五大隊報到後，我們與其他隊來的犯人住在五大隊的禮堂裏。白天學習拆開汽油機，維修和排除故障。夜裏沒有人管我們。(有兩個晚上沒有政治學習！)睡在我旁邊的是一個四大隊的犯人，叫郭先標。他自稱「久聞」我的「大名」，他也是因為「文化革命中的問題」坐牢的。我細問他為何事坐牢，他神秘地反問我：「你知道〇〇七密件嗎？」我當然大吃一驚。真是「踏破鐵鞋無覓處，得來全不費功夫！」那天夜裏我與郭先標談到深夜，終於大致瞭解到「〇〇七密件」是怎麼回事。

郭是長沙鋁廠的一個普通工人，一九六六年底，毛澤東下令共產黨組織停止活動，允許老百姓自行組織政治組織時，市民多次衝擊省委、市委、軍區，要搜查當局把一些市民打成反革命進行迫害的「黑材料」。而毛澤東和中央文革小組卻意外地支持這些「造反派」。郭發覺周恩來和很多老幹部對此非常不滿，一九六六年十二月二十六日，中央文革與周恩來政府的衝突最激烈的時候，北京造反派開了個「誓死保衛毛主席，誓死捍衛中央文革」的大會，而保守派和「聯動」卻遊行支持劉少奇，高呼「打倒中央文革，打倒江青」。這個會後不久，郭經過湖南軍區大門外的大街時突然看見一張便條一樣的紙從一輛駛進省軍區的摩托車上掉下來，他撿起這個紙條，仔細一看，竟是周恩來的一個手令：「擬於一九六七年元旦全國統一行動發動軍事政變，手令周恩來。」他馬上找到了當時「湘江風雷」的「副司令」張家政，把他帶到家裏，取出他藏在蚊帳上的「手令」。張家政一看，大驚失色，馬上召集「湘江風雷」總部緊急會議，於是以「湘江風雷」的名義發了一個「一號命令」，這個命令要求所有「湘江風雷」的成員誓死捍衛毛主席無產階級司令部，誓死捍衛中央文革，隨時準備粉碎資產階級司令部的反革命陰謀。一九六七年元旦並沒有發生右的軍事政變，但是毛澤東卻支持造反派向共產黨的各級機構奪權。但到二月初，卻發生了一次真的右派政變，譚震林、葉劍英、陳毅等軍人在周恩來支持下圍攻江青，最後使毛澤東同意在全國拘捕造反派組織的首領。張家政也坐了牢。一九六七年七月，毛澤東宣佈為這些二月份被打成反革命的造反派平反後，張家政從牢裏一出來，就找郭，要郭將那個周恩來的「手令」給他，郭那時已找不到這個「手令」，張立刻就把郭軟禁起來。張在「湘江風雷」內部調查這個「手令」的去向，這個過程郭已不清楚，但這個過程中，郭發覺他有了一個同房，也是被張家政軟禁的人。在我再三追問下，郭說此人有勞教前科，因為關押他的人曾罵他「死不改悔的老右派，勞教了一次還不知道厲害」。那天夜裏我左思右想，記起侯湘風提到雷特超的活動被人發覺與○○七密件有關，我幾乎可以肯定，郭提到的這個人有百分之九十就是雷特超。

第二天夜裏我再三追問，周恩來的「手令」是真是假，郭卻支吾其詞。我問他：「是省軍區偽造的這個手令嗎？」「可能。」「是你自己偽造的這個手令嗎？」「他們(指當局)就是說我偽造這個『手令』而判我刑的。」「你到底偽造沒有呢？」「我……」「偽造這種東西對你有甚麼好處？」「他們說我企圖借此到北京去一趟。」我問來問去，問不出結果。那夜我腦子裏一串問號。如果郭真的偽造了這個「手令」，那他還真是個有政治頭腦的人，起碼看出一九六六年底有右派政變的可能就不容易。但郭看起來卻不像個很有知識的人。不管那個手令是真是假，張家政肯定是把它當真，或故意把它當真，並利用這件事玩政治遊戲。至少是向中央文革表示了他的忠誠。

兩天學習後，我回到了三大隊。那年冬天，三大隊大興土木，擴建監房，修築水渠，我又被調去「基建組」，做瓦工，修築房子。基建組的犯人有一部分是「大工」，其中又分「師傅」和「徒弟」。「大工」

是拿「砌刀」的技工，而小工是大工的幫手，做挑磚、挑灰的粗工。給我做小工的是個叫郭中柱的個子不高的人。圓圓的臉，全身上下都是勞改服，棉襖的腰上用一根粗草繩捆着。因為棉襖裏除了襯衣，沒有其他衣服，不用繩子捆緊，裏面空洞洞的，就會「灌風」。不少犯人家裏人給他們送衣服，所以他們總穿着一兩件家裏送來的衣服，而郭中柱顯然是那種家裏沒有接濟的犯人。他很少講話，臉上經常掛着謙恭的微笑。他來基建組之前，我從來沒有注意到他的存在，他是那種不引人注意的犯人，因為他看起來像個沒有野心的傻傻的鄉下人。

一天我開始砌磚後，只剩下我們倆在我工作的角落，我們倆一邊工作一邊聊起天來。我發覺他其實是個健談的人，他講一口稍帶瀏陽腔的長沙話，言談根本不像個鄉下人。幾天後，我才發覺他是那種「大智若愚」的傢伙，故意裝傻，裝成沒知識，其實他是個極有政治頭腦的知識分子。我們在一塊工作了兩個星期後，他悄悄告訴我他是劉鳳祥的朋友，劉鳳祥被殺時他也被關在六棟里。像侯湘風一樣他也被判處死刑立即執行，後來死刑判決被撤銷，他又被判處十五年徒刑。

我一邊砌磚，一邊問：「你知道劉鳳祥臨死前有甚麼遺言或反應嗎？」「我從一個犯人朋友處聽說，人保組一九七〇年初到建新農場十大隊來調劉鳳祥回長沙時，劉鳳祥把他所有的衣、物都送給了其他犯人。人保組的人命令他把所有東西都帶上，但他卻說『不必了！』看來他已經知道那次回長沙是與死刑有關。但犯人都說他的表情非常鎮靜。但是一到六棟里，他被戴上『死鐐』後，他馬上大喊冤枉。」看樣子郭中柱和我一樣，也在暗中調查瞭解有關劉鳳祥的一切。他的話使我忍不住要落淚，我想起了那個淒風慘雨的早春，我回長沙時心中的恐怖。

我忍不住問到張家政，○○七密件和雷特超的關係。郭中柱眼中有一絲恐怖，好不情願談這個題目。我站在竹木結構的高架上，用砌刀敲着磚，假裝沒有看到他的表情，告訴他：「灰漿桶已經空了！」他也假裝沒有聽見我的問話，挑着空桶走了。

好多天後，他自己主動跟我談起雷特超。「雷特超是個極有激情的人，他喜歡看關於俄國社會民主黨職業革命家的書。」郭中柱一邊把最後一塊磚從磚夾子裏取出來放在一大堆排在我身邊的磚堆上，一邊說，——四桶灰漿還有三桶是滿滿的，他可以休息一會了——「我們討論了好多次介入文化革命的策略後，他決定參加『湘江風雷』，首先掌握他們的小報，同時爭取影響張家政。」郭中柱靠立在一根腳手架的木柱邊，看我一塊磚一塊磚地砌牆。「老劉曾經對張家政有個『不懂政治，人格低下』的評語，雷特超找張家政之前知道老劉的觀點嗎？」我想起劉鳳祥在左家塘二十三號與張家政同住一塊時對張的評價。「不知道。但那時老劉也認為，如果一種政治思想沒有通過群眾性政派影響一大片人的利益，則不會形成政治實力。大家都認為要參與一個群眾性政派。」我知道他所指的「大家」是他們這些曾經被勞教的右派知識分子，至於他們有沒有有形的秘密組織，這是個我最終關切的問題，但我不敢貿然問他。郭中柱的話使我想起劉鳳祥關於逐個人地傳播他的政治觀點的效率的觀點。「但是張家政不但不合作，還在他們內部追查〇〇七密件的活動中注意到一批從勞教單位出來的右派分子對『湘江風雷』的『滲透』。他為了表明他是與『反革命造反派』不同的『革命造反派』，竟秘密成立了一個小組，專門負責破獲這個右派分子的『反革命組織』。」「他怎麼會知道有甚麼『反革命組織』呢？」我連忙問，手中的砌刀不由自主停下來。「……」沒有回答，郭中柱又挑着剛空出來的一擔灰漿桶走了。

我心中在想：老劉和雷特超肯定確定了參與造反派，通過這個政派，把少數知識分子的密謀變成文革中的「準」政黨式的活動，因而影響千萬人的計劃。而張家政卻破壞了這個計劃，反而使這些反對當局的知識分子密謀團體(不管有沒有有形的政治組織)暴露了。我不想再問，我想細節並不重要，瞭解到實質就夠了。我想起「一打三反」運動中的一個標語「文化革命暴露了階級敵人，現在是我們將無產階級專政的隱患徹底消滅的時候了！」我又想起張九龍關於文化革命中毛澤東給不滿共產黨的市民以機會發泄的話，也許毛澤東這種支持造反派的策略就從根本上注定劉鳳祥利用造反派的策略難以奏效。張家政可以通過支持毛澤東，反對周恩來使自己合法化，他為甚麼要支持「右派分子的反革命組織」呢？也許雷特超的失敗不是張家政的個性造成的，而是毛澤東支持造反派的策略對這些右派的策略極不利的問題。如果毛澤東不支持造反派，這些造反派都會是右派分子的支持者。我一邊想，一邊在替老劉難過，他的失敗也許不是偶然的。

過了兩天，我想起有一個細節卻有實質意義。我問郭中柱，為甚麼劉鳳祥一九六九年被當成操縱「省無聯」的黑手被判刑，而那時雷特超和其他人都沒被判刑呢？郭中柱用手揩掉由於寒冷掉下來的鼻涕，將它擦在腳手架的木柱上，眨眨眼，慢慢說：「老劉一直反對有任何有形的政治組織，這大概是張家政追查雷特超的『組織』時沒有牽涉到老劉的原因。」我想起老劉臨死前所說：「在現在的中國，搞秘密政治組織幾乎不可能不被破獲。」我始終不敢開口問他「究竟是否存在一個『中國勞動黨』，老劉是否參加了這個黨」。但從與他的談話，加上我想起老劉說過的一句話：「人與人的關係就是政治實力，不一定要有有形的組織」。我作出一個判斷，大約老劉一直主張積極的政治活動，但不主張有有形的政治組織，而雷特超和其他幾個被殺的人是主張成立一個「勞動黨」的。但有一點他們是一致的，就是通過發展與造反派領導人的關係，把他們的右派政治觀點和主張轉變成公開的群眾性政派活動。

春節到了，春節有兩天休息——沒有政治學習。春節前我妹妹楊暉帶着一提包食物和書籍來看過我一次。食物中有兩罐煉乳，還有一包咖啡塊塊和一包可可粉。我們基建組的所有人除開我這個過去的「高幹子弟」從未見過咖啡和可可。春節那天，我請盧國安在監房裏用一個我們自製的煤油爐煮了一大臉盆咖啡和一鋁臉盆可可(平時在監房生火是非法的，但犯人總偷偷地背着幹部煮東西吃)。幾位泥工師傅和學徒加上我的小工郭中柱坐在盧國安靠監房後部的窗口邊的上鋪上喝咖啡、可可過除夕夜。大家都對第一次嘗試這種「洋玩藝兒」十分感興趣。儘管我們放了不少糖，還有人在皺着眉頭叫「苦」。盧國安家裏是長沙市郊的菜農，喝了一口咖啡，連連砸嘴：「怪不得『政府』(意指當局，幹部們常常自稱『政府』)告訴我們西方資本主義國家的人民生活在水深火熱之中，『苦』得不得了，這真是一點不假，他們天天喝這麼苦的玩意兒，真是活受罪了！」大家哄堂大笑。郭中柱慢慢品味着熱咖啡，滿臉熱氣騰騰。我從眾人滿意的神態感到一種慷慨的自我滿足。郭中柱靠近我說：「老劉文革中很早就注意了你，他不喜歡張家政，但卻很喜歡你和張玉綱，他認為你是這一代人中的一塊牌子，他說：『我們爭取到楊曦光會是個極大的成功！』」我心裏暗暗吃驚，眼角看着左右，發覺其他人都在大聲聊天，沒有人特別注意郭中柱的話。在這春節的夜裏，我回想起一九七〇年初在左家塘老劉那次與我的密集的交流，我那時怎麼就沒有認識到我早就是他的『目標』呢？」

我對老劉的案情的瞭解以後一直無法深入下去。但我越來越相信老劉是反對有形的政治組織的，當局也沒有任何他參加組織「勞動黨」的過硬的證據，而一九七〇年殺他的理由完全是因為他的政治潛在能量太大，不殺了他，共產黨覺得不放心。他的人格，他的智力，他的政治洞察力，他的品德都是對共產黨政權的極大威脅。我很奇怪，我見到的地下反對派政治活動中第一流的人物，像劉鳳祥、張九龍為甚麼都被共產黨發現和殺掉了呢？共產黨也真厲害，要不是殺了這些人，共產黨的江山可能早就不牢固了。但是他們也付出了代價，像中國勞動黨一案，由於四個核心人物都被殺，這個知識分子密謀團體的很多細節也許對世人永遠是個秘密，沒有人可能全部搞清這個團體的整個故事。

# 22 演說家

又是一個烈日灼人的初夏早晨，我躺在床上不想起來，一想起艱辛的勞動就頭皮發緊。「催命鐘」已經響過一陣了，天才朦朦亮。那是伙房的犯人敲一段鐵軌做成的鐘，催犯人起床。監房裏響起了各種各樣的聲音。犯人們去伙房挑飯挑水桶子互相碰撞的聲音，伙房前人們互相爭吵的聲音。

早飯除了每人五両米飯外，又是鹽菜。這種鹽菜看去黑黑的，聞起來已有臭味，實在難以送飯。一些犯人有意將這種臭鹽菜倒在犯人集合時幹部站的地方，以示抗議。

犯人還沒吃完飯，我們中隊的李指導員就進監房來了。他站在撒着一堆堆臭鹽菜的地方，高聲喝問：「誰把菜倒在地上？向無產階級專政示威呀！」沒有人回答他。他怒目圓睜，走近還坐在操坪裏吃飯的犯人，一個個看他們。他們只好匆匆將剩下的飯倒在一個收集豬食的缸裏，跑去集合。

隊伍還沒完全集合好，一個叫王百球的年輕犯人就走到李指導員面前，「報告幹部，我今天不能出工。」

「為甚麼？」李指導員朝他一瞪眼。

「我來月經了！」

「狗雞巴日的，哪有男人來月經的。」李指導員一邊罵，一邊忍不住要笑。

「共產黨主張男女平等，婦女有月經，男的怎麼沒月經？」王百球故作認真地。

姚寶忍不住笑出聲來，一邊笑一邊罵：「烏龜搞名堂，——只聽得殻響。」李指導員眯着他那雙細眼睛，忍不住他的笑意，操起他那一口地道的岳陽話，「狗雞巴日的，你爺娘真是白白耽誤了一晚的瞌睡，給我滾出去做事！」

犯人們都知道李指導員沒有文化，說話做事沒水平，但是犯人們都覺得他比有點文化的稽隊長和楊管教好。第一，李指導員不識字，他不能看犯人打的小報告，所以打小報告這一套在他身上不起作用，很多KGB式的犯人在他面前沒有用武之地。第二，犯人跟他開開玩笑問題也不大。

說話間，犯人的隊伍已站好，每個小組站一列，一個中隊站了上十列。李指導員站在隊伍前，高聲說：「你們中有些傢伙就是不服從政府管教，對無產階級專政示威，出工時不好好幹活，偷起農副產品來，卻勁頭十足。有些傢伙的衣服裏用布釘個大口袋，專門用來裝偷來的農副產品，今天我就要來檢查這些布口袋。值班犯人！給我到糞池子裏舀一桶糞來！」李指導員走過來，要犯人解開衣服，檢查衣服的裏面是否有布口袋。他發現幾個犯人用布釘在衣服裏面的口袋。這時值班犯人已經抬來一桶糞，李指導員令值班犯人舀一勺糞放在每個有大布口袋的犯人的布口袋裏。李指導員還用手揉一揉這些犯人的衣服，讓大糞滲透他們身上。他一邊說：「看你下次還偷不偷農副產品。」大概有十幾個最喜歡偷農副產品的犯人受了這種懲罰。我心裏卻想，這些犯人以後一定會偷得更厲害，因為他們要把這次的損失賺回來。犯人中有個口號：「偷農副產品是犯人的神聖權利！」因為伙食差，犯人們經常偷自己生產的農產品，然後在監房裏用自己製的煤油爐或柴火煮着吃。王百球自然也有個大口袋，也免不了被裝了一口袋臭氣熏天的大糞。

李指導員正在給這些有「大口袋」的犯人裝「禮物」時，一間號子裏卻衝出一個矮個子犯人，左手拿着一個臉盆，右手拿着一根木棍，他一邊用木棍敲着臉盆，一邊高聲呼喊：「虎是獸中之王，毛澤東是人中之王。」噹噹，幾聲臉盆的敲擊聲。「你要講公理，你打不贏這人中之王可不行……要講公理就要打得幾個人贏，要打得贏人中之王，打得贏所有人的人又不會講公理。」噹噹，又幾聲臉盆敲擊聲。李指導員馬上叫值班犯人把這個小個子老頭帶走。犯人們都在議論，我旁邊有人說：「這傢伙叫龍才早，解放前是個律師，滿口『累子』，他是個瘋子。」龍才早被帶走時，他還在叫喊：「國民黨自由不平等，共產黨平等不自由！」政治犯們聽着他那漸漸遠去的聲音，都露出會心的微笑。那天我是在監房圍牆裏砌築把三個中隊互相隔開的圍牆，當局修這種圍牆，顯然是為了控制三個中隊政治犯之間的「遊監竄號」。大部分犯人出監房後，我們幾個基建組的人在監房裏開始了工作。我開始砌牆後，看見龍才早慢慢從號子裏出來，背着雙手，抬頭望天，若有所思。他的臉顯得十分嚴肅，稀稀的山羊鬍子隨下巴晃動着。他的單眼皮和已略顯斑紋的臉是中國那種不太好看的老人所特有的。他右太陽穴上的一塊膏藥更使他看起來像個潦倒的舊鄉紳。我站在腳手架上向龍才早招手，要他過來。他旁若無人，不知是沒看到我的手勢，還是根本不理睬我。和我一塊在砌牆的盧國安問我：「你要龍才早過來幹甚麼，他張口就是『禍』」。我們正在等小工準備磚和灰漿，我用砌刀敲着腳手架說：「我很想聽他的演講。」盧國安一邊接過小工遞過來的一桶灰漿，一邊說：「你只要叫他龍律師，他就會過來。」「龍律師！」我大聲叫道。龍才早果然回頭看我一眼。「龍律師，我最喜歡聽你演說，你過來，我一邊砌牆，一邊聽你演說。」龍才早走過來，快到腳手架時，突然向後一退：「莫打我，我是砧板上的肉，橫切，豎切，遲早都是你的。」我看着他一隻手抱頭的架勢，心裏不禁淒然，他一定是挨過不少打，才變得這樣瘋瘋癲癲。「龍律師，我不會打你，我是要做你的學生，聽你老人家講演。」「你貴姓？」「姓楊，你叫我小楊好了。」「小楊，你相不相信，中國自一九四九年後沒有商法、民法有幾十年了，解放前，沒有商法、民法，行事就沒有方寸，沒有規矩。國民黨雖打不贏共產黨，民國二十年就有了民法、商法、公司法。如今是無法無天，無法無天呢！」我一邊砌牆，一邊聽他站在旁邊演說。他一講起法(每當別人稱他龍律師)時，言語、舉止就不再像個瘋子。「小楊，你曉得陪審制度吧，英國普通法、大陸羅馬法都有陪審制度。」「甚麼是陪審制度？」「兩個人打架，扯間的人要與打架雙方無關才有公正，陪審團就是與告狀的和被告無關的，判決由陪審團作，陪審團成員有時是從街上臨時請來的與案子無關的人。」我忍不住停下了手中的刀子，「世上哪有這種事，請街上的人判案子。」我心裏想。我雖然早就知道十九世紀初，法國比普魯士先進的一個地方就是法國司法制度中的陪審制度，但我一直不知道陪審制度是甚麼，中國一九六〇年前也有陪審員，但那是政府官員。法院、陪審員、檢察院、公安局都受共產黨領導，大躍進後陪審員和律師都沒有了，文革中犯人申訴都要受懲罰，更不用說陪審了。龍律師講的陪審制度對我們這些犯人來說真像天堂中的故事，又新奇，又美好，又刺激。

龍律師走來走去，大聲向我「講演」，嘴巴直冒白沫，講着講着又不正常了，朝上又翻白眼，手指天空，像罵人一樣：「嘴巴兩塊皮，講話沒高低，嘴巴兩把刀，殺人血直標。」他朝上翻翻白眼，斜視我一眼，又大聲用嘶啞的聲音吼：「虎是獸中之王，『毛』是人中之王，你要有公理，就要打得贏『毛』。」停一停，他又叫道：「人抬人，無價之寶，人比人，氣死人，人踩人，踩死人，毛澤東，今天人人抬你，明天人人踩起你來，你才會記得韓信的話『載舟之水也覆舟』！」我和盧國安都急了，因為他這樣罵毛澤東，會給他帶來殺身之禍的。我們都叫龍才早：「龍律師，莫着急，到我們這邊來，慢慢細聲給我們講演，只要我們聽得見就行了。」龍才早根本不理這一套，橫我們一眼，又大聲像唱戲一樣吟詠道：「孟子曰『恒產有恒心』，你共產黨偏不准私人有恒產，看你這螃蟹如此橫行，能到幾時！」

我們制止不住他，只能用砌刀把磚砍得乒乓直響，別讓崗樓上站崗的哨兵聽到龍律師罵毛澤東和共產黨。

第二天，我們還是忍不住叫龍律師來給我們「講演」，他的講演實在太好聽了。這次龍律師比昨天小心多了，他走過來貼着我耳朵神秘地説：「小楊，你不能告訴別人呀，你知道嗎？你向我保證不講出去。」我蹲下來，點着頭，直想聽他的秘密。他貼着我的耳朵，使我都能聞到他的口臭味，他用蚊子叫一樣小的聲音對着我耳朵説：「小楊呀，彭德懷是個好人呀，你不要相信毛澤東罵彭德懷的話呀，毛澤東是自知理虧才大罵彭德懷，還逼着全中國人民一起罵彭德懷呀！你知道吧，要是依了彭德懷的，一九五九年就不會餓死那麼多人了。」我忍不住大笑起來，心裏覺得龍律師講得真痛快(那時沒有一個人敢講這種大逆不道的話)，龍律師大惑不解，不知道我笑甚麼，皺起眉頭，眼睛中有一絲恐怖，他大概是以為我是那種他經常碰到的支持當局的人。我連忙向他説：「你是個大好人，你是個有良心的大好人！」龍律師像個大孩子受了表揚一樣，不好意思的樣子。

龍律師就這樣給我們作了三天講演，有時正常，有時瘋癲，正常時非常理智，講的道理我們從未聽見過，發瘋時破口大罵，但也總是有一些哲理性強的句子。三天後，龍律師又被李指導員逼着出去勞動了。李指導員從不大關心犯人的思想，只關心要他們勞動，不偷農副產品。龍才早在他手下可能比在其他幹部手下安全。

龍才早出工的那天，我們像丟了甚麼東西一樣，沒有機會聽他的「講演」了。我們特別喜歡這種瘋瘋癲癲的人，一是因為這個社會是個瘋狂不講理的社會，「瘋子」反而講的都是真話，「瘋子」反而是最講理的。二是我們看了這麼多迫害，我們不喜歡，不，是害怕嚴肅的人，我們喜歡龍律師這種瘋瘋癲癲不嚴肅的人。那天下午收工時間，監房的鐵門一打開，我們就留意，龍律師回來沒有。門口突然人聲嘈雜，一隊犯人哄堂大笑着魚貫着湧入監房。我們忙問先進來的犯人發生了甚麼事，犯人們笑得前仰後合，好一陣才透過氣來回答我的問題。原來今天收工時，李指導員站在監房大圍牆門前的值班室前。他不是值班幹部，有個姓柳的幹部專門負責登記進監房和出監房的犯人人數。犯人開始向柳幹部報數進監房時，李指導員發覺王百球的衣服鼓鼓囊囊的，他知道這傢伙又偷農副產品了，前兩天在他大口袋裏裝糞還沒吸取教訓，他厲聲喝道：「王百球，你衣服裏鼓鼓囊囊是甚麼東西？拿出來我看看！」王百球一萬個不願意，連聲解釋：「沒有甚麼東西，沒有甚麼東西。」李指導員看他那個鬼鬼祟祟的樣子。更是抓住不放，衝過去抓着王百球的衣領，「既然沒甚麼，就讓我看一看嘛！」「你為甚麼硬要看呢，你會不高興的。」王百球死抓住自己的胸襟，不肯鬆手。李指導員一把扯開衣服，一包牛皮紙包露出來，他一把搶過去，得意地說：「王百球，你今天又不老實，偷了東西還想蒙混過關。」王百球輕聲嘀咕：「那是我要化驗的東西。」李指導員把那一個牛皮紙包放在值班室的桌子上，慢慢打開，等着進監房的犯人們都在眼瞪瞪地盯着那一包東西。李指導員打開一張紙後，裏面還有一個紙包，他稍稍皺一下眉頭，又打開另一層紙，紙一攤開，竟是一堆黃澄澄的人的新鮮大便，臭氣熏天。王百球還在那裏不停地解釋：「告訴你不是農副產品你不信，今天早上幹部要求我們把自己的大便送給醫務室做血吸蟲化驗(洞庭湖區是血吸蟲病流行的地方)，這是我要送去化驗的大便，告訴你別打開，打開你會不高興的，你也不相信！」犯人們哄堂大笑，李指導員看着那一大堆大便，氣得連連直罵：「王百球你狗雞巴日的，你狗雞巴日的！」柳幹部過來圓場，對犯人們喊道：「給我報數進監房，叫值班犯人來把這包東西給我處理掉。」犯人們一個接一個胡亂報着數跑進了監房，一個個笑得前仰後合，柳幹部也顧不得報數準不準了(平時他是一個組少一個人都不准進監房，以防止有人逃跑沒被發覺)，讓犯人們一窩蜂地進來了。王百球的惡作劇是對李指導員給犯人口袋裏裝大糞的報復，從此後李指導員再也不敢朝犯人的「大口袋」裏裝大糞了。

龍才早被李指導員逼着出工後的第三天，我們又有了一個新的講演者，他叫楊桃年，是個比龍律師稍高一點的矮個子，他講一口瀏陽話，看樣子十分嚴肅，但他做的事總是叫犯人開心。他每一兩個月就要宣佈一次「不出工」，説是抗議政府不講「法度」，每次他都要在監房裏呆三四天。幹部們進來逼他出工，他就與他們辯論，他的「理論」是佛教、道教和儒家的混合，誰也不知道他説的「法度」是甚麼，也很難聽懂他的理論，但他從來沒有辯論輸過，——天曉得輸贏的標準是甚麼。犯人們認為他沒輸過大概是因為他辯論時總是理直氣壯，聲音從不低於幹部的聲音。幹部們想盡了辦法整治他，把他關小號子，開大會批鬥，他卻是「我行我素」，從不改變。後來幹部也放棄了改造他的希望，漸漸聽之任之。他成了全大隊唯一一位有「特權」，可以自己「宣佈」不出工就不出工的犯人。那天他又宣佈不出工抗議政府沒有「法度」。我和盧國安等幹部離開監房後叫他出來給我們「演說」(我們還在砌那些該死的小圍牆)。楊桃年講話的風度像鄉下那種「土知識分子」，自己是農民，但由於父輩是鄉間有知識的紳士(當然是在「舊社會」)，有些「土洋結合」的知識。

楊桃年給我們講演時目光盯着我們，非常自信，講話的腔調像唸古詩的吟詠，也有點像和尚講道。他一會兒講文化革命中中央文革成員(極左派)戚本禹和王力的文章，說這些文章說明天下要大亂了，共產黨亂了「法度」，一會兒講，周總理是最知道法度的，他的好政策都被下面的壞幹部變成壞政策了。我聽了半天，才明白，他說的「法度」與法律並沒有關係，而是佛教、道教所講的某種秩序和規矩。他的講演還告訴我們好多處世哲學，他告訴我們，官場裏的上下級關係，意識形態觀點都是很淺的關係，最重要的關係是那種有私人利害的關係，才是最靠得住的。他還給我們背了一段諸葛亮向劉備評價劉表治蜀的政績，楊桃年搖着頭說：「諸葛亮説劉表對他的下屬是『寵之以位，位竭則歹，惠之以利，利盡則反』，諸葛亮建議劉備治蜀要『限之以爵，爵加則知榮，威之以法，法行則知恩』。」我看着他搖頭晃腦、矜持自信的樣子，知道他自認為有「治國平天下」的本領。我問他：「你沒有權，怎麼能實現你的抱負呢？」他胸有成竹的樣子：「孟子曰：『物必先腐，然後蟲生，人必自侮，然後人侮之，國必自伐，然後國伐之，敬人者人恒敬之，愛人者人恒愛之。』共產黨內部自相殘殺，對人民不敬，不愛，天天搞階級鬥爭，不要幾年，他就會自己搞垮自己的，到那時，『英雄自有用武之地』。」他看起來對政治局勢如何發展已有一些預見，我忙問他：「你看毛澤東死後，甚麼事會出現呢？」他很高興我問他這個問題，但他的回答卻大出我意料。「毛澤東死了後，中國會是佛家、道家的法度之天下，我掐指一算，毛澤東死後會有一個過渡的政治人物，這個過渡的政治人物之後，會有一位姓趙的人掌管中國政治。」「天下這麼多姓趙的，你知道會是哪個姓趙的呢？」「我想了好多個晚上，最可能是中國佛教協會的頭頭趙樸初！」我聽了大失所望，趙樸初根本不是個搞政治的人，他是佛教協會的頭，能寫極好的古典詩詞，他怎麼可能成為中國的政治領袖呢。但是我仍然喜歡聽楊桃年「講演」。

幾天後，全三中隊開大會批鬥楊桃年，他的主要罪狀是拒不出工和寫信給周總理。那封信指責基層幹部亂了「法度」，不執行周總理的政策。楊桃年是我看見的被批判的犯人中最勇敢的之一，從不低頭，從不口軟，挨批判時，還要還嘴，用他的「法度」批判幹部。楊桃年的刑期是七年，比龍才早短八年，他比我先滿刑。

好多年後，趙紫陽當了總理後，我突然記起楊桃年「掐指一算」預見毛澤東之後一位姓趙的會掌權的事。想不到世上的事情有如此巧。也許冥冥之中，楊桃年的「法度」真在起作用呢。

華容縣來建新農場砍草打柴的老百姓經常與建新農場的幹部衝突，大多是因為幹部們認為老百姓砍柴侵犯了建新農場的利益。因為這些衝突，這些老百姓與犯人的關係變得很好。有好多次我們聽到他們說，政治犯是道德品質比常人更高尚的人。

我聽了這評價心中自愧配不上他們的尊敬。但是我們小組的沈子英卻是真夠得上被稱為道德品質極好的人。同組的誰有困難，他總是盡能力幫助。每天早上的開水每人只夠一茶缸留着喝。有的犯人有時沒開水了，他總是把自己的開水讓給他們。他沒有了開水時，從不向人要，總是自己去喝生水。但是沈子英卻有一個極大的毛病，他每天有十幾個小時在不停地用他那湘潭方音發表政治演說。有時夜深人靜了，他還在滔滔不絕地講，使同組的犯人睡不好覺。有人抗議，要他到房子外面去講。他馬上穿上衣服到外面去了。有天我半夜起來小便，看到他在月光下空無一人的操坪中走來走去。他個子矮小，眼睛細小，剃光的頭在月光下閃着光。他在大聲地「發表政見」，但臉色看去卻十分冷靜。我注意傾聽，他在說：「……一九五四年統購統銷，說是政府沒有足夠的糧食發展工業，其實是你共產黨一九五三年搞三反五反把糧食商人都打成奸商，共了產了。一統購統銷，糧食倒真是少了，農民也餓肚子了。」他的「政見」讓我大吃一驚。平時他也自言自語「發表政見」，但聲音小得旁人聽不清。他走路時這樣，勞動時這樣，旁若無人。所以大家都認為他是有「精神病」。但是他今天的「政見」卻如此條理清楚，邏輯井然，根本不可能出自一個「瘋子」之口。他講的統購統銷，我一直以為是像政府宣傳的那樣，由於工業化的需要，糧食供應不夠，而採取的政策。從沈子英的這段話，我才知道歷史事實完全相反。我想起有人告訴我沈子英一九五四年時是位農民，政府統購統銷把他的大部分糧食強制以低價「購」走，他全家處在飢餓的邊緣，沈子英去糧庫偷糧食被發覺，被判四年徒刑。我原來一直以為他是個不懂政治的普通農民，但卻想不到他的政見比我這個受過很好教育的人還高明。

沈子英又嘟嘟噥噥地講歷史。我注意地聽，他是在講劉少奇：「劉少奇一九六二年搞三自一包(自由經營，自負盈虧，自留地，包產到户)，農民皆大歡喜，獨有你毛澤東不高興，又要批判三自一包，又要打倒劉少奇，你是千夫所指的秦始皇，你作惡多端，不得好死！」他的聲調漸漸提高，越來越大。他的臉色也從平靜變得因憤怒而扭曲。他手指着監房圍牆一角的崗樓大聲兇罵：「你共產黨做盡壞事，又不准人批評，哪有這麼好的事！我就是要罵你，罵你！除非你取下這塊共產黨的臭招牌！」他咬牙切齒，充滿着仇恨。我不敢聽下去，這種話在當時是夠殺頭罪的，如果有人指控我聽見了這類「攻擊污蔑共產黨和毛主席」的話，説我沒有報告幹部，我也會有麻煩。

不久，在一次宣判大會上，沈子英就被宣佈加刑到二十四年。自從他一九五四年因「盜竊糧食」被判刑四年以來，他已經六次因政治上的「反動言論」而被加刑。每次都是在他刑期快滿時又加刑兩年或四年。在宣判大會上，我想起沈子英關於劉少奇和毛澤東文化革命中的衝突，我真不明白，他這樣一位普通農民，在勞改隊被開了二十來年，對社會上的政治情況卻如此清楚。

那天宣判大會後，我們從閘口步行回三大隊，沈子英就在我旁邊行走。他臉色陰沉，有一塊白內障的眼睛閃動着恐懼和仇恨。他又在喃喃自語。我靠近他，仔細傾聽。「一九五八年加我的刑，把我五花大綁，一九六一年加我的刑，把我銬了兩天，一九六四年加我的刑，把我反銬一個星期，一九六六年加我的刑，你們把紅衛兵搞來，把我一頓好打，打得我幾天起不了床，你們共產黨要把我磨死在牢裏就講明呀！不要這樣零刀子碎割呀！……楊管教前天又嚇我，——曉得我膽子小——再這樣講下去會殺頭的。你們也曉得怕我講呀，講真話就要殺頭呀，你曉得怕人講真話你就少幹點缺德事呀，你共產黨就是又要做壞事又不准人講你，天下哪有這種道理！」我聽着他叨叨，心裏很是痛快。其實很多中國人大概都有沈子英這樣的想法，這才是真正的中國人呢！那些天天喊萬歲，天天指鹿為馬的人，怕是早就丟了中國人的魂了。

冬去春來，又是一個萬物復生的季節了。田野裏已是一片青綠，勞改隊在三月底四月初就開始犁田了。還是最原始的方法，用牛拉着木犁把泥犁過來，把綠肥壓在泥下，然後用牛拉的鐵鈀把水田打平。犁田前，犯人們把牛棚和豬棚的豬牛糞挑到田裏，犁田、耙田後，犯人們就開始了插秧。往年插秧都是在五月初，今年因為建新農場推廣一種「小苗移栽」新辦法，四月中秧苗還很小時，就連泥一塊塊從秧田鏟起來，然後插到田裏去。

勞改隊的幹部最不喜歡我們這類長沙大城市裏來的人，因為這些人文化比幹部高，能説會道，鬼點子多，不如鄉下人老實。但是到了插田和收割的農忙季節，這些城市裏來的人手腳靈便，效率往往比鄉裏來的人高得多。我們中隊，盧國安和我都是最快的插秧能手，插起秧來，旁人看不清我們的手，一天最快能插七八分田。我們都是長沙人。

但是勞改隊越是能幹的人越吃虧。像我和盧國安這種插田快的人，總是逃不脱插田的重勞動，而那些效率低的人卻有機會被安排去做輕鬆的事。我自從學了這點「勞改經驗」後，再不願意加快插田的速度。我們組插得最慢的當然是沈子英，他不慌不忙地站在水田中，像害怕傷着秧苗一樣，一根一根慢慢地把秧插到田裏，插幾行，伸直腰看着栽在水田中的秧，口中還在念念有詞。我在沈子英旁邊慢慢插，也想聽聽他的「演説」。他在談論毛主席的有名的著作《為人民服務》。「我們所做的一切都是為人民利益的。」沈子英背了毛主席這篇文章中的一句，右手慢慢把一撮秧從左手一把秧中扯出來栽進泥裏。那時所有犯人都必須背誦毛主席的三篇文章：《為人民服務》、《紀念白求恩》和《愚公移山》。「對講這種漂亮話的人可得小心，」他伸直腰看看秧，好像是在對秧講話，旁若無人，面無表情。「如果有人自稱他是自私自利的，要和你做生意，你可以放心跟他做生意，他不會損人利己的。如果一個人自稱毫無自私自利之心，全心全意為人民服務，那他一定是要佔你的便宜，要你為他的私利作出犧牲的！」沈子英實在插得太慢。我即使保持最慢的速度，不久就把他拋在後面好遠了。下一輪我又趕上他時，我與他之間已隔了另兩位犯人。沈子英還在那裏發表他的演說：「你們聽着，我這是向世界聯合國發表演說，聯合國的代表們，我告訴你們，中國要分成很多很多社區，每個社區要按我這樣計劃，所有的房子都坐北朝南，兩層樓，自來水塔和供銷社要修在社區中心，每個供銷社旁邊要有一個包點鋪。機械化一定要自願，不要搞得像共產黨一樣，越多機械，越虧本。……」我又插完一排秧後，沈子英還在他那第一排中不急不忙地插，他現在的演說又換了話題，是關於工人與農民的關係的。「共產黨進了城就不記得農民了，進了城又怎麼樣？你們城裏人沒有我們鄉裏人，一天都活不下去，試想想，如果沒有我們種的糧食，你們能活一天嗎，你們一天不吃飯能過嗎？我們鄉裏人沒有你們城裏人卻照樣活！」

因為沈子英做事的低效率，沒有一個組的犯人歡迎他。因為每天每個犯人的任務都是定了量的。每個組每天要完成了所有犯人的定額才能回去休息。由於沈子英的低效率，也由於他的各種不討幹部喜歡的「政治演説」，他在全大隊大會上被批鬥過一次。

那次批鬥大會是在伙房邊的禮堂開的。三大隊的楊管教主持大會。禮堂的舞台上掛着大横幅：「抓革命促生產，批鬥反改造分子沈子英大會」，沈子英幾個字故意寫得歪歪斜斜，上面還打了大叉叉。

那是個春雨連綿的夜晚，七八百犯人擠在泥土地面的禮堂裏。楊管教宣佈大會開始。他首先宣讀了沈子英的罪狀：「反革命壞分子沈子英，男，現年四十三歲，一貫對黨和社會主義制度極端仇恨，多次惡毒攻擊偉大領袖毛主席和光榮正確的中國共產黨，自一九五四年他第一次犯罪判刑以來，被我公安機關加刑到二十四年。沈犯子英在春耕生產大忙季節仍不思悔改，頑固堅持反動立場，消極怠工，積極反改造。反改造分子沈子英，給我站到台上來！」

一個穿着露出棉絮破棉襖的小個子從禮堂後部的人群中站起來，慢慢朝舞台走去，邊走邊嘟囔着：「你們搞錯了，我虛歲四十一，民國二十一年的庚生八字。我攻擊得惡毒，但我講的都是事實！」沈子英講話的語氣和態度已不像平時那樣理直氣壯，辯護的味道多於進攻的氣勢。看得出來，在眾目睽睽之下，幾百人的批鬥會上，他的勇氣和自信已陡然失去了很多。

批判發言者都是犯人。我們組的學習組長、生產組長和另一個「靠攏政府」的犯人是其中之一。這些批判發言所「揭發」的沈子英的「反革命言行」都是大家平時早就知道的，像我這樣的聽眾，心裏都非常同情和欣賞他的言論。相信和我一樣感覺的犯人不在少數。但是每個批判發言後，都有值班犯人帶頭喊口號：「沈子英不投降，就叫他滅亡！」「徹底批倒批臭反革命分子沈子英！」所有犯人都必須跟着呼喊口號。其中大約有四分之一的聲音高昂，拳頭舉得很高，二分之一的人跟着小聲喊口號，舉拳頭，還有四分之一沒有聲音，拳頭也舉得不高，但是幾百人的聲音匯合在一起，對被批判者而言，已是夠嚇人的了。沈子英的三角眼低垂着，不敢抬起來。犯人每次呼喊口號，他的頭都低得更低。口號停止後，他的頭又慢慢抬高，口又在微微地動，雖然我聽不見他在說甚麼，但他肯定又是像平時一樣，大發「政治評論」，不過這類評論一定比平時溫和得多，可能辯護自己多於攻擊當局。

兩三年後，沈子英又被加了四年徒刑。看樣子，當局是絕不會讓他這一輩子再回到社會上去了。他每次快滿刑，馬上又被加刑。這大概是為甚麼社會上看不到批評共產黨的人，全世界都以為中國人本性馴服，對共產黨毫無尖銳的批評的原因。從沈子英身上，我看到中國人的本性並不是那麼馴服的，至少不像人們在中國社會上看到的那樣馴服。保持中國人向當局挑戰的性格的人卻充滿着勞改隊和監獄。

# 23 何老師

何敏和是三大隊墨水喝得最多的人之一。一九七〇年代的勞改隊墨水喝得多是件壞事。勞改隊的幹部墨水喝得不多，都不喜歡墨水喝得多的人。用李指導員的話來說，「讀書讀得越多，就越蠢，思想越反動。」他大概是因為文化高的犯人喜歡引經據典與勞改幹部辯論形成的這個印象。

這種讀書越多越蠢的觀點在文化低的犯人中也很有市場，因為不少人都認為中國的讀書人只會動嘴講空理論，不瞭解實際，不會動手做實事。勞改犯人們都明白這個知識越多越反動的理論，所以全都故意把自己的文化水平壓低。小學畢業生自稱「一字不識」，中學畢業生自稱「只念過小學」，大學畢業生自稱「只念過中學」。可是何敏和卻沒辦法降低自己的文化程度，因為他有一副深度近視眼鏡。這副眼鏡鏡片中有好幾層圓圈，何敏和的眼睛在鏡片中變成了像老鼠眼的一雙黑點。再不識字的人也知道，要不是讀了太多的書，絕不會變成這樣的四眼狗(像那種兩條眉毛像眼睛的狗)。所以大家都叫他何眼鏡。

除了這副眼鏡外，何敏和一點都不像個讀書太多的人，他出工時赤着腳，印着勞改字的衣服已破舊得變了色，腰間用草繩捆着一塊破麻布片。他在田裏做起農活來，一點也不示弱，雖然不是效率最高的，但也絕不會落在最後。特別是在吃飯問題上，他已沒有一點讀書人的架子，他可以吃任何能塞肚子的東西，我看見他吃過生的活泥鰍，吃春天田裏的油菜梗子。每天飯後，他總是爭着去倒洗碗的桶裏的水，他小心地把水倒掉，用一塊紗布把桶底的飯菜渣子接住，然後吃掉。洗澡的時候，何敏和露出了他的鬆鬆的肚皮，看得出，他以前是那種大肚子的上層人物，現在肚皮下的脂肪都消失了，只剩下一層鬆鬆的皮。他一定是以前肚量很大，才會顯得如此飢餓。

何敏和還保存着一些不受下層社會小人物歡迎的上層社會的習慣。比如他從不與他人分享他家裏給他送來的食物。他比那些習慣於下層社會困苦生活的人更不能掩飾飢餓造成的強烈食慾。我們大隊有不少扒手和農民出身的人，他們往往更能控制自己，飢餓時不會去撈洗碗桶裏的飯渣。自己有了特別的食物往往與同伴分享。奇怪的是我的一個扒手朋友用他的零用錢買香皂，而何敏和卻用他的所有錢買食物。下層小人物與上層人物在勞改隊好像互相換了位，下等人變得比上等人更講究文明。很多下等人出身的犯人不喜歡何敏和，據說是與他這種不顧面子、不關照他人的作風有關。

但是我卻喜歡何敏和，我知道他有一肚子「真墨水」。我剛到勞改隊來時，寫信給家人，請他們給我買了一套高等數學的教材。我用晚飯後，政治學習前的時間及雨天休息的時間讀這套書。一年後，我已讀完了一冊。我試着做書後的練習，但卻根本不能解題。我發覺數學是沒法自學的，必須找老師。自然我看上了何敏和。他是一九四八年從中山大學畢業的，一九四九年後一直在當工程師。

記得我第一次拿着高等數學課本去找他，稱他為「何老師」，他高興得合不攏嘴。周圍的人(包括幹部和不少犯人)都不喜歡他這種「臭知識分子」，他因為自己有知識而受了不少氣，受了不少歧視，像我這樣因為他的知識而尊重他的人實在不多。他接過那本數學教科書，連忙扔掉手裏的煙蒂，一頁頁仔細翻看，像是一個老獵人多年不摸獵槍後突然看到一枝好槍一樣。我們就這樣建立了師生關係。我利用一切空閑時間到他的號子去上課，並認真做所有能找到的習題。我們的數學課與一般的教學不同，我經常提問，特別喜歡問關於一些數學概念和定理產生的背景與首創者的動機形成過程。他肚子裏有不少這方面的知識，這些知識使我懂得了不少抽象數學概念和定理後面的思想方法和提出問題、解決問題的方法。微分和導數概念是這門課的一個難點，做題目時，我總是把微分概念誤解成平均變化率概念。何敏和通過改正我的作業使我看出了這種誤解。他又進一步用牛頓和伽利略發現重力加速度的例子生動地説明微積分概念是怎樣被「發明」和建立起來的。經過反復的練習和他的指點，我終於牢牢建立起微分概念。

何敏和一九四九年前受的是非常正規的英美式教育，一九四九年後，新政權為了改造這些「舊知識分子」，要求他們學習俄語，重新學習蘇聯的專業教材。何敏和回大學受過一年這樣的「再教育」，他對俄語和蘇聯的教育也相當熟悉。我們用的高等數學教材是蘇聯式教育系統的教材。上課時，我有次問起何老師對蘇聯式的教育與英美教育差別的感覺，他馬上作了詳細回答。看起來他也一直非常注意這種差別。他那廣東腔的普通話是那種典型的工程師味道，充滿着沒有價值判斷的實證味道。「蘇聯的教材非常統一，詞語、概念標準化，老師容易教，學生容易記。全國的標準教材都由一個統一機構審定。工程技術也有一套全國統一的標準，因此零部件的互換性、相容性很好，但這套系統缺乏靈活性和創新性。而英美的系統，則正好相反，標準化很差，各個教授自有一套獨特的東西，工程技術也沒有全國統一的標準系統，零部件互換性、相容性差，但靈活性，創造性卻好得多。」何老師從眼鏡上面看我一眼，似乎是在審查我會不會告密，然後加一句：「蘇聯教育制度只培養專家——有一技之長卻沒有思想，而歐美教育制度培養的是學者——有獨立思想所需要的全面的知識。」這是何老師最有思想的一句話。他大多數時候極少發表帶有價值判斷的看法，而只是客觀地陳述事實。但看得出來，他比余裕一更瞭解蘇聯的文化教育系統。他可以講出蘇聯工程技術系統的一些真正優點，而且從來不批評社會主義制度，更不用説反共。有次他特別提到解放後，共產黨大興水利工程，使他們這些工程師大有用武之地。而解放前，國家很少組織大型水利工程，土木工程師無用武之地。何老師有次告訴我他在洞庭湖和長江交接的荊江分洪工程的工地見到過鄧子恢(一九五〇年代中共政治局委員，一九五六年被毛澤東批評為「右傾機會主義分子」)。何老師的眼神看去對鄧子恢十分有好感。「那是我第一次見到共產黨中央的高級幹部，他穿得非常樸實，沒有一點架子，對工程技術問題十分有興趣，似乎也相當內行。」從何老師談到共產黨高幹的口氣，我聽得出，他是那種對共產黨內右傾派很有好感的人，他一點也不像余裕一那樣有反共情緒。

我比何老師年輕二十歲，自然更能適應下層社會的生活。我學會了一口江湖黑話，知道「糧子」是指當兵的，「小葉子」是指糧票，「大葉子」是指鈔票，「江都神少拐」是三、四、五、六、七，我懂得在飢餓時克制自己，別在人群面前顯得食慾太盛。每次我家裏送來食物，我總是與周圍的犯人朋友分享。日常生活也故作放蕩不羈，因為我知道下層社會的朋友們買這一套的賬。牢友們最佩服我在最寒冷時用雪洗澡的本領。我經常與人打賭，如果我能赤身裸體在雪地裏洗澡並呆足夠長的時間，對方就替我值日一次(負責給全組的犯人打飯，打開水)，否則我就替他值日一次。每次打這種賭我總是贏。牢友們不知道我在上高中時就養成了冬泳的習慣。憑着這點故意裝出來的放蕩不羈，我贏得了年輕牢友的好感，我也常利用這點「本錢」為不受人歡迎的何老師幫忙。

有次，我用家裏寄來的錢向過路的老百姓買了一塊肉，正好何老師第二天休病假，我請他幫我把肉切碎炒好，我們下工後吃。下工後，我們吃肉時，盧國安叫道：「這肉沒有一點油味，是不是死豬肉呀！」外面一個老犯人不陰不陽地說：「何眼鏡把豬油煎出來都裝到他自己的油瓶裏去了。」盧國安一聽大怒，挽起手上的袖子，就要打何敏和，我心裏雖不高興何敏和的舉動，但卻一把攔住盧國安，大聲說：「是我叫他留下豬油，下次炒菜用得上。」盧國安還不甘休：「那也不能裝到他自己的油瓶裏去呀！」我怒聲道：「爺做愛還要你兒子來教呀？老何做你的爸爸都夠格了，還要你來教訓他嗎？」年輕的朋友都把我視為綠林好漢，看我一心護着何敏和，也就沒人再追究了。

我與何老師的友誼越來越深，我從不指責他的一些不合群的行為，我總認為這是這個社會特別歧視、欺負知識分子造成的後果。記得有次何敏和在插秧，大隊劉教導員得意地在他旁邊看這位「大知識分子」怎樣做這種下賤的勞動。他站在田埂上，一邊吃西瓜，一邊對烈日下站在燙腳的水田中的何敏和說：「何敏和你現在知道了勞動的艱辛吧。過去你過着飯來張口、茶來伸手的寄生蟲生活，要不是共產黨把你送到這裏來改造，你一輩子也不會知道碗裏的飯是怎麼生產出來的！」何敏和氣鼓鼓的樣子，還是埋頭插秧。幾分鐘後，他冷冷地回答道：「我在設計室工作一天對社會的貢獻可能比我在這裏插一個月秧還大呢！」劉教導員聽了，臉一沉，把手裏的西瓜皮往田埂上一扔，怒聲道：「你這臭知識分子，狗改不了吃屎，又在胡說八道，攻擊我們的勞改政策。」我聽到他們的對話，心裏為何老師受的侮辱難過，也擔憂他又會在晚上的政治學習中挨批鬥。萬幸的是，劉教導員不久就被調走，使何老師免了一場批鬥。

我與何敏和的親密關係卻使不少人不高興。首先是幹部懷疑我們倆有甚麼不可告人的關係。我幾次出工回來後，發現我的床被幹部抄過，我的數學練習、筆記、教科書被人翻得亂七八糟。但這樣抄過幾次後，甚麼再也沒有發生，大概是因為這些枯燥的數學既與政治無關，也與其他犯罪的可能性無關。但是倒霉的是我的英文作業。全部被幹部抄走。我在學習高等數學時，也在學英文。我的英文老師是一位當過中學英文教員的犯人，我父親給我寄來一些英文的毛主席語錄，馬克思、恩格斯著作以及英漢辭典。我自己也託就業隊的一位右派工程師給我訂了一份英文的《北京週報》。就業隊都是些刑滿後無家可歸或被當局強迫留在勞改單位就業的滿刑犯人。因為監規明文規定監房內不准使用外語，所以犯人不能直接訂哪怕是共產黨官方的英文刊物，所以我只好請有更多自由的「刑滿就業犯」替我直接從郵局訂。自從幹部發現我在學英語後，我的床和行李就被定期抄查，每次都把我的所有英文材料拿走。我向大隊劉隊長抗議，得到的回答是：「你一個勞改犯用中文舞文弄墨的機會都不多，還學外文幹甚麼。」我說：「這都是毛主席語錄，政府的出版物，這只會幫助我改造思想！」劉大隊長講一口岳陽官腔，不認識幾個字，我喜歡他那種不講大道理的直通通的態度。他又譏笑道：「我一輩子不認識一個英文，現在也比你過得好，你學再多英文，也是個勞改犯。我一輩子都沒跟外國人講過話，你一個勞改犯還想有機會跟洋人甩洋腔呀！」我氣得頂撞他：「跟牆壁講話都比和你講話有意思！」劉大隊長也發了火：「楊曦光，你一個反革命分子，你囂張甚麼！你不老實，滿刑後，我還給你戴頂反革命分子帽子，你一輩子也翻不了身，不說講洋話，中國話都沒你講的份！」

我那天受了這個氣，就留意找機會去找建新農場的場長。場部靠近三大隊，李場長的家離三大隊只有十來分鐘的步行距離。有次我在建築房子時，李場長到三大隊來檢查工作，我看到一個周圍沒有其他幹部的機會走過去：「報告李場長，我有個事想不通！」李場長看去比他的下級幹部要和善一些，問我有甚麼事。我把三大隊幹部總是沒收我的英文毛主席語錄、《北京周報》的事講了一通。李場長反問我：「監規不是不准犯人用外語互相交談嗎？」「但我沒有與任何人交談，我只是自己看這些政府的出版物呀！」李場長沉思片刻後警告我：「你以後要保證不與他人用外語交談！」這次告狀後，再沒有人來搜查我的英文材料了。

犯人們也不懂我為甚麼要花這麼多時間學數學和英文。我的泥工師傅王金國和師弟盧國安就非常不以為然。他們的休息時間都用來打撲克，下象棋。王金國看到我把一塊木板墊在盤坐的腿上在昏暗的電燈下做數學作業，抄寫英文單詞，朝我喊道：「書呆子，下床來下棋、打牌呀，坐牢本來就是腳魚吊在壁上——四腳無靠，又痛又苦，你何必還要自己找更多痛苦呢？一把刀子掛在壁上不好，你卻要把它掛在自己脖子上——沒事找苦吃！來，下來與我們一起『叫化子搞屁眼——窮快活』一番！」我時常聽到這類風涼話，聽多了也有點不舒服。特別是我跟王金國學建築技術，我是他的學徒，他是我的師傅，他總是利用機會證明我的高等數學不如他的實際技術有用。他和另一個泥工師傅楊自力一塊設計了一座房子，不用任何圖紙，整個房子全在他們腦子裏。他們自己負責施工，帶着我和盧國安幾個學徒用幾個月時間建成。王金國到了告訴我技術關鍵時總忘不了提醒我：「我不懂一點甚麼數學，『學數』，你看，我一樣設計房子，施工，建築。」那座給幹部住的房子完工後，我基本懂得了他們的設計和施工方法。他們也計算斜率，但方法極為原始，他們稱斜率為水，遇到邊角的互相轉換，既不會用三角函數公式，也不會查表。更不用說用微積分計算應力的最佳分佈了。我終於找到一個證明我學習價值的機會。三大隊有不少灌溉渠道和橋樑。楊自力和王金國師傅總是用圓弧曲線來設計渠道或橋的形狀。我從高等數學知道，懸鏈曲線是比圓弧曲線受力狀態好得多的曲線。而懸鏈曲線不能用圓規畫出來，適合一定跨度和重量的懸鏈曲線只能用微分方程來計算。我用這些知識幫助兩位師傅設計了一些渠道和橋樑，他們才開始承認知識的價值。以後我又告訴他們各種算「水」和其他三角函數的方法。從此以後，同伴們都變得非常支持我學習數學了，儘管他們有時候還是不明白學英語有甚麼用。

一九七六年毛澤東死後，四人幫不久就被華國鋒聯合較保守的軍人逮捕了。這個事件後，整個國家的政治氣氛每天都在變化。大學入學考試制度恢復了(一九七七年以前，大學入學憑「成份」，由「單位」推薦政治上與黨關係好的人進大學)。一天場部的一位幹部找我談話，通知我場部領導要調我到場部的幹部子弟中學教高中的數學。這位幹部告訴我，建新農場的高中缺少數學教師，李場長為了提高幹部子女考上大學的比率，決定調數學好的犯人去教畢業班的數學。他還說，農場有幾十個已高中畢業的幹部子女，現在正在農場勞動，找不到工作，李場長決定由場部出錢，把他們組織起來辦一個補習班，幫助他們準備考大學。我將是幫助他們準備數學的人。這位幹部還問我：「你用你的數學知識設計過一些很好的拱橋和渡槽(懸空的渠道)吧？」我點點頭，心想，大概是李場長從這些拱橋知道我的數學不錯。

這位幹部要我把行李背到場部招待所。到了那裏，我才知道補習班就設在場部招待所，我和學生都住在那裏。招待所有一排兩層樓房，一排一層的房子。我被安排在一間有兩張床的房間裏。房間非常清潔(可能是因為我把它與我的監房相比)，被子散佈着清新的剛洗曬過的氣味。躺在棕繩編織的繃子床上與監房裏睡木板床的感覺比起來有如天壤之別，我放下行李，躺在床上，仔細觀察粉刷得精緻的天花板，心裏感慨萬千。有好多年沒有睡過這種床，沒有一個人住過一間房子了。朝走廊的窗子很大，房子裏顯得十分明亮。我的感覺就像做夢一樣，犯人——這種像奴隸一樣的身份，怎麼會一個人在沒人監視的情況下躺在這窗明几淨的地方呢？我馬上寫信，請我大妹妹楊暉給我寄幾件沒有勞改字的新衣服來。第二天我走進教室看到學生們時，才明白，我的勞改身份並不一定與衣服上的字有關，而是深深印在人們的心裏。我走進教室時，學生們都端坐着一動不動，用奇怪的眼神打量着我。這無疑是大聲提醒我記住我的「半奴半主」的身份。我知道，中學生、小學生在老師進課堂時要全體起立，向老師齊聲說：「老師好！」但對我這個勞改犯老師，他們都端坐不動。看來這是當局已經向他們交代過了。學生們都瞭解我的勞改身份，並被要求與我保持距離。兩天後，有同學來問功課，我才發覺他們全稱我「楊先生」而不稱「楊老師」。那時的中國，先生、太太、小姐的稱呼一律不用，大家互稱同志，學生稱教師為老師。一九七五年，毛澤東、周恩來曾下令釋放被作為「歷史反革命」關在監獄裏的國民黨旅長以上的官員。這些人釋放後，不再是犯人，但官方也不願意稱他們為同志，於是就稱他們為先生，意思是法律上不再是犯人，但政治上仍不是同志，而是敵人。我想年幼的學生是不會想到用這個政治意味微妙的稱呼叫我的，當然一定是當局挖空心思想出來的主意。他們既要利用我的知識來幫他們的孩子考大學，又要孩子們明白我的身份。

我的生活環境發生了很大變化，我不再與犯人一塊吃飯，我每天可以到場部的幹部食堂吃飯，那裏的伙食極便宜，質量卻極好。同樣質量的菜，價格大概是茅絲鋪飯館裏的五分之一。這自然是因為所有原料供應都來自犯人的產品，而產品的價格卻由幹部任意決定。

那時場部中學的學生人數正在擴張，大概是因為幹部的孩子們都漸漸長大，所以教室不夠用。離學校半里路遠的招待所將一間小禮堂讓出來給學校做教室。我教的兩個班中，有一個班就在這個小禮堂上課。這個班的班主任叫趙晉湘，從她的名字聽得出，她父親是從山西(晉)南下的管犯人的幹部，她母親是湖南本地的婦女。她長得像個洋娃娃，留着兩條不長不短的辮子。她的辦公室就在招待所小禮堂邊。校長第一次把我帶到她的辦公室把我介紹給她時說：「這是新來的數學教師楊先生。」又向我介紹她：「這是你教的高二(一)班的班主任趙晉湘同志。」這個「先生」對照「同志」的介紹在我聽來是如此刺耳，特別是在這位漂亮的女孩子面前使我很不舒服。

但是趙晉湘滿面笑容，沒有一點隔閡的樣子。她連忙拉過一張椅子，向我讓座。她告訴我她教兩個班的英語，她的聲音如此好聽，使我有點不知所措，大概是因為我自一九六八年以來，從沒有陌生的女孩子如此熱情友好地與我面對面地交談的緣故。

第二天上課時，她看上去對學生很厲害，大概是因為她年紀輕，想用裝出來的威嚴來樹立在學生面前的威信，但使我感動的是，她正式向她的學生介紹了我——楊先生。在其他班，沒有人向學生介紹我是誰。我只是悄悄地來了。但我知道，詳細的介紹早在我來之前已作過了。我從不在乎他們背後怎樣向學生介紹我——一個反革命分子，勞改犯人。我心裏在說：「你看不起我，我還看不起你呢！我靠本事吃飯，高級文化總會溶化或征服低級文化！」但是趙晉湘簡短地向她的班級介紹了教數學的「楊先生」後，我心裏卻十分難過，不知道當局是如何向這位漂亮的姑娘介紹我的「反革命罪行」的。

我教了一個星期的數學後，學生們逐漸喜歡我。我也發現在他們心目中，我有三重身份：既是個寫過出名的反動文章《中國向何處去？》的反革命分子，又是個長沙來的見過世面的高幹子女，還是個教書很受學生歡迎，反應靈敏的有本事的人。

我發覺這個學校也缺少高中物理老師。不久李場長把何敏和調來補這個缺。老何那時已滿刑，被強迫在農場就業。即使是刑滿就業人員來教書也是非常不合常規的安排，因為那個時候，教書屬於「培養革命事業的接班人」的工作，有極重要的政治地位。大概只有李場長這種土皇帝才有權力作出這種不合常規的安排。老何與我睡一個房間，教畢業班的物理加輔導考大學補習班五十個青年的物理。

趙晉湘的班遠離中學，所以上課下課的時間都由她看錶掌握。我和何敏和都沒有錶，所以我們在趙晉湘班上上課時，她總是會按時從她的辦公室出來通知我們下課。

有天趙晉湘把我叫到她的辦公室，十分信賴地説：「楊曦光，」——這個稱呼使我感到意外，因為聽起來比「楊先生」舒服多了，但也使人仍有一點別扭，如果我不是個反革命分子，她一定會稱我為小楊或楊老師。——「我把手錶留給你，你自己掌握這個班上課下課的時間，我明天要去岳陽進修。」

她的態度是如此真誠，使我感到她對我已沒有歧視。那時候手錶對大多數中國人仍是奢侈品，把自己的錶借給別人是極少有的事。那天以後，我感覺我與趙晉湘的關係有了一點變化，於是我常在夜裏邀老何一塊去她的辦公室。我們有時去要她給我們放英語唱片，她看來十分熱心為我們服務，借來了許多英語唱片，在她那緊靠招待所小禮堂的辦公室裏為我們放。

她是個文革後完成學業的女孩子，在她念中學和師範的時候，書店裏沒有任何像樣的文學作品。毛澤東死後，各種文學作品開始重新出現。她如飢似渴地讀《人民文學》和其他一些能看到的新出版的舊小説。

她非常喜歡我們去她的辦公室討論各種小説。她喜歡聽我講《雙城記》、《紅與黑》、《牛虻》。她更喜歡聽老何講雨果、托爾斯泰的作品。老何讀過許多英國、法國的著名小說，也讀過不少俄國的現實主義作品。趙晉湘從來不知道世界上有這麼多有名的小說，興致勃勃地聽老何講。看得出我們的文化水平是按年齡排列的，不論理工科或文學知識，老何第一，我第二，而趙晉湘卻是最末。

那是個充滿躁動和希望的時期，廣播裏每天都會出現一些在文革中被批判為毒草的抒情歌曲，每天都有「新事物」——其實是五十年代的舊事物，在文革中被批判禁止——出現。倒退和停滯了多年的社會，突然又重新恢復了理性。我的刑期也快滿了，傍晚時分我常與老何在招待所附近散步，我們回憶着這二十年，從一九五七年反右派，一九五九年大躍進，大飢荒，一九六二年復舊，到文化革命，一九七二年的復舊，一九七四年的造反派平反，直到一九七六年天安門事件。最令我倆激動的是我妹妹楊暉的一封來信，信上告訴我，現在黨內有人主張為一九五七年的右派和一九五九年的右傾平反。收到那封信的一整夜，我們倆激動得不能入睡。老何自從一九五七年被劃為右派，這二十年受盡了凌辱和欺壓。他那夜仔細告訴我一九五七年他被劃為右派的經過。他其實並不是余裕一那種真正的右派。但他單位上在一九五七年大鳴大放時要完成向黨提意見的任務。領導親自動員他向黨提意見，他挖空心思，提了幾點：

一、單位黨支部書記總是自稱代表黨組織，有人有與他不同的意見，就說是不服從黨的領導，這是不是霸道作風？二、希特勒當年也提倡國家社會主義，我們今天的社會主義與他的國家社會主義有甚麼不同？反右運動一開始，每個單位都要完成打右派的指標，當然他也就成了右派。文化革命時，有人發現他開會時在報紙上劃劃寫寫，會後此人去檢查這張報紙，他寫的是「反動」二字，而背面正好有張毛主席像。於是他成為「攻擊毛主席為反動」的反革命分子，加上他有被劃為右派的「前科」，他在一九六九年被判處七年徒刑。我以前從沒聽老何講他的罪名，這次才知道他實際上是沒犯任何事而真正被冤枉的。

一個下午，趙晉湘像隻高興的小鳥一樣蹦到我面前，她告訴我她借到了一套《英語九百句》的教材和唱片，要我去她辦公室聽。進了她的辦公室後，只有我和她，她臉上透着青春的紅暈，有一種誘人的青春氣息和笑靨。我們聽完一張唱片後，趙晉湘說可以將《英語九百句》教材借給我。臨走時她問我：「你怎麼老是跟何敏和在一起呢？你應該與他保持距離，他們老右派與你們文化革命中坐牢的人不一樣呀！」

我心裏大吃一驚。離開她的辦公室後，她這兩句話總是離不開我的腦際，它們傳遞了太多的信息。第一，她對我們這些犯人的背景知道得相當清楚，可能她對我們的檔案比我們自己還知道得多。表面上她對老何相當客氣，但她對他從心底是歧視的。想到她對我的友善，可能也是表面的客氣，她心底裏也可能與我這樣的「反革命」劃清界限，我心裏頓時感到沮喪。我不得不承認，我悄悄愛上了她，我希望看見她，與她在一起，但卻深深地害怕她對我的歧視。我從坐牢以來，從沒有過這種對歧視的恐懼。我知道這是那種可怕的「愛」帶來的。但我回頭一想，一個犯人，怎麼這麼不自量，怎麼可能去愛那壓迫你的人的女兒，愛那歧視你的人們。我尤其不能接受趙晉湘當着我的面歧視老何。我極瞭解這些「老右派」，我愛他們。可悲的是正因為他的文化高於我，我的文化高於趙晉湘，而我們的社會地位卻按相反方向排列，趙晉湘的地位高於我，而我這個所謂文化革命中坐牢的「新反革命」比「老右派」又有稍高的「地位」。我心裏暗暗罵趙晉湘一句「政治白痴」，用這種對她的輕蔑安撫我剛才被愛和對歧視的恐懼弄亂了的心。終於我「真正」相信，我其實根本沒愛過她！當然，我更不可能忘了她，我更注意她的身影和聲音。但是我更經常地與老何在一塊，與他一塊散步，討論政治和數學，我也顯得更高興與他在一塊——讓她去琢磨我們的奇怪的政治頭腦吧，讓她去理解我為甚麼歧視政治歧視吧！

另一件事也使我被這次交談刺傷的心得到一點平衡。

三大隊的犯人朋友兩年前介紹我認識了一位在建新農場機修廠服刑的犯人劉成宇。他文革時是新華印刷廠的造反派，文化革命時在一次交通事故中，他開的車壓死了三個人。他為此被判刑十年。由於他的判刑完全是因事故，既與政治無關又與故意犯罪無關，所以他被安排在建新農場的機修廠負責管理工廠。他是個非常聰明的經理人材，在他管理下這個廠一兩年內就發展到既修理製造農業機械，也修理汽車。岳陽的國營汽車修理廠也無法與它競爭，人們都愛到這個廠來修車。劉成宇也是個長得十分帥的小伙子，高高的個子，高高的鼻子，一對聰明機靈的眼睛，講話聲音低沉渾厚，是那種特別能打動女人的聲音。他處事精明，但為人卻放蕩不羈，非常隨便。

一天夜裏，我正在自己房裏改學生的作業，突然走進來一個女孩子，(我的門總是開着，因為經常有補習班的學生來問題目)，她問我：「你叫楊曦光吧？」我抬頭一看，感覺眼前一亮，像看見了仙女一般，這是位有着使人震驚的美貌的女孩子，大概只有十八九歲的年紀。她見我點頭後，就在我的床上坐下來，告訴我：「我是劉成宇的女朋友，小劉被他們關到小號子裏去了，他託人帶信出來，要我來找你幫忙。」我忙問發生了甚麼事？這位自稱為建妹子的女孩匆匆向我敍説了她和劉成宇的故事。

建妹子是一個勞改刑滿後就業人員的女兒。她父親是國民黨的一個軍官，以反革命罪被判刑勞改，刑滿後在機械廠就業。建妹子也在機械廠做臨時工，建妹子非常崇拜劉成宇，不但因為他人品出眾，而且因為他來自大城市長沙，而她是個連岳陽都很少有機會去的人。他們有過很多次約會，終於建妹子發現自己懷孕了。劉成宇經常要開車出去試驗修好的車，以及到岳陽去買零配件。他每次出去總是穿着那種破爛得開了花的工作服，衣服上滿是油污，又黑又髒。他利用一次去岳陽的機會，開着車把建妹子送到岳陽的醫院流了產。但是回來後卻被人發覺，於是以私自逃離勞改隊為由關到「小號子」裏去了。場部和機械廠都沒有小號子，劉成宇於是被關在三大隊的小號子裏。幾天後，岳陽法院來人調查他與建妹子的關係，建妹子從來人的口氣，覺得小劉可能被起訴加刑。建妹子邊說，邊抽泣起來，看來她真在為自己的愛人擔憂。我問她：「你真喜歡他嗎？」她重重地點頭。「還沒變？」她邊點頭邊「嗯」一聲，好像怕我誤解了。我告訴她：「只要你在調查時咬定是你自己要和劉成宇好，是你主動，就有可能使小劉加不了刑。」我這樣安慰她，但自己其實沒有一點信心。因為類似事情被判刑的例子多的是。我們中隊有個小伙子父親早死，從小隨母親長大。母親一直沒改嫁，守寡帶大這個孩子。孩子長到十六歲時，母親起了勾引兒子的心，夜裏一絲不掛睡在兒子身旁，終於母子有了很多次「亂倫」。鄰居發現後報告公安局，兒子被逮捕，母親多次去公安局證明，「亂倫」完全是她主動，是她的責任，但兒子還是被以「破壞社會道德風尚罪」判處七年徒刑。這是個在與性有關的法律問題上歧視男人、袒護女人的社會，我其實根本不能肯定小劉會不會被加刑，但我看着這位美麗的淚人兒，只能這樣鼓勵她試一試。

幾天後，我下課從學校回到場部，看到一群婦女圍着一個人在叫罵，走過去一看，被包圍者竟是建妹子。她的美麗的黑髮被人扯散披在肩上。這群婦女看樣子是勞改幹部的太太們。他們大多是農村長得漂亮的婦女。有個婦女向地上吐口痰罵道：「臭不要臉的婊子，自己承認主動去勾引一個臭勞改，你知不知道這有多羞恥！」建妹子一點也不退縮，她輕聲但堅定地回應：「不管你罵甚麼都沒關係，只要劉成宇不認為我是臭婊子。」

我聽了造句話，兩眼一熱，眼淚忍不住流出來。我不忍看下去，馬上朝招待所走。迎面碰到趙晉湘。我並沒看清她的臉色，也不知道她是否看見了受羞辱的建妹子，但在這種場合碰見她，我本能地覺得她是鄙視建妹子的。我第一次清楚地意識到我們原來是兩個敵對營壘的人，我們有絕然相反的感情。

一天後我才知道，由於建妹子堅稱她與劉成宇的性關係完全是她的責任，劉成宇昨天被放出來。沒有經驗的建妹子一聽到消息就去看他，但他倆早已被監視，兩人見面，擁到一塊，就被趕來的勞改幹部抓住，劉成宇被五花大綁又送進了小號子。

這件事使我開始嘲笑自己對趙晉湘有過的「愛」。我終於肯定，其實我並沒有真正愛過這個在與我敵對的陣營中的人。

但是現實卻無情地嘲弄了我。我刑滿離開勞改隊後，卻又發覺，我其實忘不了她，我們又開始了熱烈的通訊，那種「像」情人一樣的通訊。我在信上告訴她我愛她，她在信上也告訴我她從一開始就無意中留意與我有關的每個消息。是的，我敏感到的她對我的好感並不是我的過份敏感，她承認她愛我，為我有幾夜無法入睡。可是她卻引用「流浪者」的故事(那時正是重放一九五〇年代出產的電影《流浪者》的時候)，她說「我沒有勇氣做麗達，你知道勞改農場的人會怎麼看待與勞改犯戀愛的人。」我們一直通信了一兩年，她是文革的受惠者，我和我一家是文革的受害者，她在信中總是抱怨不理解人們對毛澤東的批評，她不喜歡北京的民主牆運動，不理解為右派平反。而我卻用很多頁信紙解釋為甚麼右派和右傾的觀點是對的，而毛澤東一九五七、一九五九年的觀點都是錯的。我每次寫完這種信心裏就害怕，如果我告訴她我至今認為造反派反迫害的觀點是對的，在支持造反派這一點上我喜歡毛澤東而不喜歡鄧小平，那她會把我又看成「反革命」嗎？她與我的政治距離太大，她是我第一個不知不覺真正愛上的人，也是政治上與我完全敵對的人，我珍藏着她的信，將之視為這種敵人之間愛情的美感記錄。後來，我很高興地收到她一封信，她居然跑到何敏和家去看他了。他那時已被摘掉了右派、反革命帽子，恢復了名譽，重新當上了工程師(當然也離開了建新農場)。我心中暗暗祝願，但願趙晉湘心底裏面沒有對老何的歧視。她後來又來過信，説她到長沙找過我，但我那時已離開長沙，父親也搬了家，她十分惋惜沒有見到我。

自從離開勞改隊我再未見過她。記得離開農場的那天，接我的妹妹和我一塊在場部汽車站等公共汽車，趙晉湘像是偶然地經過車站，用目光向我打招呼。但當有幹部走過來時，馬上又有意迴避開去，那是我倆最後一次見面。

令人傷心的是，建妹子與劉成宇的愛情比我和趙晉湘的故事要糟糕得多。劉成宇滿刑出獄後回了長沙。他後來沒有被加刑，大概是因為法律制度比以前健全一些了的緣故。建妹子的父親是刑滿強迫就業的人，只有農村戶口，沒有資格移居城市。建妹子也沒有資格移居城市。這種農村戶口和城市戶口的身份差別不但一代人內不能逾越，而且子女身份跟隨母親，下一代人也不能逾越。而沒有城市戶口的人永遠得不到糧食、棉花，及其他基本物資的配給。在這種等級身份制的壓力下，劉成宇終於拋棄了建妹子，而與另一位長沙姑娘結了婚。我聽到這個消息時，眼前顯現出建妹子那夜在我床上哭泣的美麗的淚眼，以及她倔強地對那些侮辱她的婦女們說「不管你罵甚麼都沒關係，只要劉成宇不認為我是臭婊子」的神態。

想不到這樣一位美麗的讓眾多男子漢害相思病的人卻沒有得到她為之奮鬥的愛，不是因為政治的衝突，而是因為那個可怕的城市、農村戶口制度。

# 24 王師傅和盧師弟

王金國和楊自力是基建組的兩位主要泥工師傅。楊自力是四級泥工，有豐富的獨立施工經驗。王金國是二級泥工，工作起來沒有楊自立敏捷麻利，也沒有楊自力那麼多獨立施工的經驗。泥工共有八級，由於自一九六四年突出政治運動以來，評級提級就停止了，所以他們的級別還是上十年前的級別。

我一九七二年到基建組後跟王金國學徒。楊自力有個叫盧國安的徒弟，我們互稱師兄弟。王金國個子不高，樣子長得很帥，但是左眼卻自幼就瞎了。所以犯人們有時稱他獨眼龍。王師傅為人非常隨便，大概是因為年輕，不到三十歲的年紀，習慣脾氣像那種不囉嗦、不斤斤計較、辦事乾脆的青年哥哥。他講話做事不緊不慢，十分沉着老練的樣子。

王師傅文革時是「湘江風雷紅旗戰團」的司令。這個戰團的成員都是建築工人。一九六九年軍管當局宣佈解散所有非官方的政治組織，「湘江風雷紅旗戰團」拒不服從，與軍管當局發生衝突，他這個司令被以反革命罪判處十五年徒刑。楊自力那時是「紅旗戰團」下面一個支隊的支隊長，因為在那場衝突中與軍管會的代表互相拳打腳踢，被以反革命罪判處十年徒刑。王師傅與楊師傅都不承認自己是反革命，他們自認為是與「真正的反革命」和「右派分子」不同的犯人，因此他們與其他因組織反共組織的反革命犯人及右派分子保持距離。他們向我詳細介紹他們的案情，是因為他們把我視作與他們類似的造反派，也認為我與「真正的反革命」不同。王師傅還幾次提醒我，不要與那些老右派和「真正的反革命分子」太親密。我不喜歡王師傅和楊師傅這種歧視其他政治犯的態度，但他們是我的師傅，我也從不當面反駁他們的勸告。我自己理解他們這種態度可能並不僅僅是一種犬儒主義的態度，而可能是一種下意識的政治策略，用這種方法否認對他們判決的合法性，而盡量把自己的地位打扮成與官方意識形態相容，具有一定的正統性。

我覺得改變他們這種態度的唯一辦法是讓他們懂得更多政治歷史。我當時正在看世界通史，我試着把英國大革命前後及法國大革命前後的歷史講給王師傅聽。他上過初中，應該比楊師傅能接受新知識。楊師傅是個只有小學文化的人，而且對人宣稱他是文盲，從不看書寫字。王師傅對英國大革命中及大革命後復辟時期輝格黨和圓顱黨互相迫害，政治反反覆覆的故事十分有興趣。他聽我讀這一段歷史時羨慕地說：「英國復辟時期後還有光榮革命，被迫害的造反派還有機會與保守派形成合法的兩黨，互相鬥爭，中國可不會有這種事，他們保守派現在是把我們徹底鎮壓下去了，我們再沒有機會翻身了！取掉了卵子的雞巴——再也硬不起來了！」我反問他：「中國的造反派怎麼不可能有輝格黨當年那樣的機會呢？政治是人與人的關係，人與人的關係變了，局面就會變，今天的敵人會成為明天的朋友，今天的朋友也可能是明天的敵人。」王師傅直搖頭：「中國與外國不一樣，共產黨厲害呀！」我總覺得他對政治歷史瞭解太少，才會對自己的短視深信不疑。「假設明天有人給被打成反革命的造反派平反，你會怎麼樣反應呢？」王師傅毫不猶豫地回答：「我早就看透了，共產黨就是要我們造反派的猴把戲，不管他再搞甚麼平反或其他討好我們的把戲，我再也不會上當了。只要他把我從牢裏放掉，不管世界上發生了甚麼事，我都會上山當和尚去，與世隔絕，再不問政治。」

我理解王師傅當初造反時的心情。記得毛澤東公開支持第一個非官方的學生組織時，長沙的學生也組織起他們自己的組織到長沙市委去示威，他們的標語是「打倒『三相信』(相信省委，相信市委，相信工作組)」，他們反對共產黨對學生的控制，要求市委允許非官方學生組織註冊。那是一九六六年夏天，共產黨組織還嚴密控制着整個社會，我懷着同情而無望的心情看着這些大學生造反，我不相信他們會成功。長沙市委馬上把共產黨員、團員和積極分子組成了「工人赤衛隊」和「紅色政權保衛軍」趕到市委門口，把示威的學生包圍起來，批鬥和毆打學生。我當時親眼看到了那場衝突，心裏充滿着不滿和恐懼(我那時已被省委派到學校的工作組打成反革命)。很多學生被保守派工人打傷。直到傍晚時分，去市委的大街上突然出現了一支龐大的遊行示威的隊伍。這支隊伍由工人組成，無聲無息。工人抬着的橫幅和標語上寫着「堅決支持革命學生的造反行動！」「造反有理，革命無罪！」「打倒三相信！」「罷孔安民(市委書記)的官！」「改組市委！」那時，大多數市民都對市委組織保守派鎮壓學生的行動敢怒不敢言，看到工人自發組織起來，遊行支持學生造反，好多人都熱淚盈眶。沒有人會想到毛澤東不久就命令《人民日報》公開支持造反的工人和學生，打擊支持保守派的各級共產黨組織。以後造反派和保守派之間的衝突又有過很多次反覆，保守派佔上風時總是把造反派打成反革命，而造反派的最大政治要求往往是為被打成反革命的人平反。

我希望從王金國那裏瞭解這些工人造反的經濟和社會原因。夜裏睡覺前，我們總是喜歡躺在床上聊天。從這些聊天，我得知，王師傅和楊師傅的建築公司一九六四年成立了政治處，這是毛澤東為了限制劉少奇的權力而玩的一個鬼。很多軍隊幹部被調到地方負責掌管政治處。政治處設立後要求建築工人每週組織政治學習，並下令取消計件工資。取消獎金，工人們的收人因此突然減少了三分之一至一半。生產率也下降。建築公司的工人恨死了這些政治處的幹部，一九六六年底他們成立造反派組織「湘江風雷紅旗戰團」後，第一個攻擊目標就是這些政治處幹部。他們把政治處幹部「揪」出來批鬥，把他們抓去遊街。

王師傅向我保證永遠再也不介入政治後的二個月，中國政局就發生了急劇變化。報紙上出現了「批林(彪)批孔(夫子)」的口號，長沙的造反派領袖人物的文章又出現在《湖南日報》上。那幾夜我難以入眠，文化革命前後發生的一幕幕又在我腦海中浮現。這次我政治上已比文革時成熟得多，我知道這是毛澤東在秩序恢復過程中在黨內再度陷入孤立，又要打造反派這張牌來反對他的保守派政敵——周恩來了。我不再對造反有盲目的激情，也知道造反的後果又會是秩序的崩潰和經濟的停滯，但我卻為被迫害的造反派有機會反對政治迫害而暗自高興。我知道這場衝突的後果會是災難性的，悲嘆為甚麼兩個敵對的派別不能在一種民主制度下共存和平等競爭。吃過晚飯後，我無心去何敏和那裏上課，我在走廊裏走來走去，腦海裏思潮翻滾。最後得出的結論竟是：兩派最後能共存而形成多黨制的唯一途徑可能是兩派互相迫害同樣厲害，然後才能下決心禁止一切政治迫害！我左思右想，覺得我對政治的看法應該用文學的形式記錄下來，於是決心寫一個電影文學劇本。那時我的師弟盧國安正在向我學習一些基本的幾何和三角函數知識(他已經從我設計橋樑的經驗得知這些知識的用處)。我與他討論了這個計劃，他非常支持。他給我做了個小柗燈，於是我在監房熄燈睡覺後，用這個柗燈寫作。我給這個劇本取的名字是《同時代人》。這個劇本是關於一家人的故事，主人公的叔叔一九五七年被打成右派，當時主人公的父親也參加了迫害右派的活動，因為他認為黨是正確的。一九五九年，主人公的父親發現右派的觀點是對的，並批評毛澤東的大躍進政策，他又被劃為右傾。而主人公的母親當時認為她丈夫的觀點是錯誤的，支持黨組織對她丈夫的批判。到一九六二年她完全改變了自己的觀點，完全支持丈夫一九五九年的觀點，她丈夫也在劉少奇支持下平了反，恢復了名譽。文化革命開始後，劇中的主人公還是個學生，他一點也不懂他叔叔、父、母的觀點的意義，只是出於對學校當局迫害學生運動的反抗以及對保守派和當局迫害出身不好的人的不滿而參加造反的。他後來在一月革命中親眼看到人民如何痛恨共產黨幹部的特權，如何把所有高幹的特權地位剝奪(讓所有高幹靠邊站)，終於接受了「極左派」的觀點，認為中國已經形成了特權階層，需要重新革命。而劇中主人公的情人卻參加了保守派，不但為保守的經濟、文化政策辯護，而且為特權階級的利益而反對造反派，歧視和迫害他們。這個劇本通過主人公與他的情人之間的愛情悲劇想向人們説明保守派和造反派都有其理性和荒謬的一面，而他們之間的鬥爭既荒誕無意義，又意義深遠。

出於一種反叛心理，我在寫這個劇本時特別把劉少奇和彭德懷對毛澤東路線批評的積極意義刻意描寫，因為一九七三年底、一九七四年初，正是左派又開始抬頭，大肆批判「復舊」和右傾的時候。劇中主人公文革前有寫日記的習慣，他在日記中記下了一九六四年學校裏的「革命化運動」、「突出政治運動」和「貫徹階級路線運動」中的感想。他在這些運動中開始認識到一九六二年他的很多想法都是「資產階級思想」。一九六二年他埋頭功課，專心學好數學、物理、化學，一心要考上全國最好的大學，這是「業務第一，智育第一，忽視無產階級政治」，「追求升學率」的「修正主義路線」。他媽媽也有讀兒子日記的習慣，她看了這些日記後，表示不能同意其中的觀點。媽媽與兒子討論了很多次，她用她一九五九年錯誤地批評她丈夫的經驗告誡兒子，提醒他一九六二年的很多所謂「右」的觀點是對的，而一九六四年很多「左」的觀點是經不起歷史考驗的。她為了説服兒子冷靜地獨立思考，勸導他説：「我一九五九年的經驗告訴我，對是非問題不要輕易下結論，多看看多想想，不輕易下結論總會有幫助的。」

我的這個劇本寫完後，被犯人們傳閱，有的犯人把劇本完全抄下來。所以不久三大隊犯人中就有了三個這個電影文學劇本的手抄本。盧國安非常喜歡這個劇本，每次我寫完幾頁後，他就幫助我把稿紙藏在屋頂的木板後面。一九七四年的春天又是個充滿動蕩不安的春天，外面造反派的聲勢越來越大，路過建新農場的汽車上都貼滿了造反派的標語「打倒楊大易(湖南省委書記，軍區司令)」。報紙上登出很多造反派批判楊大易的文章。一篇文章說楊大易反對文化革命，極力主張復舊。楊大易在批判造反派，鼓勵恢復「走資派」名譽時說：「鳳是鳳，雞是雞，鳳凰脫毛不如雞，有朝一日毛復起，鳳還是鳳，雞還是雞！」這裏的鳳凰顯然是指共產黨的老幹部，而雞卻是指文化革命中叱咤風雲的造反派。不少登在報上的造反派的文章集中批判楊大易在一九七〇年「一打三反」運動和一九七二年的「清查五·一六運動」中把很多造反派打成反革命，對他們進行殘酷的政治迫害。這種政治氣氛對我這個劇本非常不利，因為劇本中有很多保守派批評左派和毛澤東本人的內容。一旦這個劇本落到幹部手中，我完全可能被加刑。盧國安又幫助我把幾個手抄本都收集起來帶到監房外自由犯曾愛斌那裏藏起來。盧國安做完這件事不久，幹部們果然風聞到這個劇本，他們組織了一次大搜查，我們的行李和監房都被徹底搜查一遍，但是他們一無所獲。

不久楊師傅的妻子(也是個造反派)利用探親看望他

的機會在三大隊住了一天。除他們在幹部監視下見了兩次面外，他妻子還通過自由犯曾愛斌轉給楊師傅很多造反派的小報。一九七四年春夏，造反派又有了自己出版報紙的權利。那是一份名為「工聯」的報紙，大約每月出四期，每期都刊登着為被打成反革命的造反派平反的消息。特別是很多造反派工人和學生趕到監獄門口去迎接剛平反的「戰友」。還有一些文章詳細描寫一九七〇年「一打三反」運動中和一九七二年「清查五·一六運動」中各地軍管當局和保守派迫害造反派的事實。我從這些報道才第一次知道，一九七二年「清查五·一六運動」中成千上萬的人被逼自殺，被活活打死。還有一篇文章是報道周恩來在一次中央會議上作檢討，承認一九七二年「清查五·一六運動」打死和逼死這麼多人他要負一定責任。

我們看到這些報紙後不久，王師傅和楊師傅的原來單位(一個建築公司)就派人開着小汽車來接他們了，他們獲得徹底平反，無罪釋放。由於建新農場遠離長沙，沒有大隊的造反派來迎接他們。但那時的中國，小汽車是只有高級幹部才能坐的，「他們是被小汽車接走的」這個消息本身就使所有犯人和幹部十分震驚了。這種事大概自一九四九年以來從來沒有發生過。

勞改幹部們再也不逼我們認罪服法了，他們顯出迷惑的神色，不知道政治發生了甚麼變化：這些反革命分子，居然戴着紅花，坐着這些下層幹部沒有機會坐的小汽車趾高氣揚地走了。那一段，犯人們感到輕鬆了許多，因為幹部們沒有太多精力和興趣找我們的麻煩。

王師傅根本沒有履行他對我的誓言，他一平反出去，馬上就又捲入了政治，他成了他的公司中批林批孔辦公室的負責人，專門負責複查和平反被打成反革命的造反派的案子。我為自己的預見的準確感到可悲：平反是種任何被迫害者無法抗拒的誘惑，毛澤東又把造反派捆死在他的戰車上向比較理性的保守的經濟文化政策開火了。可悲的是毛澤東的非理性卻是與平反和反迫害的理性結合在一起的。

盧國安雖然也為師傅的平反感到高興，但他更多的是不高興。他不高興的是這個運動一來，使他失去了更多的參加演出的機會。原來前一段時期，復舊的氣氛佔上風時，關教導員在三大隊組織了一個文藝組。犯人中多的是藝術人材，有會各種樂器的人，有會唱、會編劇、會演戲的人，還有會玩雜技的人。盧國安的笛子吹得極好，還能打一手好鼓，曾愛斌會玩雜技，他們倆都是這個文藝組的成員。這個文藝組不但在三大隊給犯人演出，而且到其他大隊和場部去演出過。一九七三年中國人已經有四五年從未看過除革命樣板戲之外的演出，因此這個文藝組的節目很受犯人、幹部和周圍的老百姓歡迎。在場部演出的那天，很多農場周圍的老百姓都走十幾里路來看。盧國安是個長得特別帥的男孩子，進牢門時才十五歲，那時也才二十歲，皮膚白白的，圓圓的眼睛，深深的雙眼皮，笑時露出一排整整齊齊、細細密密的雪白的牙齒。每次演出，他化了妝後在台上特別引女孩子們注目。盧國安是個向女孩子「射媚眼」的「專家」。每次有女孩子從犯人們身邊走過(這是犯人極少碰到的事)，盧國安總是不知不覺之間向她猛射一通媚眼，等女孩子走遠了，他可以告訴我們她的面容的每個細部，她的每個細小的舉止。當然，他演出時，女孩子對他的注意，他一定都一一錄在他的眼睛裏，絕不會放過的。

那次場部演出後不久，盧國安突然病了，一般病人都要犯人李醫生開一個條子證明確有病才能在號子裏休息。盧國安也沒有病假條，他就是躺在床上不出工。中隊的何指導員在監房裏查號子時，看到他躺在床上，厲聲問道：「盧國安，有沒有病假條？怎麼躺在床上不起來呀？」「報告何指導員，我沒有病假條，我就是病了，你拿三桿槍指着我，我也不能出工。」盧國安躺在床上翻了個身。何指導員把眼睛一瞪：「你又跟我來橫的呀！」他知道盧國安頂撞幹部是有名的，但他也知道盧國安勞動效率極高，所以何指導員嘴巴雖硬，但看得出還是喜歡盧國安。「何指導員你今天就是把我剁成肉餅，骨頭磨成粉，我也出不了工！」何指導員搬過一張凳子，慢慢點燃一根煙，擺出一副慢慢與盧國安講理的架勢，似乎盧國安不出工，他就坐下來奉陪到底。盧國安這下反而慌了神，但嘴巴還在硬：「你把我捆起來拖到田裏去，我不做事，你背起石頭打天也沒用！」何指導員最後終於讓步，讓盧國安在號子裏休息一天。何指導員剛出監房門，盧國安就找到李醫生，要在李醫生去場部醫院取藥時與他一塊去場部。自從這次病假後，盧國安每隔一兩星期就要請一次病假。他是個從不生病的人，身體結實健壯，楊師傅有幾次早上最早起來開玩笑，掀開我們幾個年輕人的被子檢查誰的雞巴最硬最大，每次都是盧國安第一。(早上男人們憋着尿，陰莖常常是硬的)兩個月後，一天夜裏，盧國安神秘地爬到我床上，低聲說：「師兄，你師弟今天有難，你一定得幫個忙。」我忙問甚麼事，盧國安從貼胸的裏衣口袋裏拿出一張小心地用布包着的紙，遞給我：「這是我一個女朋友的信，我得寫封回信，我實在是喝少了墨水，寫不出好情書，真是隔着玻璃親嘴——潤不出味，你墨水喝得多，『駝子作揖——起手不難』，非得幫這個忙！」我不客氣道：「那你可得把你和她的故事一點不漏詳詳細細告訴我，我才寫得出你的真情實意呀！」盧國安不好意思地眨着眼睛，臉也紅了。但還是低聲告訴我這段故事。原來盧國安去場部演出後，場部醫院藥房的一個護士(自然是勞改幹部的女兒)被他那美妙的笛子演奏和令她神魂顛倒的面貌迷住了。盧國安回三大隊後的第二天，就收到一封由李醫生轉來的信，信上說她被他那美妙的笛聲迷住了，她正在學習小提琴，希望跟他交個朋友。可想而知，盧國安被這封信刺激得興奮了幾夜，於是他就老是「生病」，老是要到場部醫院「看病」，當然只有藥房的那位小姐才能治好他的病。盧國安也不能老生病，老去場部，那天他想他心上的人兒想得急了，只好請我來幫他寫情書。

這樣書信往來加「非法」的約會，終於被幹部發覺了這「反革命犯腐蝕勾引革命接班人的事件」。盧國安有幾天沒出工，被留在監房裏接受幹部的審問和調查。幹部能發現的物證只是盧國安手裏的那個女孩子的信，終於沒有對盧國安作任何懲罰。只是在大隊大會上，盧國安被點名批判，被當成繼續腐蝕勾引革命接班人的反革命分子。盧國安和我都非常感謝那位女孩子，如果她把由我執筆的那封情書交出去，那我們可就會倒大楣了。少則戴銬反省，多則要坐小號子。

一九七五年底，勞改隊呈現一片昇平景象，旅長以上的國民黨官員(歷史反革命)都被釋放了，鄧小平當副總理推行比較右的政策，使人感到政府的理性正在恢復。社會上出版的可讀之書越來越多。我和盧國安商量，跑到建新農場外的廣仙洲新華書店去買些好書。盧國安自從坐牢以來有六七年沒有照過相了，他進牢時才十五歲，現在已經二十一二歲了。所以他想去廣仙洲照相館照個相寄回去。於是我們與生產組長鍾師傅講好，我們用一個上午的時間到廣仙洲去，如果有幹部來了，就說我們去解溲去了。鍾師傅是個「懂味」的反革命分子，與我們關係極好，基建組由他帶着單獨修造一座倉庫。沒有幹部跟着我們，幹部只是偶爾來看一看。這大概是因為我們都是快滿刑的人，幹部認為我們沒有「逃跑思想」。廣仙洲是個比茅絲鋪大得多的小鎮，離建新農場場部有二十里遠。有些犯人逃跑就是先跑到廣仙洲，再設法從廣仙洲乘船逃離這個洞庭湖中狹長的島。我們都戴上帽子，遮住勞改犯特有的光頭，脱掉勞改棉衣棉褲，剩下裏面早準備好的沒有勞改字的衣服，急急忙忙上了路。從農場走進小鎮，那種多年沒有看到的城鎮景象使我感觸很深。商店密集的街道，老百姓的穿着，甚至街道本身(要知道，我在建新農場六七年沒有看見過這種較寬敞的街道了)都使我感到城市文明與荒遠的農村強烈對比。剛走進小鎮時，街上政府的有線廣播使我們記起即使這裏已不是勞改隊，但仍在政府的嚴密控制之下。喇叭裏正在廣播批判鄧小平「反擊右傾翻案風」的宣傳文章。我們感覺得到又一個政治動亂的時期來臨了。我們在新華書店匆匆挑選了一本《各國概況》(一本介紹世界各國政治、經濟、社會、地理情況的書)，北大編輯的新版《世界通史》和幾本上海出的《譯叢》，又到照相館拍了兩人的合照，寫明家裏的地址，請他們寄到長沙盧國安的家裏。我們得在吃中飯前趕回勞改隊，於是馬上又一路小跑地朝建新農場走去。回到三大隊我們工作的地方，還沒出任何事，除了鍾師傅，沒有人知道我們跑出建新農場去了。

在這次反擊右傾翻案風的運動中，盧國安沒有逃脫戴銬反省的懲罰。報上批判鄧小平的火藥味越來越濃。勞改農場每天夜裏政治學習時間，犯人都要表態批判鄧小平。我和盧國安都拒絕發言，我總是坐在角落裏看我的書。

有天，我和盧國安加班修一個水泥坪，回來遲了，監房門關了。我們跑到幹部的辦公室去要幹部開門。值班幹部半天不理睬我們，盧國安發了火，大聲喊起來：「這裏的人都死了呀！我對牆壁講話還有回音，對你們講話連個回音都沒有！」那值班幹部嚯地一下站起來，兇狠狠地說：「你怕是要響應天安門反革命事件，為鄧小平翻案，向無產階級專政示威。」(我們後來才知道，那天早晨，中共的報紙和廣播把在天安門紀念周恩來逝世的群眾說成是「反革命暴徒」，抓了很多人)盧國安本來肚子就餓得咕咕叫，哪裏能接受這頂「反革命示威」的帽子，他反應道：「以前說我們是帝修反(帝國主義，蘇聯修正主義，國民黨反動派)的走狗，鄧小平在台上時，說我們是造反派一伙的，鄧小平下台，又說我們是鄧小平的黑爪牙，林彪在台上説我們是劉少奇的社會基礎，林彪垮了又説我們是林彪的別動隊，你們也太抬高我們的身價了，我有資格與鄧小平為伍，就不會在這裏餓着肚子求你開牢門了。」那位幹部雖給我們開了門，但是第二天晚上，全大隊就開大會批判盧國安，宣佈他戴銬反省，罪名是「與天安門反革命事件遙相呼應，為走資派鄧小平揚幡招魂，向無產階級專政示威」。那次大會前幹部趁我們出工時，搜查了盧國安的床，發現他從報紙上摘抄了許多被批判的鄧小平的話，例如「白貓黑貓，抓着老鼠就是好貓」，「現在是積重難返」，「有些沒有本事的幹部不要佔着茅坑不拉屎！」等等。盧國安沒有上完小學，所以他一直在我幫助下學識字，寫字，這些抄錄的鄧小平的話一方面是他寫字的練習，另一方面也説明他喜歡鄧小平那些右的觀點。當時大概稍有理性和良心的人都會覺得鄧小平這些觀點比江青、毛澤東的那些大話空話平實得多。而這些盧國安抄錄的「鄧小平語錄」卻變成了他支持「右傾翻案風」，為鄧小平「揚幡招魂」的證據。盧國安戴銬反省的日子裏，我成了幫助他吃飯、解溲的人。晚上，我伴着他坐在他床上和他一起哼唱他最喜歡的歌曲。他的嗓子很好，最喜歡《伏爾加船夫曲》、《鴿子》。

盧國安一個星期後被取掉了銬子。不久，毛澤東去世的消息傳來，幹部中很多人都痛哭流涕，犯人們卻暗自高興。記得毛澤東死後的第二天，鍾師傅與盧國安一塊跑進我們號子，輕聲對我說：「告訴你一個『特大喜訊』，毛老頭死了！」號子裏的反革命犯們都喜形於色。接着不久四人幫垮台的消息傳來，這次我們這些反革命在幹部們的講話中又成了「四人幫的社會基礎」。盧國安聽劉大隊長作報告時氣得只咬牙，輕聲對我說：「昨天我們還是鄧小平的社會基礎，今天又變了四人幫的社會基礎，反正是他們欺負我們，壓迫我們永遠是對的。」

四人幫一垮，造反派又倒了楣，王師傅和楊師傅一派的大頭頭又被抓進了監獄，我們都在為王師傅和楊師傅祝福，希望他們不要再進勞改隊。

盧國安刑期快滿時被無罪釋放了，他是因為在人們祝「毛主席萬壽無疆」時呼喊「毛主席萬臭無香」而以反革命罪判十年刑的。四人幫垮了後，他的罪名終於不再成立。我後來在長沙見過他好多次，他成了一個技術高明能獨立施工的泥工師傅，修造了不少房屋。他後來有了個兒子，取名「近曦」，意思是鼓勵他兒子向我學習。

# 25　王醫生

犯人醫生屬於勞改隊的特權階層。犯人醫生不但不參加繁重的勞動，而且有特別的機會接近幹部及其家屬。三大隊的兩屆犯人醫生都是因與幹部家屬發生性關係而被解職。幹部家屬經常請犯人醫生看病，因為犯人醫生的醫術比幹部醫生一般要高超。

一位姓樊的犯人醫生就是在看病的過程中與一位幹部的妻子有過多次性關係。這位婦女對她的丈夫不滿，大概是因為他不能滿足她的性要求。這對情人之間的關係被人發覺後，樊醫生被下放到我們所在的小組勞動。其他大隊的幹部妻子聽到這個桃色新聞後都跑到三大隊來看這位犯人醫生。

我們在棉花地中鋤草時，不時有漂亮的官太太跑過來。他們中有人遠遠地指着樊醫生：「就是那個，就是那個。」從他們的神態，我們知道這都是來看官太太的「野男人」的。她們的眼神和口氣好像是說：「這就是那個能勾引上漂亮的幹部太太的樊醫生。」

這對盧國安是個千載難逢的好機會，他大飽眼福，把那些官太太們看了個夠，向她們大射了一通媚眼。勞改農場的幹部由於處在幹部階層的最底層，很難找到城裏的漂亮女子做太太。但是由於他們是吃「國家糧」的，不是農村戶口，有各種國家配給的基本物資，所以沒有城市戶口的農村女孩子都願意嫁給他們。因此他們往往挑選最漂亮的農村女孩子做妻子。我們三大隊兩位大隊長、兩位中隊長的太太都是絕色女子。但犯人中卻流傳着各種這些漂亮妻子不喜歡她們的丈夫的故事。

犯人醫生最大的特權是給病人開病假條，有了病假條，犯人就可以不工作，在號子裏休息。如果犯人醫生證明某犯人有嚴重的疾病，這個犯人還能被安排做輕鬆的工作。所以很多犯人想盡辦法對犯人醫生行賄，把自己家裏送來的食物或從地裏偷來的農副產品送給犯人醫生，換取病假條。樊醫生之後的周醫生利用開病假條的特權從犯人那裏得到很多賄賂。他最後也因為接受過多的賄賂及與一位幹部的妻子發生性關係而被撤職。接替他的是我們都稱之為小王的一位新犯人。他大約只有二十歲出頭，圓圓的臉，有時穿件褪色的舊軍裝，使人知道他過去是位軍醫。小王「升官」之前和我們同一個組勞動，經常做我或盧國安的副工。

夜裏睡覺前，我們最喜歡聽他講故事。他年紀不大，卻有關於女人的極豐富的經驗。這對我們這類「從不知道女人的陰道是豎的還是橫的」人來說，實在是最刺激的消遣之一。他有很多關於女人的膚色、臉形與陰道特點的關係的「理論」，都是來自他自己的經驗。但我和盧國安都理解他這種過度的放蕩是有原因的。

監房裏十點鐘就熄了燈，電燈是由武裝看守用一個總開關控制的。熄燈後，我們經常還要聊一陣天才能睡覺，特別是在勞動不太累的農閑時期。小王來我們組後的那幾天夜裏，我和盧國安總是在聽他低聲地給我們講故事。

「我三歲時，爹爹和媽媽就指腹為婚為我訂了親。對象是還沒有生下來的大隊黨支書的孩子。大人們說好，生下來如果是女孩，她就是我的妻子。」小王講一口郴州口音很重的長沙話。我從未聽到過一九四九年以後還有指腹為婚的事情，有點不相信。「這樣包辦不是違反婚姻法嗎？」我打斷他道。

「我們那深山老林中，根本沒有人管婚姻法不婚姻法，很多人結婚從來不去辦結婚證。」小王繼續他的故事。

「但是我還不到十六歲，未來的岳老子就仗着他的權勢，給我和他的女兒辦了結婚證。大概是我的樣子還不錯，他怕事久多變，走了這鍋湯。」小王的確是那種長得帥的男人，個子雖不十分高，但臉上那對大大的眼睛上有一對細細的雙眼皮，小小的鼻子，眉毛又粗又黑，高高的顴骨與瘦削的下巴對襯，給人男子漢氣十足的印象。盧國安打斷他道：「快告訴我們她長得怎麼樣？」

「你看了她連早飯米都會嘔出來，現在想起來，我情願自殺都不願娶她。但是我那時不敢違抗父母之命，可憐我一個從來沒有去過縣城的鄉下孩子，每個月都要遵從父命去她家看望，向未來的丈人和丈母娘問候。按照當地的習俗，我十七歲時，那醜婆娘應該正式過門，我一想起和她睡在一起就不高興。我終於發現一個機會，躲掉婚禮。那年我假報年齡參了軍，臨離開家鄉時，我答應三年服役期滿回家後，再完婚。

「我真是走狗屎運，一到部隊裏就被分到軍醫學校學醫。兩年學業快完成後，我們這個班的學生被分派到農村的不同地區去實習。我和同班一位被人稱為小李的同學分派在同一個醫務所。我每天一想起復員要與那個女人生活一輩子，頭就發麻，我那時還沒有下決心違抗父命，卻又不甘心這樣的安排。想來想去，不如趁結婚前與女孩子玩一玩。

「醫務所是一間不大的房間，一張蘆蓆把這個房間分成兩半，前一半是辦公室加我的睡房，後一半是藥房加我那位女同學的臥房。有天夜裏，天氣很冷，外面北風呼號，我們很早就各自睡了。我翻來覆去睡不着，就輕輕叫小李：『小李，好冷呀，你冷不冷？』

「『嗯。』過了一會，我又叫：『這實在冷得不能睡，我們把被子合起來，可能會好得多！』

「『你壞！』她回應道。

「我也不管三七二十一，摟起被子推開蘆蓆上的小門就往小李的床上爬。小李叫起來：『走開，還不走開，我就會大叫了！』

「我央求她：『別叫，別叫，我不會做壞事，我們各睡各的被子，我不碰你，我們倆在一起就會暖和得多了！』

「她不做聲了。我擠到她床上，各蓋各的被子睡了十來分鐘，我又開始翻來覆去，咕咕噥噥：『還是冷！』小李輕聲罵：『你又要使壞！』

「『幹嘛不把兩被子合起來呢？我保證不碰你！』她一個勁地罵：『你壞，你壞！』我也不管她兇罵，直往她被子裏鑽，她沒有任何反抗行動。我當然不可能遵守『不碰她』的諾言，第二天我們倆已經如膠似漆，不能分離了。

「小李經常大白天忍不住和我親昵起來，有兩次被來看病的老鄉撞見，他們都以為我們是一對夫妻，也沒有人來打攪我們的好事。不久軍醫學校的領導來檢查學生們的實習情況，向當地人問路，當地人都說：『啊，那小兩口呀，他們住在……』。我們同居的事就這樣吹了泡。我們馬上被調回部隊，學校裏開了批鬥大會，把我們倆批鬥了一通，批鬥會後我就被開除軍籍復員回到老家。」

小王的故事一夜講不完，第二夜又繼續給我和盧國安講他回鄉後的風流艷史。

「我回鄉後被分配到公社衛生院當醫生，雖然是偏遠鄉村，但這工作卻比幹農活好得多。我在外面見了兩年世面，又嘗了與女孩子玩的味道，膽子越來越大。我暗暗對自己說，殺了我，也不與那醜女子結婚。我父母一塊來衛生院幾次，有次兩位老人給我下跪，求我不要毀婚約。我爸爸老淚縱橫地說：『人家女方的父親有權有勢，如果你真的毀婚約，他會把我們家的成份從下中農改為富農。親家已經多次告訴我，我們家土改時就是夠劃富農的，是他一手遮天，給我們劃了個下中農。最近他聽到風聲，知道你有意毀婚約，就又向我提起這事，意思是如果你真的毀約，他也不會客氣的。』我聽了只好讓步，但卻要父親告訴岳老子，我要再等兩年才能完婚。我也有我的理由，說是政府正在提倡晚婚。

「從此後我抓住一切機會找女朋友，我不是那種不逗女人喜歡的人，我前後有過一打女朋友，積累了豐富的實踐經驗。」我們都相信他的話，他已經給我們介紹過他從這些經驗中總結出來的理論了。

「我坐牢前的最後一個女朋友是公社飲食店的一位女服務員，她是位性慾極強的人。一天夜裏我們已搞了兩次名堂，她還不滿足。已是下半夜了，我勸她穿好衣服，以便趁天亮前沒人看見時離開我的辦公室加睡房。她就是不依，還要再來一次神。我倆正在糾纏，房門突然響起來，有人在高叫：『快開門，小王的岳老子在這裏！』

「我大驚失色，馬上叫她穿衣服，但是已經來不及了，門被撞開，我的岳父母和那未過門的妻子已衝了進來，站在赤身裸體的我們面前。跟着進來的還有四五個荷槍實彈的民兵。我們第二天一早就被民兵押着在鄉裏遊街，我頭上戴頂高帽子，上面寫着『反革命流氓』。我的女朋友戴的高帽子上面寫着『女流氓』。她被民兵強迫敲一面鑼，一邊敲，一邊被迫叫喊：『我是有婦之夫的王某某的野老婆。』『噹噹！』

「我受了這羞辱，再不願意完婚，不久就有人檢舉我有『反革命言論』。加上我在軍隊和離開軍隊後的男女關係問題，我被以反革命加破壞軍婚罪判了七年刑。自然這一切都是有權有勢的岳父老子安排的，在宣判大會上，我才從判決書知道，我的家庭成份已從下中農變成了富農。我最大的罪是攻擊毛主席。鄉下人在一起談天時，常會嘲笑、挖苦毛家大爹，我有時也忍不住湊幾句熱鬧。這一般並不會有麻煩，但我得罪了有權有勢的幹部。這自然成了麻煩。」

我在勞改隊碰到過不少犯「破壞軍婚罪」的犯人，但他們的情人都是已與現役軍人訂婚或結婚的婦女，這種「罪」可判二至五年徒刑。但小王的情況卻完全不一樣，沒有人與他的未婚妻亂搞，而只是他這個復員軍人不願履行婚約。顯然，他過去的岳老子玩弄了共產黨的法律。

小王也給我們講過他在軍隊服役時的其他見聞。他是在四川省服役，在他的軍醫學校附近有一所全國的重點監獄，人們都稱之為第一監獄。這所監獄專門關押重要的判重刑的政治犯。犯人們從事生產機床的勞動。小王告訴我們，一九七〇年這裏的政治犯自製了一些槍枝，發動了一次暴動，暴動失敗後，所有參與的犯人都被處死。而有幾名被判死刑的犯人被送到小王所在的軍醫學校當作解剖用的活標本。這幾個犯人是由軍醫學校殺死後，做解剖實驗的。

小王在軍隊時親眼看過一次死刑判決和執行。被處死者不是監獄的犯人卻是一位解放軍士兵。那時部隊裏正是突出政治抓階級鬥爭非常時髦的時候。有位連長選了他的一位喜歡頂撞幹部的調皮戰士做階級鬥爭的活靶子，經常點名批判他。他對連長積下了仇恨。一天夜裏，他取出他的槍，衝進連長的房裏，打死了連長，後來又打死二十個來追捕的軍人。他最後被打傷逮捕，不久被軍事法庭判處死刑。他的傷完全治好後才執行的死刑。執行死刑前全軍開了宣判大會，開會時，坦克排在會場外，殺氣騰騰，好像被判死刑的是一個師的敵人。這個士兵是被用步槍從他背後擊中腦部而死的，死後有人用手槍補火，查實他確已死亡。

小王當了醫生後，我們不再稱他小王，而叫王醫生。他搬到醫務室去睡了。我們少了一個會講故事的伙伴。

他倒還講老交情，在我們的要求下，也會給我們幾張病假條。小王比前兩任犯人醫生要收斂得多。他接受賄賂不像前兩任那麼放肆，有時也假裝正經地去地裏幹一兩小時活，所以一直沒有聽到他出過甚麼大事。但時間久了，他的特權地位越來越明顯，他越來越自然地接受犯人們對他的「尊敬」和給他的賄賂。

我最後一次聽他講故事是在他送我去農場場部醫院化驗血吸蟲的路上。那天只有我倆同行，路上王醫生找個話題解悶，他問我：「你看沒看過報上關於鐵道兵『開路英雄』戰勝嚴重塌方的事？」我想了半天，記起幾個月前報上有過一條轟動一時的新聞，於是反問他：「是不是有位民兵營長和二十多個鐵姑娘被困在塌方的隧道裏？」

「對呀，報道說這些人在死亡的威脅面前，學習毛主席語錄，終於以不怕犧牲排除萬難的精神堅持到人們救出他們。」他神秘地對我一笑，「其實這是牛褲裏扯到馬褲裏，真故事與這報道根本不是一回事。」我連忙請他告訴我真相。

「發生塌方後，這個民兵營長正與二十來個『鐵姑娘』民兵在隧道裏工作，」王醫生的郴州腔長沙話十分動聽，語調像是個閱歷豐富的人，「他們被困在一個沒有塌下來的山洞裏。這位營長憑他的經驗估計，外面的人要挖到這個山洞至少要二十天，而他們身邊的食物只夠吃兩天多。大家聽到這個消息後，女孩子們都嗚嗚地哭起來。哭了一個多小時後，一位年長點的女孩子說：『不要二十天我們的骨頭都能打得鼓響了，我來到這個世上還沒結過婚，還沒嘗過結婚的味道就要死，我不甘心呀！』靜了很久，另一個年長的女孩子說：『我們這裏有兩個男人，趁還有食物的時候讓他們倆輪流與我們搞，我們死了也甘心呀！』馬上有人贊同。於是那位民兵營長和另一位男民兵開始輪流與這些女孩子搞名堂，只有兩位年紀最輕的女孩子拒絕參加，她倆蹲在一個角落裏用手捂着臉咕咕噥噥：『我不參加你們，我不要亂搞！』」

我笑着打斷他：「我不信有這種事。」王醫生生氣的樣子，連忙說：「鬼才騙你，我是聽參加調查這事的人親口說的。」

「那後來怎麼他們都成了學習毛主席著作的英雄啦？」我再問道。

「你不要着急嘛。一個星期後，外面的人把隧道挖通了，把這些已餓得氣息奄奄的人救了出來，那位營長開始帶頭扯謊，接着報社記者來了，把他的謊言越吹越大，於是報紙上發表了頭版頭條的長篇報道，說他們在被困時天天學習毛主席語錄，用下定決心，不怕犧牲，排除萬難的精神與巖石作鬥爭。民兵營長和三位女民兵的代表還到北京去參加了鐵道兵總部頒發嘉獎令和獎品的大會。」我記起了那張他們領獎的照片，鐵道兵總部的首長正在授獎旗給那位民兵營長，他滿臉虔誠，沒有人會想到他是個如此走桃花運的傢伙。

「後來，那兩位沒參加亂搞的女孩子看到報上的報道後，向領導告發了事實真相，人們才知道場方後發生的那些事。」場部醫院離三大隊有兩三里路遠，經過場部學校和場部辦公樓，我們快看到醫院，這個離奇的故事正好講完。

王醫生是那種不動聲色的色鬼，除了與我們這些好朋友外，他從不顯露他搞女人的本事。大多數人都相信他是那種正經人，所以直到我離開三大隊時，他仍是犯人醫生，從未聽到過有關他的桃色新聞，但是我相信，他在幹部家屬中一定有情人——他是那種「做扎實事」的「老實人」。

三大隊不少有性經驗的犯人都愛吹噓他們的經驗。有的向我吹噓他一夜能來四五次神，有的更是吹噓一夜幹過十七次。但王醫生總是提醒我，吹得最厲害的可能是最不行的，真厲害的就不會吹。

三大隊也有些真厲害但從不吹的。有天半夜，我們突然被鬧哄哄的聲音吵起，我爬起來後看到天快亮的院子裏有很多犯人，他們都在朝崗哨樓下的空坪走去，我不知道發生了甚麼事，也跟着走過去。崗哨樓底有兩個犯人背靠背捆在一起，我向周圍的人打聽，有人說：「他們搞雞姦。」周圍的政治犯對這兩個據說是在搞同性戀做愛時被發現的人表示非常鄙視的神情。有個人在罵：「不是人，是畜牲！」馬上有犯人附和：「畜牲！」「禽獸不如！」

中國的政治犯都是自認為道德高尚的人，他們對同性戀這類「有傷風化」的事往往表現得比當局更不能容忍。但是三大隊還是經常有這類事發生。記得政治犯與刑事犯分編分管之前，這類事更加多，因為刑事犯中有不少人就是因同性戀而被判罪的。在當時的中國，男子同性戀被稱為雞姦，雞姦罪可判五至七年徒刑。但從我的觀察，不管是因同性戀被判刑的案例或是在勞改隊發生的同性戀事件，大多不是因為當事人對同性戀的愛好，而是因為異性戀受到限制。三大隊曾有兩個「破壞社會風俗犯」，他們是因為與牛與豬性交而被判刑的。這兩個人長得又醜又粗俗，樣子又蠢又笨，顯然是找不到性伙伴而找豬牛發泄的。與這些人相比，王醫生真是令人羡慕「走桃花運」的人了。但少數同性戀者可能的確有對同性戀的愛好，我曾聽到有人說「三個黃花女頂不上一個緊屁眼」，說這話的人顯然有對同性戀的偏好。

也有極少數捲入同性戀的人是因為某種宗教原因。我們組有個老犯人是因為與年輕男孩子廝混，專吃沒有結婚的男孩子的精子而被判刑的，他相信吃了一百個未婚男孩子的精子後，就可以長生不老。他是因為信這種宗教並實踐這種信仰而被判刑的。在勞改隊他還向人介紹他關於精液的知識，他自稱可以從精液的顏色看出男人的體質和氣質。

# 26　「反革命組織犯」

三大隊大約有三分之一的政治犯是屬於被王師傅稱為真正的反革命的犯人。與王師傅所稱相反，這些犯人都是因主張以地下政黨活動的方式發動新的革命推翻共產黨而被判刑的。我認識的這類犯人有的屬於勞動黨，有的屬於民主黨，有的屬於反共救國軍。勞動黨的意識形態是親蘇聯而反對中共的左的路線。我的勞改朋友中除了劉鳳祥、侯湘風、郭中柱等人與勞動黨有關外，這有位叫小馬的湘潭水泥廠的工人也是勞動黨的。從與他的交談我知道這個勞動黨與劉鳳祥的那個沙龍毫無關係。似乎也與其他因勞動黨問題判刑的人無關係。一位叫張必成的因勞動黨被判刑的勞改朋友向我證實，他的勞動黨也與小馬的勞動黨毫無關係。但這些勞動黨卻有很多共同之處，他們的頭頭大多是右派分子，他們相信蘇聯式的社會主義比毛式社會主義好。

我的一些勞改朋友屬於不同的民主黨，看來這些民主黨之間也沒有甚麼直接組織聯繫，但他們的意識形態卻是反對社會主義，主張西方式的自由民主制度。我認識的兩個民主黨的成員都是出身地主或國民黨官員家庭的青年學生，因為出身不好升不上大學，成為社會下層的工人或小職員。其中有位叫鄧祥生的，與我是很好的私人朋友。他是一個鄉下小鎮上商店的職員，我從未聽他講過對民主制度的理解，倒是聽他講過不少懷念劉少奇的政策，批評毛澤東的大躍進政策的看法。

另一位民主黨的成員叫李輔仁，他與我交換過作品，很喜歡我的電影文學劇本《同時代人》。在與這些民主黨朋友交談中，我發現他們的思想深度都不如張九龍。李輔仁曾對我說：「我們需要的是一種使人信服的主義，才能號召人心。」看得出，他們的出發點是對當時加在他們頭上的政治迫害不滿，要反對當局，而意識形態對他們而言，只是一種革命的工具。

李輔仁的父親是國民黨軍官，他從小就是在歧視和迫害中長大，特別是文革中，他的親屬和他自己總是在各次政治運動中被批鬥，被無緣無故地當眾羞辱。他們家養的豬和其他私人財產在幾次政治運動中都被一而再，再而三地沒收。可以理解，他自然會產生孤苦無告、樹黨強訴的傾向。李輔仁告訴我，他父親之所以一九四九年沒有去台灣是經過一番對中國歷史的研究作出的判斷。中國歷次改朝換代，對商人一般是不會動的。他父親說：「哪個朝代都要商人，共產黨朝代總不會迫害商人。」他一九四九年後棄政從商，希望在新朝代過個安穩日子。但他的估計完全錯了，共產黨不但迫害商人，共了所有商人的產，而且對李輔仁父親這種有國民黨背景的人在每次運動中都施以殘酷迫害。他最後在文化革命初上吊自殺了。

三大隊大約有四分之一的政治犯是屬於「反革命集團案」。這種罪名與反革命組織的區別是：前者不是正式的政黨，而只是沙龍，而後者是正式的政黨組織。我認識一個岳陽鄉下的小學教員，他的家鄉一九五九年大躍進時，縣委強迫農民修一個名叫「青山」的水庫。在水庫工地上，幹部拿着木棍子，強迫人們在冬天脱光上衣挑土，為的是迫使人們拼命勞動以保持身體溫暖。連婦女也被迫脱光上衣挑土。違抗的人就遭到毒打，有十幾個人就是這樣被幹部用棍子活活打死。老百姓後來都稱青山水庫為「血山水庫」。這位小學教師對這種共產黨的政策極為不滿，就與他的朋友經常在一塊批評，議論共產黨的各種不受人歡迎的政策。他在文化革命中被以反革命糾合集團首犯罪名，判處十五年徒刑。

另一位叫周裕德的「反革命集團」首犯是岳陽臨鄉一個礦山的工人。他自從一九五九年共產黨的大躍進政策失敗後就開始與一些朋友定期聚會，批評共產黨的政策。他們預計共產黨朝代一定會有大的政治動亂發生。文化革命發生後，他們認為自己的預見正確。但這個「集團」的多數人不相信共產黨以外的力量可以推翻共產黨，卻相信共產黨上層有「陰謀分子」可以代表對現政權不滿的人的利益。這位周同犯在勞改隊表現非常馴服，很聽從幹部的命令。所以他被指定為一個小組的學習組長。有天我們倆工作休息時正巧在一塊，他笑眯眯地走過來與我聊天。周圍沒有別人，他問我：「曦光，你看現在政治形勢如何呀？共產黨政權穩不穩呀？」周在犯人中頗得好感，很多「反革命分子」都知道他是「假積極」，對於「反革命組織犯」的一些反對共產黨的言論從不向幹部匯報。所以我向他直抒己見：「如果沒有國與國的大規模戰爭——像二次世界大戰一樣——共產黨朝代總是穩的，不管它內部有多少動亂。共產黨朝代像明朝，開國時是徹底的改朝換代，把舊社會有地位的人全部徹底搞臭搞垮，大部分關到牢裏以及殺掉。像一九五八年共產黨搞了一個劃壞分子和極右分子的運動，把與國民黨有關係的人全都劃成壞分子、極右分子，判的判刑，管的管制，這種徹底改朝換代的朝代總有二三百年壽命，極難垮的，不是因為它政策開明，而是因為它對反對派鎮壓殘酷。」周一邊聽一邊點頭。但他插一句：「不過像江青這樣的人會從裏邊造反的。我一九六九年就預計林彪會從裏邊造反，後來果然不錯。」他的話還沒完，幹部就在吹哨子。這意味着十五分鐘的工間休息已結束，我們又要開始勞動了。

一九七五年，三大隊的反革命犯們都在把中國發生大政治變化的希望寄託在毛澤東的死亡上。我不只一次聽到人們持有與賓蘭庭同樣的看法，對付毛澤東的最好辦法就是與他比壽命，像當年司馬懿對付諸葛亮一樣。我自己卻認為周恩來與毛澤東誰先死是毛死後中國政局的一個關鍵。如果毛澤東先死，則很可能會有一個類似赫魯曉夫改革的非毛時代，如果周恩來先死，則一切改革都不會採用非毛化的形式。後來事情的發展正好在這二者之間，雖然周恩來於一九七六年一月先於毛澤東死去，但半年後毛澤東也跟着死去。江青還沒來得及在毛澤東支持下建立她自己的權力基礎。

江青的四人幫垮台的消息最早是由自由犯從場部貼出的大標語上得到證實的。三大隊的反革命犯們興高采烈，覺得應該是比較右的政策出現的時候了。三大隊的幹部也顯得高興，他們把四人幫看成向當局挑戰的造反派的象徵，四人幫的垮台意味着共產黨正統派的勝利，當然也是共產黨官僚機器中最保守的部分——公檢法的勝利。幹部們當天夜裏就敲鑼打鼓慶祝四人幫垮台。何指導員告訴我們，五十年代的政策和很多做法都會恢復。只有一個反革命犯公開表示他的不快，他就是這位周裕德。他聽到江青倒台的消息後就得了精神病，拒絕出工，頂撞幹部，講話顛三倒四。他本來見人總是笑眯眯的，很少説話，對幹部絕對順從。我有天在號子裏休病假，跑到他號子裏看他出了甚麼問題。他見我走進來就氣狠狠地叫道：「你們高興甚麼，江青垮了，改變共產黨的江山就是死路一條了。你們高興甚麼！」我連忙笑臉相迎，輕聲説：「老周，你好好休息，養好病再想別的事。」「我沒有病，只有你們才是病入膏肓，不可救藥，死到臨頭還興高采烈。」我無法與他辯論，只好匆匆離開。

三大隊還有幾十個人是因為支持台灣的「反共救國軍」而被判刑的。像其他「反革命」組織一樣，這些人都是參加不同的「反共救國軍」，他們之間似乎沒有直接的聯繫。他們的共同點是通過接收台灣的廣播，接受了台灣的「反共救國」的意識形態。我認識幾個「反共救國軍」的人，其中幾個年輕的是文化革命後收聽台灣廣播，自己組織的反共救國軍。另一些年紀三十歲左右的是一九六〇年代初開始收聽台灣的廣播，組織反共救國軍的。這些年紀較大的人中有一位是我的好朋友。他就是三大隊的木匠曾愛斌。像所有他這一類「反革命犯」一樣，曾愛斌對當局顯得非常馴服。但有政治經驗的人都知道這是中國歷史上失敗的政治野心家常用的韜晦之計。很多人開玩笑地叫他做曾司令，這個名字大概是那些知道他自命為反共救國軍司令的人叫出來的。

春節前後春雨連綿的季節裏，犯人不出工時，很多人在講書或聽講書，而曾愛斌卻喜歡講過苦日子的故事。我和黃啟龍都認為將來會有文藝重新復興的日子，而中國的赫魯曉夫否定文化革命也會以文藝的方式開路，就像蘇聯的赫魯曉夫以《日夫科夫》等文藝作品為反斯大林開路一樣。我認為保持創作衝動，注意收集素材是種為這未來變動作準備的重要工作。所以我和黃啟龍請曾愛斌講過很多過苦日子的故事，把它們當作素材記了下來。

曾愛斌的家是在湘鄉縣農村。他的村莊有位婦女主任，人非常厚道。一九五九年農村的人民公社制度強制推行時，所有農民不分男女老少都被強迫在公共食堂吃飯，不能自己做飯吃。飢荒開始時，公共食堂實行定量制度，人們按勞力強壯程度分成不同的等級，按等級把定量的米用竹筒打在飯缽中，然後上水蒸成飯。這位婦女主任事事積極，總是響應共產黨的號召。她有兩個孩子，正在長身體的年齡，每餐吃飯時，媽媽看到兒子飢餓的眼神總是心如刀絞。她每餐都把自己的飯分一些給孩子。那時人們每天要工作十來小時，這位婦女主任漸漸身體不支，得了水腫病，全身浮腫。這種病完全是因飢餓引起，只要吃幾頓飽飯或幾斤黃豆就能治好。有天她實在餓得心口發慌，晚上偷偷去食堂，趁人不注意，偷了一缽飯。回家的路上她就把這缽飯狼吞虎咽了。兩三天後她又偷了一次。如此偷了三次，在第四次時被食堂伙夫發現，當場抓住。第二天全大隊開批鬥大會，把她定為「壞分子」。那夜裏她回家後就跳進一口池塘自殺了。

曾愛斌村裏很多人後來都出去逃荒了，有一對夫婦逃出去後，丈夫假稱是妻子的哥哥，把妻子賣掉，換了三十斤米才維持了自己和一個孩子的生命。曾愛斌那時年紀太小，與父親留在家裏，沒有出去逃荒。每天夜裏，他們都出去到地裏找一切可以吃的東西。有次他們在地裏挖蘿蔔吃，被大隊幹部發現，曾愛斌的父親年紀大了跑不動被幹部抓住，打得遍體鱗傷，第二天天快亮才爬回家裏，兩天後就死去了。

那以後曾愛斌只好逃離家鄉四處流浪。他甚麼事都做過，跟馬戲班子做過幫工(所以他能演不少馬戲節目)，做過農忙季節的零工，最後學了木匠手藝。

有天黃眼鏡、鄧祥生和我都在聽曾愛斌講過苦日子的故事，我打斷他問道：「事情怎麼會變得那麼糟呢？」鄧祥生插嘴道：「一九五九、一九六〇年都是極好的年成，風調雨順，根本不像政府說的有嚴重自然災害。但是公社幹部按照毛主席的命令強迫所有的強勞力都去煉鋼鐵，把所有農民的鐵鍋和其他鐵器都丟在柴火中燒，這種土法煉鋼把鄉村裏的樹木都燒光了，生產出來的只是一堆廢鐵。毛主席要求農民密植水稻，株行距只有一寸，結果收割時，所有穀子都是空殼。有的生產隊秋天收割時乾脆點火把禾都燒掉，還因收割的高效率得了表揚。」曾愛斌點頭說，各地都差不多，大好的年成，但收穫卻極差。幹部們把十幾畝田的禾扯起來放在一畝地裏，然後當眾收割，過秤，結果是畝產幾千斤上萬斤。然後把誇大幾百倍的產量報上去，上面就把農業稅提高到產量的百分之五十。虛報的產量加提高的農業稅，結果所有產品都交給政府還不夠，農民自然沒有一點糧食可吃。鄧祥生說湖南從湘中到湘北，從湘東到湘西，每個村莊都有二十幾個青壯年餓死。從老人們口頭傳下來的歷史中，人們從未見過這樣的慘禍。所有最嚴重的天災、抗日戰爭都不曾死過這麼多人。鄧祥生越講越激動。曾愛斌提醒他低聲點。鄧祥生又壓低聲音說：「我們村莊一九六〇到一九六一年至少有兩年大多數婦女連月經都停了。老人們都說，這是共產黨朝代氣數已盡了，婦女不來月經的事，沒有人聽說過。三年苦日子後，整個中華民族的體質大大下降了。」我看着鄧祥生那激動的樣子，心想，他十五年徒刑一定是因為向人講類似的話而招致的。

鄧祥生曾告訴我，文化革命開始時，鄉下的很多老人說那時的動亂很像清末民國初時的政治情況，很多老人因而預見，共產黨朝代可能要完了，像元朝一樣壽命不會很長。這種觀點對我來說是如此陌生和令我驚異，因為這種對文革的看法與我們城裏人對文革的看法是如此不同。

我漸漸發覺，「反革命組織犯」和「反革命集團犯」都多少與一九五九年的大飢荒有關。但是奇怪的是這些地下反政府活動都是在文化革命中才被政府破獲。曾愛斌的木工房在監房大門外，是犯人收工等着進監休息的好地方。有次我在那裏休息時，問正在做一張木椅子的曾愛斌：「你也參加了文化革命嗎？」他沒有直接回答我，卻說：「我們文化革命前就相信中國會有大亂，後來果然如此。」我又問：「你是甚麼時候被抓的？」「一九六九年。」我知道人們都不會詳談過去的失敗。但我猜得出，曾愛斌一定是趁文化革命亂的時候，有過一些反政府的活動。等共產黨重新控制住社會，發動清理階級隊伍(一九六八)和「大打網」(一九六九)運動時，這些地下反對黨活動自然被政府發覺。正像張九龍和劉鳳祥的情況一樣。我想起張九龍關於文革有利於共產黨政權穩固的判斷，心裏想文化革命使共產黨破獲了很多一九五九–一九六二年發展起來的地下政黨活動，的確使反對當局的政治勢力受了致命的打擊。

我在監獄裏做了五六十本讀書筆記，還有一個電影文學劇本。這些材料中包含很多與官方意識形態不相容的東西。盧國安幫助我將這些材料藏在曾愛斌的木工房裏。我妹妹一九七六年來建新農場看望我時在三大隊住了一天。她離開三大隊時，曾愛斌冒着冬天的寒風和被幹部發現的危險(如果他被幹部發現做這種事，他和我都會被加刑)，跑了四五里路，在去岳陽的公路上追上了等汽車的我妹妹，把這些筆記和材料都轉給了她。妹妹後來告訴我她被曾愛斌那種忘我的獻身精神深深感動。曾愛斌在雪地裏跑得全身汗得透濕，一站住就冷得發抖。但他毫不在意，像傳遞聖經一樣，把那一大包材料交給了我妹妹。這包材料中還有一封給我妹妹的信，信中估計毛澤東死後，一九五九年的問題、反右派問題將來都會成為新上台政治家建立自己的權力基礎時用來號召人心的「政治王牌」。我滿刑時曾愛斌還沒有滿刑，他給我做了個精緻的木盒子留作紀念，外面看去是本大書，裏面可以裝筆記本。那個大盒子正面刻着一個英文詞Forward(前進)。

因為對「三年苦日子」(一九五九——一九六二)不滿而進行地下反政府活動的另一股勢力叫做「一貫道」。我碰到幾個一貫道的成員。他們都是不大識字的鄉下農民。在勞改隊都十分馴服，對幹部恭敬順從，但背地裏卻有不少牢騷。一位姓林的同犯有次問我：「你知不知道明朝開國皇帝朱元璋的軍師劉伯溫呀？」我點點頭。「劉伯溫有本驚世之作《燒餅歌》，你聽見過嗎？」我搖搖頭。他朝我耳邊湊一湊，輕聲說：「那可是泄露天機的微言大義呀！」我看他那神秘的樣子，很不以為然(我是不信任何宗教神學的)，「甚麼樣的微言大義，你能給我兩個例子嗎？」「《燒餅歌》中有一句：『二八胡人二八秋』，你知道是甚麼意思嗎？」「不知道。」「鬍子和毛是一回事，胡人是指姓毛的人。毛澤東三個字共是二十八劃，所以二八胡人是指毛澤東。二八秋意思是毛澤東執政二十八年後就會垮台！你看劉伯溫六百多年前就給毛澤東算了命，毛澤東過不了一九七六年！」我心裏覺得好笑，「這真是太牽強附會了」。

「你不信呀，你可是要信呢！《燒餅歌》裏早就預見了共產黨上台後會死上千萬人，會把老百姓的房子都拆了，用土磚做肥料，會把老百姓的鍋灶都砸了去『大煉鋼鐵』，人人會餓得得一種從未見過的『水腫病』，婦女會餓得不來月經！」那是一九七三年，我只是耐着性子聽他舉很多《燒餅歌》中預見共產黨一九五九年會幹的壞事，但心裏一點也不相信劉伯溫能預見共產黨朝代的事。直到一九七六年毛澤東死去時，我才突然想起這個《燒餅歌》，如果不把那句話解釋成共產黨會在一九七六年垮台而是解釋成毛澤東會在一九七六年失去權力，《燒餅歌》還真靈驗。兩三年後，我才知道，傳播和按照農民的經驗解釋《燒餅歌》就是農民的組織「一貫道」的主要活動方式。這位林「同犯」就是因為傳播解釋《燒餅歌》而被判七年徒刑的。

三大隊每個中隊有個犯人負責為所有犯人「剃頭」。那是用一把剃刀把所有頭髮刮得光光的。我們三中隊的「剃頭師傅」姓邱，五十多歲的樣子，看去很和藹。每次他給我剃頭時都要向我吹噓他解放前的生活。他說他解放前有兩個老婆，人們都尊稱他「邱老爺」。我忙問他，兩個老婆在一起不會打架嗎。他不以為然道：「她們才不打架呢，她們相處得很好。我對她們很公平，每次買衣服，每人一定是同樣質量的，我不偏心，她們自然不會吵架。」有次他告訴我解放前夕他是鄉下的一個鄉長，剛解放時，他帶着共產黨的土改隊抓了殺了很多「惡霸地主」。「可憐呀，」他傷心的樣子，「這些惡霸地主的兒子、兄弟都被斬盡殺絕呀！」不久，那些不是「惡霸」的鄉紳也成了鎮壓迫害的對象。很多過去是國民黨鄉長、鎮長的人都被殺了。「那時一個工作隊長就有權殺人，不要經過任何上級批准，」他心有餘悸的樣子，「我幸好是較早被關到公安局去了，要不然也被工作隊殺了。我的兄弟、父親、兒子，全被殺了呀！」邱肯定是個「歷史反革命」了。有次他為我剃完頭後，他突然説要給我看相，要我坐着不動。他把我的雙手放在腿上，摸摸我的兩個耳垂，又要我站起來，把手放下。把我擺弄了好久，他告訴我：「你兩耳耳垂長而重，雙手下垂幾近膝，有福之人呀，有福之人呀。你知道劉伯溫的《燒餅歌》嗎？劉伯溫幾百年前就預見這個朝代二十八年後就會垮，連新朝代的軍師和皇帝都定好了。現在就是要照着劉伯溫的《燒餅歌》找軍師和皇帝。」我這才吃驚地發現，這個「歷史反革命」也相信「一貫道」，而且一貫道的另一個重要活動就是用看相的辦法尋找代替共產黨朝代的新朝代的「天子」和軍師。我的印象中，信奉一貫道的「反革命犯」在三大隊佔相當大的比重，因為我聽很多從農村來的政治犯在談論劉伯溫、《燒餅歌》，以及它們與一九五九年大飢荒和共產黨朝代命運的關係。

# 27 來自解放軍的四犯

李金培是湖南鄉下人，卻講一口湖南腔的普通話。這大概是當過兵的人的特點，用普通話顯示他與一般農民不一樣，是在外頭見過世面的人。李金培在軍隊裏養得白白胖胖的，剛到三大隊時，顯得與我們這些曬得黑不溜秋的犯人很不一樣。他大約十九、二十歲的年紀，對人總是坦誠相待，講話的真誠像個大孩子。他剛來時顯得不像個犯人，幹部和犯人對他都另眼相看。他勞動時，不像其他犯人一樣有定額，他總是慢慢吞吞地幹，不高興了乾脆坐在一邊休息，與犯人聊天。幹部最初也不太管他，好像大家都知道他不懂勞改隊的殘酷，暫時容忍他的無知一樣。

由於李金培的待人真誠和從不理睬監規，我們很快就從他自己口裏知道了他的案情。他十八歲時參軍，入伍不久就遇上政治運動。由於李金培平時太隨便，工作不很認真，他成了政治運動中大批判的活靶子，老是被排長點名批評。李金培受不了，總是與排長頂撞，於是排長把他關了禁閉。軍隊裏的禁閉大概相當於勞改隊的關小號子，雖然軍隊裏條件比勞改隊要好得多。李金培被關了好多天禁閉，他天天呼喊要幹部釋放他。沒有人理睬他，於是他想出一個引起人們注意的辦法，他在一張紙上寫上一句「打倒共產黨」的口號，交給看守的士兵，於是連長馬上找他談話了。談話後不久他被軍隊的軍事法庭以書寫反革命標語罪判處五年徒刑，送到他家鄉湖南省的勞改隊來了。李金培能背誦很多唐詩宋詞，他自己也能作非常好的古典詩詞，看樣子他父親是鄉下那種受過很多傳統教育的人，因此也把他的知識傳給了兒子。李金培寫的詩詞有歌頌右派，批評一九五七年反右運動的，有描寫勞改生活的感受的，平仄音韻、對仗都非常好。他寫了詩就給大家看，我真吃驚他這種年紀的人怎麼能寫這麼好的古詩詞，怎麼可能懂得一九五七年的反右運動是怎麼回事。過了兩三個月，幹部認為李金培應該比較適應勞改隊的生活了，開始對他進行「改造」。第一件改造他的事是開了一個批判他的大會，批判他抗拒勞動改造，批判他歌頌右派的詩詞。李金培與其他被批判的人不一樣，他一點也不害怕批判，他站在犯人前面，面對着大家，頭也不低，總是笑着與批判他的人辯論。整個批判會就是沒有批判的氣氛，人們都與他這種「失之不憂」的人認不起真來。那次批鬥大會後，很多犯人對他更好感，他也是我行我素，完全像以前一樣，不想出工就躺在床上，出了工不想做了，就坐下來聊天。三中隊的陳幹部是位新來的幹部，他不知道這位「特殊犯人」的脾氣，一天早上看到他沒有病假條躺在床上，就動手拖他下床。李金培也動手，把陳幹部推到牆上。陳幹部叫值班犯人拿來一根木棍就朝李金培身上打。李金培用手搶奪棍子，陳幹部氣得直叫：「這還了得，你真是造反了，造無產階級專政的反了！」陳幹部叫來看守的士兵把李金培戴着手銬關進了小號子。這一關就是二十天，小號子裏又窄，又暗，伙食又差，而且沒有人講話，沒有書報看。李金培又想起引入注意的最有效辦法——喊反動口號。他沒有筆沒有紙，不能寫反動口號，於是大聲喊：「打倒共產黨，國民黨萬歲！」這樣連着喊了兩天。第三天有犯人看見大隊楊管教爬到靠近小號子的一個崗樓上，用筆記下了這些口號。犯人們都知道，這是給李金培加刑的信號，因為筆錄的口號加楊管教和站崗的士兵就是加刑所需的證據。

但這次加刑卻使所有人意外，一九七五年底，岳陽法院的人來到三大隊，那天我和盧國安正在小號子外邊修建一個倉庫，李金培被幹部從小號子帶出來，法院的人在小號子外邊站着向李金培宣讀判決書。不少幹部的家屬(妻子和孩子)也在曬坪裏，他們都好奇地圍過來觀看。這些家屬都認識李金培，因為李金培以前經常在離幹部宿舍不遠的曬坪勞動。家屬們對李金培那種大孩子氣的天真相當好感，不少人都與他聊過天。法院的人宣判的聲音很大，最後的判詞使我們附近的犯人和圍觀的幹部家屬都大吃一驚：「判處反革命分子李金培死刑，立即執行。」他然後一邊命令幹部給李金培釘「死鐐」，一邊問李金培：「你要不要上訴。」李金培已經面無人色，癱倒在地上。我聽不見他的回答。但我知道，上訴只是做戲，死刑一定會執行的。這是我看到的文化革命後第一個允許上訴的死刑判決。以前都是當眾宣判後馬上當眾槍斃的。我發覺嘰嘰嚓嚓的幹部家屬聽到判決後馬上靜下來，很多人的臉色都變了，眼睛裏顯出哀傷，她們也無法接受處死這個天真可愛的大孩子式的活生生的人。

李金培判死刑後被關到一個大一點的監房裏，由三中隊一個姓黃的犯人整天看守着他，為的是防止他自殺。這個姓黃的犯人後來告訴我們，李金培根本沒想到他會被判死刑，他為了爭取一線活下去的希望，在執行死刑前寫了血書，發誓證明他根本不是要真正打倒共產黨，而是認為那是唯一引起人們對他注意的方法。自然沒有人理會他的血書，不久死刑就執行了。李金培被處死的那幾天，三大隊的犯人和幹部家屬都有一種沉悶壓抑的感覺，只有楊管教和陳幹部這些人高興，他們向犯人說：「如果你們繼續反改造，李金培就是你們的榜樣！」

四人幫垮台後，華國鋒上台了，他帶給勞改隊的是一批新的政治犯以及一大批死刑判決。三大隊來了幾個老實農民，他們都是在毛澤東死的那天公開表示高興而被以反革命罪判刑的。有個農民一聽到毛澤東死的消息就高興得跳起來。大呼：「毛爹爹死了，這下我們會有飽飯吃！」他因為這句話就被判了五年徒刑。接着岳陽開宣判大會，對幾十個攻擊毛主席和黨中央的「反革命」處以死刑。這些反革命中的一個是我們三大隊的蕭民生。蕭民生原來是解放軍中的一個營長，他經常收聽台灣的廣播(長江以南很容易收聽到台灣的自由中國廣播)，並且把聽到的消息向人傳播。江青在台上時，台灣廣播曾說毛澤東很快就要死了，他死後，江青就要到監獄裏去唱她的樣板戲了。蕭民生向他的部下傳播這些消息，結果被判處十年徒刑。來三大隊後不久，他有天出工時，向公路上行走的老百姓遞過去他手寫的傳單，上面寫着江青三十年代亂搞男女關係的事，還有很多攻擊毛澤東本人和他的政策的話。很快，幹部就發現這些「反動傳單」的作者是蕭民生，於是蕭民生進了小號子。華國鋒一上台就宣佈要抓綱治國，殺一批攻擊毛主席和黨中央的人，蕭民生於是被判處死刑立即執行。他被押上汽車送去岳陽時，有人看見他嚎啕大哭，求求人們饒了他一命。

很多年後，我在長沙碰到一個建新農場的牢友，他告訴我華國鋒下台後，李金培和蕭民生都平了反，他們部隊專門派人到建新農場召開了平反大會。我聽了不禁淒然，這種平反對死者來説又有甚麼意義呢？我在勞改隊，親眼看到了五十多個從未有犯罪行為和暴力行動的政治犯被處決，整個中國從一九四九年以來被處決的政治犯至少在百萬以上。中國需要一部禁止政治犯死刑、廢止反革命罪的法律。

# 28　出監隊

關教導員有好多天沒有露面。幾天後，三大隊來了位姓周的新教導員。周教導員比關教導員年紀輕，瘦瘦的，陰沉着臉，從來沒有笑容。犯人中傳說他是從監獄裏調來的。調來的原因是他的妻子是農村戶口，而監獄在城裏。他妻子不能長期住在城裏，因為她沒有城市戶口。他要求調到農場來，農場的幹部吃「國家糧」，家屬也能分配到配給糧食，有種雖比城市居民低但仍比農村居民高的地位。周教導員來了幾個月後，我發覺他對我非常注意。有天我去借書時，管圖書的犯人郭眼鏡(他是個曾被打成右派的小學教員)，悄悄地附在我耳邊說：「周教導員來圖書室檢查，把書架上所有與魯迅有關的書都拿走了。他還問有哪些犯人借魯迅的書，特別問到『楊曦光是不是借過魯迅的書？』。」我知道很多政治犯喜歡魯迅，因為魯迅對他那個時代的當政者國民黨持一種非常敵意的反對派態度。很多政治犯喜歡引用魯迅的話來批評和攻擊共產黨當局。但是三大隊的幹部從前沒有人注意政治犯對魯迅的興趣，因為他們文化水平不高，對政治犯的意識形態既沒有理解能力也沒有瞭解的興趣。從周教導員對魯迅著作的敏感，我發覺他是個對政治犯意識形態較敏感的人。他一定是破獲過監獄中類似劉鳳祥、粟異邦那類「反革命組織」的人，他看來在這方面十分有經驗。我並不喜歡魯迅，與大多數對魯迅有興趣的政治犯相反，我認為魯迅是個沒有大著作的淺薄的激進主義者。但是周教導員對魯迅著作和對我的注意，使我感到他是隻非常危險的警犬。

接着，有犯人告訴我周教導員在我們出工時，獨自一人仔細檢查過我的床和行李，特別對我的書籍、寫有文字的東西過細檢查。我心裏開始有點緊張。憑我幾年來的經驗，這說明他得到了一些關於我的思想及我與其他政治犯談話的情報，他在找證據核實他得到的情報。幸好他檢查我的床的那幾天我沒有留任何有關經濟和政治問題的筆記在床上。我有記筆記的習慣，每天把自己有關政治、經濟、文學、數學方面的靈感記在一個小本子上，讀書時，也錄下一些我感興趣的東西以及自己的想法。特別是尼克松訪華以後，中國的《參考消息》報經常刊登美國政治經濟方面的消息，我們基建組的人經常偷幹部的《參考消息》報來看，報上有關水門事件的報道，以及卡特的競選演說和他的就職演說都使我們對美國的政治和社會制度有了些較直接的瞭解。我每次得到偷來的《參考消息》報，總是要把不少有趣的東西摘錄在我的筆記本上。幾年下來，我已積累了十幾個筆記本。我每記完一個筆記本就把它存放到曾愛斌監房外的木工房裏。身上只留一個正在用的筆記本，床上只留一些沒有任何政治內容的寫滿數學、工程方面東西的筆記。我的那些記有我的經濟學和政治思想方面的本子或者我的那個電影文學劇本，只要有一本掉在周教導員手裏，我就會有殺頭罪。雖然他一直沒有得到這些過硬的證據，但我一想起他那陰沉的目光，頭上就冒冷汗。我想起劉鳳祥在左家塘告訴我的他的勞改經驗：「在勞改隊，幹部們用一切手段得到他們所要的絕大部分情報。你要假定你說的一切話遲早總會被他們知道，因為他們用一切辦法鼓勵犯人提供情報，而對大多數犯人來說，這種引誘總是難以抗拒的。」

一想到我平時與其他政治犯討論政治局勢的言論傳到幹部耳朵裏的情形，我就頭皮發緊。在他們眼裏任何這類討論都說明我們這些政治犯還有「政治野心」，還屬於應該消滅的「政治隱患」，不管這種討論是否有意識形態上的敵意或者只是純客觀的政治分析。從宋紹文給我帶來的麻煩和我在「認罪服法」學習班的經驗，我已懂得了這一點。但是可悲的是，我們這些有政治頭腦的人，在毛澤東、周恩來去世前後，明明知道中國面臨大的政治變動，根本不可能不在一塊討論政局，我總會忍不住與朋友探討毛澤東與周恩來去世的先後次序對政局變化可能的影響，文革中的政治迫害對將來可能的「翻案風」的影響等等。這些討論一旦傳到周教導員耳朵裏就會成為「反革命」的「證據」。

一個月後，犯人中的消息靈通人士告訴我，周教導員正在調查三大隊政治犯中的一個反革命集團。據説這個集團與民主黨、勞動黨和反共救國軍有關，而且與「文革」中的造反派「省無聯」有關。我一聽到這個消息，腦袋像要炸裂一樣地痛，神經變得十分緊張。我明白周教導員正在進行的調查，矛頭直指我。我在三大隊的政治犯中是個中心人物，與民主黨、勞動黨、反共救國軍的犯人及右派犯人、造反派犯人都有很好的關係，我自己文革中就曾經是「省無聯」的成員。我那幾天心神不定，不知道甚麼事會發生。劉鳳祥臨死前用死鐐撞牢門大叫「冤枉」的樣子不時閃現在我眼前，我腦海裏不斷出現着文革中被指控搞反革命集團的犯人被判死刑的故事。我雖然明白自己從來沒有與其他政治犯建立過任何有形的組織關係，但我也知道，我一直在有意識地瞭解和接觸各種政治犯，與他們建立良好的私人關係。我清楚地知道，任何非官方的有形的政治組織和政治溝通在這個國家都足夠判死刑，更不用説在勞改隊。我一直採用一種「君子群而不黨」的策略，建立廣泛的私人關係，但不留下一點正式政治關係的痕跡。這種策略對付關教導員、劉大隊長、何指導員這些文化不高，沒有理解政治犯意識形態能力和興趣的人是非常有效的。我在他們鼻子底下與各種政治犯建立了廣泛的聯繫，成了政治犯中一位有威望的人物。但碰上周教導員這類有點文化，對政治意識形態有一點嗅覺，但又不真懂的人，我可能會有大麻煩。只要他願意，他可以用各種手段把我與其他政治犯的談話內容大部分弄到手。如果他還得到我的筆記本或劇本的一兩件，則判我的死刑是足夠的。像張九龍和劉鳳祥的案子，當局並沒有得到過硬的有形政黨組織的證據，他們還是被殺害了。一想起張九龍臨死前那陰沉的臉色，劉鳳祥臨死前的呼號，我不由得感到寒冷徹骨。這正是我快滿刑的日子，如果周教導員在調查中真的抓到了甚麼證據，我可能永遠出不了這個牢門了。

那幾天大隊的幾位主要幹部對我的態度都特別壞，一點小事也會把我罵一頓。看得出他們已從周教導員那裏聽到一些對我的指控了。我在這種不安中過了一個星期，局勢漸漸緩和下來。大隊幹部們似乎因為某些我不知道的原因不支持周教導員的調查，我沒看到他們有任何新的行動。這有可能是因為周教導員沒有來得及建立與其他與他「水平」不一樣的人的私人關係，也可能是整個國家的政治情況自四人幫垮台後越來越緩和了。我慶幸局勢的轉變，我與劉鳳祥的命運的差別也許只是國家政局的差別，要是周教導員對我的調查發生在一九七〇年，我可能早已像劉鳳祥一樣被當作「政治隱患」而殺害了。劉大隊長堅持將我按時轉到「出監隊」去。我離開三大隊時，周教導員曾向我訓話，警告我：「你如果繼續像現在這樣抗拒改造，你頭上的反革命帽子一輩子摘不了！」他的話提醒我，他可能在我的檔案裏塞了一些他調查的材料，出了牢門後，我可能還是個戴着反革命分子帽子的「勞改釋放犯」。

出監隊離場部不遠，犯人滿刑前四五個月就轉到這裏來，由這裏的幹部與犯人家鄉的公安機關聯繫，決定犯人滿刑後的去向。

出監隊沒有圍牆，一進這裏，人身就比以前自由得多了。經常有人偷偷跑到岳陽甚至長沙的家裏去，即使被抓住也不會被加刑了。但是犯人之間馬上就有了社會等級的差別。那些原來家在城市的犯人將有機會回到城市裏去，而來自農村的犯人卻可能被送回農村。由於人民沒有選擇居住地的自由，戶口制度使一個人基本上一輩子住在生下來的地方，而城鄉的生活水平卻有幾倍的差別，所以農村來的犯人都千方百計拒絕回家鄉，而要求留在勞改農場「就業」。一個叫楊孝文的犯人告訴我，他的家鄉每年每個勞動力只能掙回自己的口糧，一年到頭看不到一分錢現金收入。家裏買燈油、買鹽完全靠他母親養幾隻雞，生了蛋拿到集市上去賣。特別是農村的共產黨基層組織對政治背景不好的人迫害比城裏更殘酷，楊孝文的父親是地主，他們家每次政治運動中都被抄家，他父親、叔伯每次運動中都被批鬥，他們養的豬在政治運動中都被充公。所以他最大的願望就是滿刑後留在勞改隊就業，不要回家鄉。這裏大家都有勞改的經歷，至少不會互相歧視。就業人員每個月還有二十元左右的工資，比農村好多了。

但是城裏來的犯人能不能回城裏去及農村來的犯人能不能留在勞改隊，一併不能由我們自己決定，而要由出監隊與我們家鄉的公安機關安排。出監隊負責安排犯人的是一位姓周的幹部，他長得肥頭大腦，我們都背地裏稱他周胖子。我來出監隊的第三天，周胖子就召集和我同時來出監隊的十幾個犯人開了個會。他開會的方式與其他幹部不一樣，完全不教訓我們，也不談任何有關「改造思想」的事，而像談生意一樣。他樣子很兇，也很乾脆。那天夜裏他從他的公文包中取出一疊檔案，我們知道這些檔案有關我們的命運和前途，都屏住呼吸，仔細聽他的每一句話。他叫了一個人的名字，一個老頭站起來，周胖子高聲說：「站到前面來！你家裏還有幾個人呀？」「我沒有家了，也沒有一個親屬在這個世上了，自從土改我被判刑後，我家裏人就死的死，走的走，我已有二十年與家裏沒有聯繫了。」聽得出這個老頭是個「歷史反革命」，他從共產黨當權以來就在牢裏，已經在監牢裏度過他的半輩子了。周胖子把他打量一番，然後不高興地說：「你家裏真沒有人了呀？幾十年沒有聯繫不一定沒有人呀！你老成這個樣子，賴在勞改隊，要我們養你呀？我會給你家鄉去封信，爭取讓他們接受你，你不要只想留在勞改隊！」他説完，把手一揮道：「下去。」

第二個被叫到的是位姓李的長沙青年。他穿着一身工作服，一看就是過去在長沙當工人的人。周胖子顯出對他很有興趣的樣子，臉帶笑意地問他：「你家裏有幾個人呀？」李像所有城裏來的犯人一樣，都盡量把家裏情況説得好一些以爭取回長沙去。李告訴周胖子，他父母都在國營大工廠工作，兩個兄弟也參加了工作，妹妹在學校讀書，他們每個月都有信來。周胖子要李把他父母家裏的地址詳細寫下來交給他。這樣逐個問了所有人的情況，從他的態度，我們看得出來，他希望把有勞動能力、有特別技術的人留在農場，希望把沒有這些條件的人送回家。他對那些家在城市，家庭有社會地位的犯人表示出特別的興趣。

不久我碰到一位姓劉的長沙來的技術員，他因為寫文章批評毛澤東被判了七年刑。劉和我很快成了好朋友。他告訴我，周胖子是個貪得無厭的人。他對農村來的犯人態度極不好，但對城裏來的犯人，卻想盡辦法説服他們家鄉的公安機關接收他們，條件是從犯人得到一筆報酬。劉告訴我，周胖子每個星期都要出差到犯人的家鄉，與當地溝通，作出犯人回家或留在農場的安排。周胖子去過劉的家裏兩次，示意劉家送給他三十多元的禮物。周胖子現在已為劉作好了回長沙定居的安排。劉告訴我作好送禮的準備，只要送了禮，周胖子會不遺餘力為你辦好回長沙安家的安排。回長沙的關鍵是長沙市我父親居住的派出所(長沙公安局的分支機構)要發出一個「接收證」，允許我在長沙報戶口，並且建新農場要有個文件同意我回長沙。而這些公文都要由周胖子經辦。那時建新農場的人(包括犯人和幹部)對有了長沙市的「接收證」的滿刑犯人都十分羨慕，就像幾年後中國人都羨慕有機會去西方世界的人一樣。

聽了劉的經驗，我還有點半信半疑，周胖子怎樣開口要禮物呢？我真是無法想像。但我還是委託劉回長沙後去我們家一趟，把這些經驗告訴我妹妹楊暉和我父親。幾天後，我自己開始相信劉的經驗，因為周胖子把我叫到辦公室去了一趟，態度非常和氣，仔細問了我父親的情況，並要我寫下了我父親的地址。我父親文化革命中一直被關在五七幹校，一九七五年後才回到長沙，雖然沒有完全恢復名譽，但卻掛了一個省輕工業局顧問的空頭銜。周胖子向我建議，由我妹妹來農場看我，他希望當面與她談一談。

春節前後，我妹妹楊暉來了建新農場，她那時剛從大學畢業不久，正在一個高中教書。周胖子對我妹妹非常熱情，一定要她睡在他家裏。妹妹與周胖子談了將近一個下午。第二天我送妹妹上車站時，她告訴我，昨天周胖子為她訂回長沙的汽車票時當着她的面親自提了一籃子禮物到汽車站去了，回來向她解釋説：「現在不送禮辦不成事，連買汽車票都得送禮！」一臉無可奈何的樣子。當天晚上，我妹妹與周胖子一家人烤火閑談時，他妻子似乎是無意地説道，他們的大兒子馬上要結婚，只是差一床湘繡被面。我聽到這裏，才恍然大悟，馬上打斷妹妹的話：「這是他們要你送禮呀！」我妹妹大吃一驚，不敢相信，這是真的要禮物。我告訴他，周胖子對劉和其他犯人都用類似的手法要過禮物，只要你送了禮，他會全力辦好長沙的接收證和建新農場的放行證。我妹妹後來買了床四十元的湘繡被面寄給了周胖子。(當然是由我父親付款)那是當時她一個月的工資。他收下後連收條都沒有一個。

對於農村來的犯人，周胖子知道沒有油水可撈，所以從來不去為他們疏通。有個從農村來的犯人不願意回農村，但是他家鄉的幹部認為他是個危險的反革命分子，與地方上幹部有世仇，要求農場把他交給地方幹部，由他們來管制這個「勞改釋放犯」。這位犯人知道回去後會倒霉，總是拒絕回鄉。周胖子通知他家鄉的幹部派民兵用槍把他押解回去了。這個「勞改釋放犯」一到家就想辦法逃跑，又回到農場附近，在建新農場旁邊的君山農場偷了一頭耕牛，然後牽着這頭牛在公路上叫賣。當然很快他就被抓住，送回了建新農場。他在農場碰到周胖子時得意地說：「這回你總不能把我再送回去了吧！」

周胖子勒索禮物的行為越來越放肆。有天那位長沙姓李的犯人的父親來看他，手裏提着兩瓶虎骨酒。小李告訴我這是周胖子點名要的禮物，但他父親只是弄了兩個虎骨酒瓶子，瓶子裏裝的只是一般的藥酒。

我離開勞改隊不久就聽說很多回到長沙的犯人聯名向省公安廳控告周胖子索賄，建新農場組織了一個調查組調查周胖子的索賄行為。調查過程還沒有結束，周胖子就在場部附近的一棵樹上上吊自殺了。

妹妹來農場看我回長沙後的第二天，我勞動回來坐在出監隊的號子窗邊休息，忽然聽到窗戶外有人叫我的名字，抬頭望去，竟是一位叫羅培江的原來三大隊的勞改朋友。他大概是兩個月前出監的，我連忙到監房外去，請他到茅絲鋪的飲食店去敍舊。他是從二十里以外的華容縣家鄉來這裏看我們這些勞改朋友的。我們坐在飲食店裏喝茶吃點心，他滿臉愁容地告訴我，他滿刑回家後非常苦悶，頭上戴了頂反革命帽子，父親是富農分子，仍被管制。每個星期他和他父親一起要到公社人保部受訓，報告自己的活動和思想，接受當局的監督。

「農村的幹部沒有水平，周圍的農民既沒有文化，也沒有水平，他們對我的歧視比勞改隊中對犯人的歧視還要厲害，我夜裏睡覺時常常想起建新農場三大隊，那裏有那麼多墨水喝得多的人，我從未去過城市，在我心目中，建新農場關政治犯的地方就是書中的巴黎。」羅培江一邊訴說，一邊潸然淚下。我心中也十分難過，想起列寧批評沙皇俄國的話「全國是個大監獄」，不禁在心中對自己說：「當今的中國才真正是個大監獄呢！」

羅培江像是在問他自己，也像是在問我：「這種把人劃成地富反壞右的制度會有一天被廢除嗎？」

我點點頭：「只是遲早的問題。日本明治維新做的頭幾件事之一就是廢除穢多制，宣佈國民平等。穢多就相當於中國的地富反壞右，是社會上最低一個等級。」我本來是在安慰羅培江，根本沒料到一年後，中國當局果真宣佈了對「地富壞反右」摘帽的政策。可惜的是官方宣稱摘帽的原因是由於地富反壞右分子已得到了改造，而不是因為要確立人權的合法性和政治迫害的非法性。如果有一天當局與反對派關係又緊張起來，這些地富反壞右，特別是反革命分子不又會因為「沒改造好」而重新被戴上帽子嗎！

我滿刑後的一個月，仍沒有收到長沙接收我的消息，那時我已開始與刑滿就業人員一樣每月領取十五塊的工資。就業人員的工資按他們是否仍戴「帽子」而定。仍戴有反革命或壞分子帽子的人工資比沒有戴帽子的要低百分之十到十五。而是不是戴帽子完全由幹部根據你是否馴服而決定。出監隊的人都是身份未定的人，我們都不知道將來頭上是否有帽子。我們的工資與戴帽子的勞改釋放犯一樣。有不少刑滿的犯人在出監隊等了半年甚至一年，還不能回家。有個姓嚴的小伙子實在等不耐煩了就逃跑到長沙家裏去了。小嚴回到長沙，打通派出所的關節，確定接收證馬上會發出後才回到出監隊。他回來那夜躺在床上給我們講長沙的新氣象。馬路上男女情侶已開始公開手挽手地「遊馬路」了(這是十幾年沒有過的事)，女孩子開始穿裙子了(女孩子也有十幾年沒有穿裙子了)。很多人都開始穿「的確良」的衣服了。那時的確良對我們來說還是極奢侈的衣料。這些新鮮事對同屋的人來說真是夠刺激的，大家聽他講到深夜還沒有睡意。但令我不高興的是，他也告訴我們，很多造反派領袖又被當成新上台的老幹部的政敵抓到牢裏去了。我想起一九六二年或一九七二年的復舊，它們都帶來了理性和繁榮，但卻總是伴隨着對政敵的殘酷鎮壓。難道共產黨的秩序和繁榮，總要以對政敵的殘酷迫害為基礎嗎？我再不是共產黨秩序的既得利益者，經過十年的勞改，我看到那麼多高貴的人成為共產黨秩序的犧牲者，共產黨殘酷地迫害如此高貴的人，我再不會單純地熱愛那建立在殘酷迫害基礎上的秩序和繁榮。我相信對政敵的殘酷迫害是共產黨政權永遠難以穩定，不斷造成動亂的根本原因。

那正是四月的春天季節，周圍的氣息是如此生機勃勃，油菜花香，稻秧的清香使人神魂顛倒，我也感到國家正進入一個大變化的時期，比一九六二年、一九七二年更大的繁榮正在到來，我個人的命運也與國家一樣，正在一天天好起來。第二天早晨我就接到小劉的信，他告訴我，我的接收信馬上會發出，他去過我家多次，我們家住在過去一位國民黨官員的公館裏，環境非常優美。但是我相信自己不再會是一個充滿優越感的幹部子弟，我會永遠與那些被迫害的國民黨人、地下反對黨以及剛被關進監獄的造反派領袖認同，與一切受政治迫害的人認同。我也相信，中國政治最後穩定下來的一天，必會是這最後一批被迫害的人(造反派)被解放的一天。我深深地對徹底否定文革的思潮反感，相信文革中造反派的反政治迫害運動終會在歷史上恢復名譽。

我滿刑的那天，妹妹楊暉趕來建新農場接我。她端莊而美麗，臉型很像媽媽。我們倆感情一直很好。我坐牢的十年，她一直代表全家與我保持聯繫。差不多每年要來農場看望我。我們也有過爭吵。她聽說我在勞改隊與幹部發生衝突的消息(那次因宋紹文打小報告使我受批鬥的事)曾寫信勸我順從，字裏行間透出她為我的處境擔憂的疼愛心情。但我卻託就業人員寄給她一封信，指責她「一半像家畜，一半像魔鬼，在暴虐面前順從，在無辜面前專橫」。我在信中自稱「一半是天使，一半是野獸，絕不會對迫害我的人順從」。

坐在去岳陽的公共汽車上，看得出楊暉真為我出獄而說不出的高興。我們前面坐着一個已有白髮的婦女，滿臉愁容，眼角還掛着淚水，大概是剛探監看過服刑的兒子回家去。我想起盧國安的母親去三大隊看他的情形，母親一見兒子就把他抱住，親了頭，再用手從上到下把他的肉全捏一遍，一邊哭，一邊喊着：「我的骨肉呀，你好造孽呀！」這位我們座位前的婦女的身影提醒我，今天我已從這扇隔開骨肉的牢門的一邊走到了另一邊。我感到一身輕鬆。

我凝視着車窗外的田野，稻田正在變綠，遠處有一座我參加修建的渡槽，再遠處有座我參加修建的倉庫，我心中嚮往着未來的生活，卻又有一絲對這塊土地和這裏的犯人的留戀。汽車經過閘口時，我忽然想到堤外的那片草地，心中湧起一陣悲憤。李金培、雷中成、傅子庚、黃文哲，多少我熟識的好友的冤魂還在這裏。我又想到劉鳳祥、張九龍，如果他們能活到今天那該多好。劉鳳祥預見的中國的赫魯曉夫出現的這天終於來到了。毛澤東時代正在被一個新的時代所代替，我心中充滿着對未來的嚮往和不安。但不管將來發生甚麼事情，我一定不能讓在這片土地上發生的種種動人心魄的故事消失在黑暗中，我要把我親眼見到的一段黑暗歷史告訴世人，因為我的靈魂永遠與這些被囚禁的精靈在一起。

越過十大隊的棉花地後，我們的汽車進入了君山農場，建新農場在我們的視野中漸漸遠去，遠去……消失在君山的茶樹後面。

# 後　記

楊曦光出獄後因為他的反革命分子名聲，沒有一個單位敢僱用這位著名反動文章《中國向何處去？》的作者。他在父親家閑居了一年，利用這一年時間他在湖南大學數學系旁聽了不少課。這些旁聽都是由湖南大學剛復職的一些右派教授安排的。楊曦光恢復使用他的乳名楊小凱後，楊曦光這個名字就消失了。不久湖南新華印刷二廠終於僱了楊小凱當校對工。

一九七九年楊小凱報考中國社會科學院經濟學碩士研究，但因他的反革命歷史，被拒絕參加考試。一九八〇年他又兩次報考，在當時的社會科學院副院長于光遠的幫助下，他終於獲得參加數量經濟學考試的機會。他通過考試後被錄取為實習研究員。他在中國社會科學院數量經濟研究所工作了近兩年，出版了一本題為《經濟控制論初步》的專著，發表了不少關於經濟體制改革和其他經濟問題的文章。

一九八二年楊小凱被武漢大學聘為助教，教授數理經濟學課程。他又出版了《數理經濟學基礎》和《經濟控制理論》兩本著作。他設計的一些計量經濟模型引起當時在武大訪問的普林斯頓大學教授鄒至莊的注意，在鄒教授的安排下，楊小凱於一九八三年被普林斯頓大學經濟系錄取為博士研究生。

當時楊小凱的反革命罪一直沒有平反，出國的政治審查不能通過。鄒至莊教授只好親自寫信給當時的趙紫陽總理，希望得到幫助。趙紫陽的秘書批了個條子，將鄒至莊教授的信轉給武漢大學當時的校長劉道玉，請他辦理(未說如何辦理)，劉道玉校長欣賞楊小凱的才學，批准了讓楊小凱出國的手續。

楊小凱於一九八八年正式獲得普林斯頓大學博士學位，他的博士論文獲得導師極高評價。他在耶魯大學做了一年客座研究員後，接受了澳洲莫納士大學的聘書，現在他是莫納士大學經濟系教授和澳洲社會科學院院士。他出國後在中英文的各種專業和一般期刊上發表了不少有關經濟、政治、文化革命方面的論文，他和黃有光教授的一本題為《專業化和經濟組織》的英文專著，作為有名的經濟學專著系列「對經濟分析的貢獻」之一，由北荷蘭(North-Holland)出版社一九九三年出版。